'수능 영어 강사'와 '통·번역사'가
새로 쓴, 수능 핵심 영문법

살아 숨 쉬는 영문법

'수능 영어 강사'와 '통·번역사'가
새로 쓴, 수능 핵심 영문법
살아 **숨** 쉬는 **영문법**

초판 1쇄 발행 2020년 8월 24일

지은이 김지혜, 김성백
펴낸이 장길수
펴낸곳 지식과감성⁰
출판등록 제2012-000081호

디자인 안영인
편집 윤혜성, 이현, 안영인
교정 김혜련
마케팅 고은빛

주소 서울시 금천구 벚꽃로 298 대륭포스트타워 6차 1212호
전화 070-4651-3730~4
팩스 070-4325-7006
이메일 ksbookup@naver.com
홈페이지 www.knsbookup.com

ISBN 979-11-6552-345-9(53740)
값 17,000원

ⓒ 김지혜, 김성백 2020 Printed in Korea

잘못된 책은 구입하신 곳에서 바꾸어 드립니다.
이 책의 전부 또는 일부 내용을 재사용하려면 사전에 저작권자와 펴낸곳의 동의를 받아야 합니다.

홈페이지 바로가기

| 제품명: 살아 숨 쉬는 영문법 | 제조자명: 지식과감성⁰ | 제조국명: 대한민국
주소: 서울시 금천구 벚꽃로 298 대륭포스트타워6차 1212호 | 전화: 070-4651-3730
* KC마크는 이 제품이 공통안전기준에 적합하였음을 의미합니다.

⚠ 주의 아이들이 책을 입에 대거나 모서리에 다치지 않게 주의하세요.

'수능 영어 강사'와 '통·번역사'가
새로 쓴, 수능 핵심 영문법

살아 숨 쉬는 영문법

김지혜 · 김성백 지음

첫째
문법을 공부하면
정확히 독해할 수
있을 것!

둘째
독해 지문 속에 녹아 있는
어법 문제를
풀 수 있을 것!

머리말

I. 책의 목표 및 글을 쓰는 이유

이 책은 두 가지 목표로 쓰였습니다.

첫째, 문법을 공부하면 정확히 독해할 수 있을 것!
둘째, 독해 지문 속에 녹아있는 어법 문제를 풀 수 있을 것!

위 두 가지는 문법을 공부하면서 성취해야 하는 현실적인 목표들입니다.

문법은 단어와 단어들이 모여서 어떻게 문장이 구성되는가에 대한 규칙이자 패턴입니다. 따라서 문법을 공부하면 독해할 수 있어야 하고, 독해 속에서는 지문에 녹아있는 어법의 의미를 이해해야 합니다. 문법과 독해가 서로 상호작용하는 공부! 그것이 영어를 가장 빠르게, 정석으로 공부하는 방법입니다.

그러나 많은 학생들이 오랜 시간 문법을 배우고도 정확하게 독해하지 못합니다. 정확히 독해하지 못한다는 것은 사실상 문법도 잘 모르는 겁니다. 문법과 독해는 연결되어 있으니까요.

이 책은 왜 많은 학생들이 오랜 시간 문법을 공부하면서 제대로 독해할 수 없는가에 대한 근본적인 질문에서 시작됐습니다.
저자들은 현장에서 오랜 기간 영어를 가르친 경험으로 문법을 독해할 수 있는 패턴으로 재구성했습니다.

즉, 실력 향상에 전혀 도움이 되지 않는 복잡하고 관행적인 문법 용어나 설명을 과감히 삭제했습니다. 대신 꼭 알아야 하지만 기존의 문법서에서 다루어지고 있지 않은 내용들을 새롭게 추가했습니다.

무엇보다도, 문법을 낱개의 지식으로 접근하면서 전체적인 체계나 독해와의 연결성을 잡아주지 못하는 기존의 공부 방식을 개선하기 위해 문법을 배치하고 설명하는 방식을 과감히 변화시켰습니다.

특히 이 책의 1부 2장 핵심 독해 문법 편은 여태까지 여러분이 접해 온 문법 설명과 많이 다를 거예요. 또 what절, 관계사 2를 비롯한 많은 문법 설명도 기존의 방식과 차별됩니다. 이러한 차이는 저자들이 영어 문법의 핵심을 간파하여 군더더기 없이 실전 독해와 어법에 적용할 수 있는 형태로 '새로 쓰기' 하였기 때문입니다.

따라서 처음에는 다소 낯설게 느껴질 수 있어요. 그러나 시간을 들여 찬찬히 공부한다면 '문법을 어떻게 공부해야 하는가!'에 대해 두 저자가 의도하는 바를 충분히 이해하고 공감할 수 있을 겁니다.

문법 공부는 단지 문법의 문제가 아니라 '어떻게' 영어를 공부해야 하는가의 문제입니다. 이 책은 책 속에 갇힌 문법이 아니라 '문법과 독해, 독해 속 어법'의 연결고리를 밝히고 그 Know-How를 여러분과 공유하고자 쓰였습니다.

■ 문법과 어법의 차이

거의 같은 것이며 종종 혼용됩니다. 굳이 구별하자면, 문법은 문장이 구성되는 규칙, 어법은 언어를 구성하는 규칙으로 어법이 좀 더 융통성이 있으며 직접 쓰이는 말에 가깝습니다. 수능 어법도 이와 비슷합니다. <u>문법이 규칙이라면 어법은 독해 지문 속에 녹아 들어있는 문법, 즉 실전 문제입니다.</u> 모의고사 어법 문제를 생각하면 쉽게 이해가 될 거예요. 수능 어법은 개별 문법을 달달 암기한다고 되는 것이 아니라 문법에 기반을 두고 정확히 독해할 수 있는 실력이 핵심이 됩니다.

II. 책의 구성

1부 독해 문법
2부 수능 어법

1부 독해 문법은 말 그대로 '문법=독해'의 체계를 세우는 과정입니다. 영어라는 큰 산의 밑그림을 그리며 기본 골격을 이해하는 작업으로, 문법과 독해의 패턴을 파악하고 익히는 것을 목표로 합니다.

1부는 총 3장으로 구성됩니다.

1장- 기초 문법 (중학과정)
2장- 핵심 독해 문법
3장- 실전 독해 연습

1장은 기초 문법이며 2장은 문장 이해에 필요한 골격을 담고 있는 '핵심 문법'입니다. 따라서 2장만 확실히 공부해도 '문법-독해-어법'의 패턴을 파악하고 익힐 수 있습니다. 3장에서는 2장에서 배운 문법을 실전 지문들을 통해 연습해 봅니다.

2부 수능 어법입니다. 1부에서 배운 문장의 골격 위에 살을 붙이며 점차 각 파트별 문법 설명으로 나아갑니다. 2부 수능 어법에서는 각 문법의 특징과 실전 어법 Point가 연결되도록 하는 데 초점을 두었습니다.
따라서 왜 특정 문법 Part에서 특정 어법 문제가 출제되는지, 문법의 맥락과 실전 어법의 연결성을 깊이 있게 이해할 수 있을 겁니다.

Ⅲ. 대상

수능 영문법(어법)을 한 권에 모두 담았으므로 중학교~고등학교 전 학년들을 대상으로 합니다. 다만, 중학생들은 순서대로 공부하면서 어려운 부분은 잠시 건너뛰고 나중에 보아도 됩니다. 특히 중요도나 난이도에 있어서 많이 차이가 나는 부분은 '핵심'과 '심화'로 나누어 보다 쉽고 중요한 부분을 먼저 공부할 수 있도록 했습니다.
고등학생들은 전체적인 '문법=독해'의 체계를 다시 보강하며, 자신이 취약한 파트나 어법 정리를 중심으로 공부해도 좋습니다.
한 번 읽고 끝나는 것이 아니라 반복해서 공부하고, 또 시간이 지나 잊히면 다시 찾아 공부하는 인생의 영문법 서적이 하나쯤은 있어야겠지요. ^^

한편, 토익이나 토플 등 수능 이후, 영어를 준비하는 이들에게도 도움이 되리라 생각합니다. 각각의 영어 시험마다 목적은 다르지만 영문법은 하나이기 때문입니다. 토익은 비즈니스 영어, 토플은 학술 영어지만 영어라는 큰 나무에서 어느 수준에 이르러 갈라지는 가지들일 뿐입니다.

영어의 몸통은 하나입니다. 문법과 그에 기반을 두고 정확히 독해할 수 있는 능력은 모든 영어의 몸통입니다. 그 기본과 정석이 바르게 세워져 있지 않다면 간단한 영어 회화 외에 그 어떤 영어에 대한 장기적인 Vision도 세울 수 없습니다.
이 책은 '문법=독해=어법'의 체계를 잡는 근간이 되므로, 영어를 공부하는 모든 이들에게 필요한 영문법의 공통분모를 담고 있습니다.

Ⅳ. 다른 영문법 책들과의 차별성

현재 시중에 나와 있는 수능 문법책들은 크게 세 종류입니다.

첫 번째, 정통 영문법 서적들입니다. 이러한 책들은 문법의 원론적 설명을 담고 있는데, 현재 변화된 수능 환경에서 학생들의 실용적인 문법에 대한 욕구를 충족시키지 못합니다. 현재 학생들은 더 이상 문법 원론서를 읽지 않는 추세입니다.

두 번째, 시리즈로 작게 세분화되어 나오는 책들입니다. 학원용 교재로도 많이 쓰입니다. 이러한 교재들은 중학생 저학년이나 초급 단계의 학생들에게 작은 문법들을 익히고 연습하는 데에는 도움이 되지만, 실질적으로 영어를 잘하게 되기까지 대단히 많은 시리즈가 필요하고 시간도 많이 걸립니다. 계속 얕은 물에서 물장구만 치고 있을 순 없겠지요? 어느 정도 영어에 노출되고 내공이 쌓여가는 중2 이상이 되면 팍팍 치고 올라가는 공부의 맛을 알아야 합니다!

마지막으로, 고등학생 어법 문제 풀이집입니다. 모의고사에 자주 출제되는 어법들을 모아 실전 문제로 엮어놓은 교재들입니다. 이러한 책들은 수능 어법의 출제 경향을 반영하고 있지만, 이미 어느 정도의 실력을 갖춘 학생들을 대상으로 한 최종 문제 풀이집이라는 점에서 기초가 부족한 학생들에게는 큰 도움이 되지 못합니다. 무엇보다도, 어법은 어법 문제를 푼다고 해결되는 것이 아니라 정확한 독해 실력과 병행되어야 한다는 점에서 어법만을 위한 문제 풀이는 한계가 있습니다.

《살·숨·영》은 문법을 공부하면, 독해도 하고 어법 문제도 풀 수 있도록 '문법-독해-어법'의 연결고리를 밝혀내고 다양한 실전 문제들을 통해 연습할 수 있도록 구성되었습니다. 기초~고급 어법에 이르기까지 문법을 공부하는 체계를 다시 세우며 바로 지금, 영문법이 나아가야 할 방향을 새롭게 제시합니다.

V. 문법을 어떻게 공부해야 할 것인가!

중학교 영어와 고등학교 영어의 Gap!

많은 학생들이 수년간 문법을 공부하지만 정확하게 독해하지 못합니다.
본격적인 문법 공부의 시작은 중학교부터라고 할 수 있는데, 중학교 3년 동안 영어를 공부하고도 제대로 독해할 수 없다면 무언가 잘못된 겁니다. 왜 이런 일이 발생할까요? 문법 공부가 시작되는 중학교 과정을 살펴보며 이야기해 봅시다.

중학교 영어는 세부 항목들에 치중하는 경향이 있습니다. 또 학교 내신이 전부라 해도 과언이 아닌데, 문법이 각 단원마다 조금씩 흩어져 있고, 시험 기간에 해당 단원만 공부하면 되기 때문에 큰 실력이 없어도 괜찮은 성적을 받을 수 있습니다.
문제는 이렇게 자잘한 문법 중심의 공부가, 종합 문법이 스며들어 있는 독해와 범위가 없는 전국 모의고사가 중심이 되는 고등학교 영어에서 힘을 발휘할 수 없다는 겁니다.

따라서 많은 학생들이 고등학교에 들어서면 영어 공부의 판을 다시 짜고 영어를 다시 배우게 됩니다. 소위 말해 여태까지 배웠던 영어를 'unlearn' 하는 겁니다. 'unlearn'이란 기존의 배워왔던 방식을 버리고 다시 배우는 것을 말합니다.
즉, 자잘한 문법 중심의 영어에서 독해와 어법 중심의 영어로 전환하는 것입니다.
그런데 처음부터 이렇게 배웠다면 좋지 않았을까요?

디테일은 기초가 아니다. 영어의 기본 골격을 중심으로 공부하라!

디테일은 기초가 아닙니다. 중학교 저학년일수록 세부 문법들을 공부하는 경향이 있는데 오히려 '잔' 문법들을 많이 하면 할수록 공부해야 할 양은 많아지고 복잡해지기만 할 뿐 전체적인 영어의 체계를 세우기 힘듭니다.

용량이 적은 어린 시기일수록 문장 구조와 관련된 큼직한 문법들을 배우고, 배운 즉시 독해에 적용하는 훈련을 해야 합니다. 그렇게 큰 그림을 중심으로 공부하면 오히려 공부해야 할 양은 줄어듭니다.

가지 많은 나무는 크게 성장할 수 없어요. 잔가지에 너무 많은 에너지를 빼앗기기 때문이지요. 나무가 크게 성장하기 위해서 잔가지들은 과감히 쳐주어야 합니다.
나무의 본체가 크고 강하게 성장하면 나중에 더 많은 가지와 열매들을 맺을 수 있으니까요.

영어를 공부하는 데 중학교와 고등학교의 차이는 없다

영어를 공부하는 데 중고 차이는 없습니다. 영어를 공부하는 방식은 한 가지입니다. 앞서 강조했듯이 문장의 골격을 세우는 큰 문법들을 중심으로 공부하고 바로 독해에 적용하여 자기 실력으로 잡아나가는 것입니다.
문법이 변하는 것이 아닙니다. 차이는 난이도일 뿐입니다. 중학생은 중학생의 단어와 지문으로, 고등학생은 고등학생의 단어와 지문으로 같은 문법을 적용하는 겁니다.

여러분 모두 《살·숨·영》을 통해 영어라는 넓은 세계에서 첫 단추를 잘 끼워 넣으시기 바랍니다.

Let us help you take the first step in the right direction!

평생을 교직에 몸담으셨던 '아버지'께 이 책을 바칩니다.

목차

머리말	4

1부 독해 문법   17

1장 기초 문법   18
    1. 동사 ··· 19
    2. 기초 문장들 ··· 39

2장 핵심 독해 문법★   53
    1. 영어 문장 1~5형식 ··· 54
    2. 명사 ··· 62
    3. 형용사 ··· 85
    4. 부사 ··· 111
    5. 5형식 집중 공부 ··· 117

    총정리 Test ··· 126
    총정리 Test 정답과 해설 ··· 130
    문법과 독해 연결 및 어법 패턴 정리★ ··· 134

3장 실전 독해 연습   136
    1. 주어 찾기 ··· 137
    2. 형용사들의 명사 수식 및 긴 주어 수일치 ··· 141
    3. 5형식 문장과 목적격 보어 ··· 157
    4. 동사 뒤 다양한 목적어 명사들 ··· 162
    5. 단문 종합문제 ··· 166
    6. 중·장문 종합문제 ··· 169

3장 정답과 해설   174
    1. 주어 찾기 문제 정답 ··· 174
    2. 형용사들의 명사 수식 및 긴 주어 수일치 문제 정답 ··· 178
    3. 5형식 문장과 목적격 보어 문제 정답 ··· 195
    4. 동사 뒤 다양한 목적어 명사들 문제 정답 ··· 200
    5. 단문 종합문제 정답 ··· 204
    6. 중·장문 종합문제 정답 ··· 209

2부 수능 어법　　　　　　　　　　　　　　　　　219

1장 콕 찍어! 수능 기초 어법★　　　　　　　　　　220

2장 꼭 알아야 할 실용문장★　　　　　　　　　　266
　1. 4형식 문장의 여러 형태들 익히기　　　　　　　⋯267
　2. 의문사절에 관해 알아야 할 것들　　　　　　　⋯269
　3. 한 단어는 여러 역할을 할 수 있다　　　　　　⋯274
　4. 문장이 3개일 때 → 접속사 2개가 필요하다　　⋯278

3장 to부정사와 동명사　　　　　　　　　　　　281
　1. to부정사와 동명사 핵심 Part★　　　　　　　⋯282
　2. to부정사와 동명사 심화 Part　　　　　　　　⋯294

4장 병렬 완성★　　　　　　　　　　　　　　　301
　1. 등위접속사 and, or, but 앞뒤로 병렬　　　　⋯301
　2. 병렬의 콤마　　　　　　　　　　　　　　　⋯301
　3. 대칭 구조인 A와 B는 병렬　　　　　　　　　⋯308
　4. 비교 대상은 병렬　　　　　　　　　　　　　⋯310

5장 영어의 보충설명 장치들　　　　　　　　　　312
　1. 콤마(,)와 대시(-)　　　　　　　　　　　　　⋯313
　2. 삽입절 및 단어와 단어를 연결하는 하이픈　　⋯316

6장 도치　　　　　　　　　　　　　　　　　　318
　1. 부사가 강조되어 문장 제일 앞으로 나올 때★　⋯319
　2. 부정어구(not, never 등)가 강조되어 문장 제일 앞으로 나올 때★　⋯322
　3. '주격보어 형용사'가 문장 제일 앞으로 나올 때　⋯323
　4. 가정법에서 if가 생략되면 도치　　　　　　　⋯323

7장 분사구문　　　　　　　　　　　　　　　　325
　1. 분사구문 핵심 Part★　　　　　　　　　　　⋯326
　2. 분사구문 심화 Part　　　　　　　　　　　　⋯340

8장 with 구문 ★　　　　　　　　　　　　　　　　　　　　343

9장 what절 ★　　　　　　　　　　　　　　　　　　　　　346
   1. What절이란?　　　　　　　　　　　　　　　　　　　···347
   2. what절 / that절 비교 어법　　　　　　　　　　　　···350

10장 완료 동사 – 시제가 특이한 동사들　　　　　　　359
   1. 현재완료　　　　　　　　　　　　　　　　　　　　···360
   2. 과거완료　　　　　　　　　　　　　　　　　　　　···371

11장 to부정사와 동명사 목적어　　　　　　　　　　　374
   1. to부정사만을 목적어로 취하는 동사들　　　　　　　···375
   2. 동명사만을 목적어로 취하는 동사들　　　　　　　　···375
   3. 둘 다 취하고 뜻이 변하지 않는 동사들　　　　　　　···376
   4. 둘 다 취하고 뜻이 달라지는 동사들　　　　　　　　···376

12장 2형식 불완전동사+주격보어 형용사(부사×) ★　379
   1. 2형식 불완전동사들 익히기　　　　　　　　　　　　···380
   2. 2형식 응용문제　　　　　　　　　　　　　　　　　···385

13장 5형식 추가사항　　　　　　　　　　　　　　　388

14장 수동태 2　　　　　　　　　　　　　　　　　　392
   1. 수동태 관련 표현들　　　　　　　　　　　　　　　···393
   2. 수동태 기출문제 유형 파악　　　　　　　　　　　　···396

15장 가정법　　　　　　　　　　　　　　　　　　　400
   1. 가정법 과거 ★　　　　　　　　　　　　　　　　　···401
   2. 가정법 과거완료　　　　　　　　　　　　　　　　　···402
   3. 가정법과 종종 쓰이는 3인방 ★　　　　　　　　　　···403
   4. 가정법 숙어　　　　　　　　　　　　　　　　　　　···404

16장 관계사 2 ★ 405
 1. 계속적 용법의 해석 및 원리 설명 ···406
 2. 수능 어법 총정리 ···415

17장 동격의 that 437

18장 기타 문법들 441
 1. 주어+동사 수일치의 예외 ···442
 2. It is ~ that … 강조 구문 ···444
 3. 명령ㆍ주장ㆍ제안ㆍ요구 동사 + that + s + (should) 동사원형 ···446
 4. 복합관계사절 ···450
 5. 시간과 조건의 부사절에서는 will(미래)을 쓰지 않는다 ···454
 6. be to 용법 ···455

주요 단어ㆍ숙어 정리 457
 1. 주요 숙어 및 문장 표현들 ···458
 2. 기초 ~ 고급 필수 단어 및 숙어 정리 ···465
 3. 유사ㆍ연관 단어 및 숙어 정리 ···481

부록 1 496
 1. 인칭대명사의 격변화★ ···497
 2. 영어 발음기호 ···498

부록 2 505
 1. 형용사(부사)의 원급 / 비교급 / 최상급 ···506
 2. 원급 / 비교급 / 최상급을 이용한 문장 활용 ···508
 3. 비교급 관련 숙어 ···509

1부

독해 문법

1부는 총 3장으로 구성됩니다.

》 1장 – 기초 문법 (중학과정)
》 2장 – 핵심 독해 문법
》 3장 – 실전 독해 연습

♣ 본 책에는 각 문법이 끝날 때마다 한 장 최종 요약정리가 되어 있습니다.
   각 문법의 핵심과 어법 키워드를 암기하도록 합시다!

1장 기초 문법

- 영문법의 가장 기초가 되는 장입니다.

  1. 기본 동사 **3**가지 : be 동사, 일반 동사, 조동사

  2. 기초 문장들

》 문법 기초가 있는 학생들은 빠르게 통독하거나, 부족한 부분만 공부해도 됩니다.

1. 동사

동사는 주어를 설명합니다. : (주어가) ~다
특히 주어의 '동작'을 설명하므로 '움직일 동(動) → 동사'라고 합니다.
주어는 문장 제일 앞에 나오는 행위의 주체로 '~은, 는, 이, 가'로 해석됩니다.

- 기본 동사 3가지 : be 동사, 일반 동사, 조동사

각각의 동사 공부는 크게 두 가지로 요약할 수 있어요.

첫째, 동사의 형태 변화 : 동사는 '주어'와 '시간'에 따라 형태가 변한다.
둘째, 동사의 의문문 / 부정문

1) be동사

- 형태 : am, are, is
- 뜻 : ~이다[1]

(1) be동사 형태 변화

① 동사는 '주어'에 따라 변한다

동사는 주어를 설명하므로 앞의 주어가 무엇인가에 따라 형태가 변합니다.
be동사는 의미는 같지만, 형태는 3가지예요. 주어에 따라 변하기 때문입니다.

---

1) be 동사는 '이다, 있다, 되다'의 세 가지 뜻이 있는데 '~이다'가 가장 대표적인 의미입니다.

I	am	
You	are	
She	is	
He	is	주어가 ~ 이다
We	are	
They	are	
It	is	

※ 기타 주어에 따른 변화들

- 단수 주어(하나) → is　　　- 복수 주어(2개 이상) → are

- She <u>is</u> clever.
  그녀는 영리하다.

- She and her sister <u>are</u> clever.
  그녀와 그녀의 언니는 영리하다.

② 동사는 '시간'에 따라서 변한다[2)]

동사가 시간에 따라 변화하는 것을 동사의 '시제'라고 합니다.

- 현재형 : am, are, is (~이다)
- 과거형 : was, were (~였다)

　▲ am, is의 과거 → was / are의 과거 → were

---

2) 동사의 시간에 따른 변화는 한국어에도 존재합니다.
　· 나는 지금 공부<u>한</u>다. (현재)
　· 나는 어제 공부<u>했</u>다. (과거) – 한국어의 과거 변화는 'ㅆ'이 붙습니다.

I	was	
You	were	
She	was	
He	was	주어는 ~였다
We	were	
They	were	
It	was	

- She <u>was</u> angry.
  그녀는 화가 났다.

- She and her sister <u>were</u> angry.
  그녀와 그녀의 언니는 화가 났다.

■ 줄임말 표현 ('s)

한국어에 줄임말이 있는 것처럼[3] 영어에도 줄임말이 있어요. 영어의 줄임말은 대개 앞의 단어 뒤에 '(아포스트로피)가 붙고 뒤의 철자 하나가 탈락됩니다.

I am	→	I'm
You are	→	You're
She is	→	She's
He is	→	He's
We are	→	We're
They are	→	They're
It is	→	It's

---

3) 나는 → 난, 너는 → 넌

(2) be동사 부정문 / 의문문

① be동사 부정문

부정을 의미하는 not은 동사 뒤에 붙습니다. → be동사 + not

- I am sad. → I am not sad.
  나는 슬프다.   나는 슬프지 않다.

- She is lazy. → She is not lazy.
  그녀는 게으르다.   그녀는 게으르지 않다.

- They are close. → They are not close.
  그들은 친하다.   그들은 친하지 않다.

  *close 닫다, (사이가) 가까운, 친한

▶ 부정문 줄임말

am not	→	줄임말 없음
is not	→	isn't
are not	→	aren't
was not	→	wasn't
were not	→	weren't

② be동사 의문문 : be동사 + 주어?

의문문은 '주어 + 동사' → '동사 + 주어'로 순서가 바뀝니다.

따라서 be동사가 문장 제일 앞으로 나갑니다.

▲ be동사 의문문은 be동사로 묻고, be동사로 대답한다는 것도 함께 알아두세요.

- They are close. 그들은 친하다.
- → (의문문) Are they close? 그들은 친하니?
  - Yes, they are. 응, 그래.
  - No, they are not(= aren't). 아니 그렇지 않아.

- I am hungry. 배고프다.
- → (의문문) Are you hungry? 너 배고프니?
  - Yes, I am. 응, 그래.
  - No, I am not. 아니 그렇지 않아.
  - (해설) you로 물었을 경우는 I로 대답해야 의미가 통합니다.

- She was angry. 그녀는 화났다.
- → (의문문) Was she angry? 그녀는 화났니?
  - Yes, she was. 응, 그래.
  - No, she was not(=wasn't). 아니, 그렇지 않아.

2) 일반 동사

대부분의 동사들로 그 수가 셀 수 없을 정도로 많습니다.

make	have	eat	sleep	study	play	like	love	help	work	learn	등
만들다	가지다	먹다	자다	공부하다	놀다	좋아하다	사랑하다	돕다	일하다	배우다	

(1) 일반 동사 형태 변화

① 주어가 3인칭 단수일 때 → 동사 + s, es

> ㉠ 3인칭 단수 주어란 무엇일까요?
> - 1인칭 : I, We (나, 우리)
> - 2인칭 : You (상대방)
> - 3인칭 : <u>1인칭과 2인칭을 제외한 모든 것</u>
>   she, he, they, it, mother, father 등 셀 수 없이 많음

- I like pasta.
  나는 파스타를 좋아한다.

- She like<u>s</u> pasta.
  그녀는 파스타를 좋아한다.

- My mother like<u>s</u> pasta.
  나의 엄마는 파스타를 좋아한다.

- They like<u>s</u> pasta. (x)
  그들은 파스타를 좋아한다.
  (해설) they는 3인칭 '복수'이므로 동사 변화하지 않습니다.

ⓒ 주어가 3인칭 단수일 때 동사 변화 자세히 보기

'동사 + s, es'지만 약간의 변형 형태들도 있습니다.

ⓐ 대부분의 동사 + s

대부분의 동사에 해당되니 따로 암기하지 않아도 됩니다.

(like→likes / love→loves / help→helps / learn→learns / write→writes / start→starts 등)

▼ 아래부터는 동사 변화 암기하세요.

ⓑ '-es'가 붙는 동사들

go	→	goes 가다
do	→	does 하다
watch	→	watches 보다
wash	→	washes 씻다
finish	→	finishes 끝내다
catch	→	catches 잡다

- She does her work.
  그녀는 그녀의 일을 한다.

- She watches her baby.
  그녀는 그녀의 아기를 본다.

- He washes his face.
  그는 그의 얼굴을 씻는다.

ⓒ 'y'로 끝나는 동사 중에서 y + 를 i로 고치고 es가 붙는 동사들 (약간 불규칙)

study	→	studies 공부하다
try	→	tries 시도하다
cry	→	cries 울다
fly	→	flies 날다

- She studies hard.
  그녀는 열심히 공부한다.

- A baby cries.
  아기가 운다.

- He flies in his dream.
  그는 그의 꿈속에서 난다.

> **주의!**
> 'y'로 끝났다고 모두 위와 같이 변하는 것은 아닙니다. (play → plays)
> 다만, 변하는 경우가 있음을 인지하고, 위에서 제시한 기본적인 변화 형태들은 익혀 두어야 합니다.

ⓓ 불규칙변화 : have → has

- He has a cat.
  그는 고양이가 있다.

- She has a secret.
  그녀는 비밀이 있다.

> **참고**
> 위 동사 변화에 관해 꽤 자세한 규칙들이 있어요.[4] 그러나 그런 깨알 문법들 위주로 공부하면 실력이 늘지 않아요. 공부는 큼직큼직하게 하면서 앞으로 죽죽 나아가는 겁니다. 동사 변화는 위 정리사항만으로 충분합니다.

---

[4] 's, x, sh, ch, o로 끝나는 동사들' : 동사 + es
  단자음 + y로 끝나는 동사들 : y → i로 고치고 + es
  단모음 + y로 끝나는 동사들 : 동사 + s 등

② 일반 동사 과거 변화

㉠ 규칙변화 : 동사 + d, ed

　규칙이므로 일일이 암기할 필요 없습니다.

like – like**d**	좋아한다 – 좋아했다
love – love**d**	사랑한다 – 사랑했다
help – help**ed**	돕다 – 도왔다
learn – lean**ed**	배우다 – 배웠다
want – want**ed**	원한다 – 원했다

㉡ 불규칙변화

　규칙이 없으니 암기해야 합니다.

go – went	가다 – 갔다
come – came	오다 – 왔다
do – did	하다 – 했다
eat – ate	먹다 – 먹었다
drink – drank	마시다 – 마셨다
write – wrote	쓰다 – 썼다
break – broke	깨다 – 깼다
speak – spoke	말하다 – 말했다
tell – told	말하다 – 말했다
make – made	만들다 – 만들었다
have – had	가지다 – 가졌다
build – built	짓다 – 지었다
buy – bought	사다 – 샀다
bring – brought	가져오다 – 가져왔다
take – took	취하다 – 취했다
get – got	얻다 – 얻었다

> **주의!** ★
> 3인칭 단수 주어일 때 '동사 + s, es'는 일반 동사 현재 변화입니다.
> 일반 동사 과거 변화는 주어에 상관없이 '–d, –ed'가 붙습니다.

(2) 일반 동사 부정문 / 의문문

① 일반 동사 부정문

부정을 의미하는 not은 동사 뒤에 붙지요. (be동사 + not) 그러나 일반 동사 부정문의 경우 not은 일반 동사가 아니라 'do'뒤에 붙습니다. 일반 동사는 직접 일을 하지 않고 대신 'do'를 시키기 때문이에요. 이때 do는 '하다'라는 뜻의 일반 동사가 아니라 일반 동사를 돕는 조동사(도울 조助)로서 아무런 뜻이 없이 앞에 나와서 일반 동사가 할 일을 대신합니다.[5] do가 대신 동사 변화를 하므로 일반 동사는 원형 그대로 남습니다.

문법 설명은 어렵죠. 직접 실례를 통해 살펴봅시다.
일반 동사 부정의 형태는 3가지로 요약됩니다.

㉠ 현재 부정 : S + <u>do not</u> + 동사원형

일반 동사 앞에서 do가 대신 동사 역할을 합니다.

- I eat meat.
  나는 고기를 먹는다.
  → I <u>do not</u> eat meat.
  나는 고기를 먹지 않는다.

- We like meat.
  우리는 고기를 좋아한다.
  → We <u>do not</u> like meat.
  우리는 고기를 좋아하지 않는다.

- They enjoy meat.
  그들은 고기를 즐긴다.
  → They <u>do not</u> enjoy meat.
  그들은 고기를 즐기지 않는다.

---

5) 일반 동사는 왜 다른 동사들처럼 직접 동사 역할을 하지 않을까요? 샘은 "일반 동사는 다른 동사들보다 수가 많아서 거만하다. 그래서 직접 일을 하지 않고 대신 do를 시킨다"라고 이야기합니다. 여담입니다만 기억에는 남습니다.^^

ⓛ 3인칭 단수 주어 현재 부정 : S + <u>does not</u> + 동사원형

일반 동사 대신 'do → does'로 변화하고, 일반 동사는 원형으로 남습니다.

- She likes bread. 그녀는 빵을 좋아한다.
  → She <u>does not like</u> bread. 그녀는 빵을 좋아하지 않는다.

- He eats bread. 그는 빵을 먹는다.
  → He <u>does not eat</u> bread. 그는 빵을 먹지 않는다.

- My mother hates bread. 나의 엄마는 빵을 싫어한다.
  → My mother <u>does not hate</u> bread. 나의 엄마는 빵을 싫어하지 않는다.

ⓒ 과거 부정 : S + <u>did not</u> + 동사원형

일반 동사 대신 'do → did'로 동사 변화하고 일반 동사는 원형으로 남습니다.

- They ate snack. 그들은 간식을 먹었다.
  → They <u>did not eat</u> snack. 그들은 간식을 먹지 않았다.

- We enjoyed snack. 우리는 간식을 즐겼다.
  → We <u>did not enjoy</u> snack. 우리는 간식을 즐기지 않았다.

- She drank tea. 그녀는 차를 마셨다.
  → She <u>did not drink</u> tea. 그녀는 차를 마시지 않았다.

▶ **일반 동사 부정문 3가지 형태★**

S + <u>do not</u> (현재)
　　<u>does not</u> (3인칭 단수 주어 현재) + 일반 동사원형
　　<u>did not</u> (과거)

※ 줄임말: do not → don't, does not → doesn't, did not → didn't

② 일반 동사 의문문

일반 동사 의문문 역시 'do'가 대신 동사 역할을 하므로 do가 문장 제일 앞으로 나갑니다. 주어와 시제에 따른 동사 변화도 do가 하므로 일반 동사는 뒤에 원형 그대로 남습니다.

㉠ 현재 의문문 : <u>Do</u> + 주어 + 동사원형?

- They like animals.
  그들은 동물을 좋아한다.
  → (의문문) Do they like animals?
  그들은 동물을 좋아하니?

- I love animals.
  나는 동물을 사랑한다.
  → Do you love animals?
  너는 동물을 사랑하니?

- They raise animals.
  그들은 동물을 기른다.
  → Do they raise animals?
  그들은 동물을 기르니?

* raise (팔 등) 올리다, (동물, 아이 등) 기르다

ⓛ 3인칭 단수 주어 현재 의문문 : <u>Does</u> + 주어 + 동사원형?

- She likes cats.
  그녀는 고양이를 좋아한다.
    → Does she like cats?
      그녀는 고양이를 좋아하니?

- He hates cats.
  그는 고양이를 싫어한다.
    → Does he hate cats?
      그는 고양이를 싫어하니?

- My friend has a cat.
  나의 친구는 고양이를 가지고 있다.
    → Does your friend have a cat?
      너의 친구는 고양이를 가지고 있니?

ⓒ 과거 의문문 : <u>Did</u> + 주어 + 동사원형?

- They raised a pet.
  그들은 애완동물을 길렀다.
    → Did they raise a pet?
      그들은 애완동물을 길렀니?

- She needed a pet.
  그녀는 애완동물을 필요로 했다.
    → Did she need a pet?
      그녀는 애완동물을 필요로 했니?

- My friend adopted a pet.
  나의 친구는 애완동물을 입양했다.
    → Did your friend adopt a pet?
      너의 친구는 애완동물을 입양했니?

* pet 애완동물 * adopt 채택하다, 입양하다

♣ 일반 동사 의문문은 'Do(Does, Did)'로 묻고, 'do(does, did)'로 답한다는 것도 함께 알아두세요. 이때 do(does, did)는 일반 동사를 대신할 뿐 의미가 없습니다.

- Do you like novels? 너는 소설을 좋아하니?
  → Yes, I do. 응, 그래.
  → No, I do not (=don't). 아니 안 좋아해.

- Does she read books? 그녀는 책을 읽니?
  → Yes, she does. 응, 그래.
  → No, she does not (=doesn't). 아니 안 읽어.

- Did she read the novel Demian? 그녀는 소설 데미안을 읽었니?
  → Yes, she did. 응, 그래.
  → No, she did not (=didn't). 아니 안 읽었어.

▶ 일반 동사 의문문 3가지 형태

Do (현재)
Does (3인칭 단수 주어 현재)   S + 일반 동사원형?
Did (과거)

※ 일반 동사 의문문은 Do(Does, Did)로 묻고 → do(does, did)로 답합니다.

3) 조동사

다른 동사 앞에서 의미를 보조하는 동사 (도울 조助)

조동사 뒤는 동사원형이 옵니다! → '조동사 + 동사원형'

(1) 대표적인 조동사들

① will : ~일 것이다 (미래, 의지)

- I will learn Spanish.
  나는 스페인어를 배울 것이다.

- I will be a writer.
  나는 작가가 될 것이다.

> 참고
> be동사원형 → be
> 현재형 → am, are, is
> 과거형 → was, were

② can : ~할 수 있다 (가능)

- You can solve your problem.
  너는 너의 문제를 풀 수 있어.

- You can stand on your feet.
  너는 자립할 수 있어.

  * stand on one's feet 자립하다(두 발로 서다)

③ should : ~해야만 한다 (= must = have to)

- You should study hard.
  너는 열심히 공부해야 한다.

- You should be more diligent.
  너는 더 부지런해야 한다.

  * diligent 부지런한

- We have to leave now.
  우리는 지금 떠나야 해.

- We must feel this emotion.
  우리는 이 감정을 느껴야만 해.

  * emotion 감정

④ may + 동사원형 : ~일지도 모른다 (추측) / ~해도 된다 (허가)

- He may like you.
  그는 너를 좋아할지도 몰라.

- May I use your cell phone?
  내가 당신의 핸드폰을 사용할 수 있을까요?

(2) 주어와 시제에 따른 형태 변화

① 주어에 따른 형태 변화

조동사 뒤는 무조건 동사원형으로 주어에 따른 형태 변화가 없습니다.

> **Exercise.** 다음 괄호 안 올바른 단어를 고르시오.
>
> • She can (do, does) it.
>
> • He will (go, goes) to China.
>
> **정답**
> do, go
>
> **해석**
> • 그녀는 그것을 할 수 있다.
> • 그는 중국에 갈 거야.

② 시제에 따른 형태 변화 : 조동사 과거형

> can → could
> will → would
> have to → had to
> may → might

(3) 조동사 부정문 / 의문문

① 조동사 부정문

동사 뒤에 not이 붙으므로 → '조동사 + not'

- We <u>will not</u> stay here.
  우리는 여기에 머무르지 않을 거야.

- I <u>can not</u> endure this situation.
  나는 이 상황을 견딜 수 없어.

  * endure 참다, 인내하다

▶ 부정문 줄임말

can not →	can't
will not →	won't
should not →	shouldn't
could not →	couldn't
would not →	wouldn't

② 조동사 의문문 : 조동사 + 주어?

조동사 의문문은 조동사로 묻고 조동사로 답합니다.

즉, be동사와 조동사는 직접 동사 역할을 하고, 일반 동사만 do가 대신합니다.

- Can you give me a hand?
  너 나를 도와줄 수 있니?
  → Yes, I <u>can</u>. 응, 그래.
  → No, I <u>can not</u>(= can't.) 아니, 할 수 없어.

- Will you leave now?
  너는 지금 떠날 거니?
  → Yes, I <u>will</u>. 응, 그래.
  → No, I <u>will not</u>(= won't). 아니, 떠나지 않을 거야.

◆ 동사 최종 정리 ◆

- 동사 : 주어의 동작을 설명, '~다'
- 기본 동사 3가지 : be 동사, 일반 동사, 조동사

동사 공부는 크게 두 가지로 요약 : 동사의 형태 변화, 의문문 / 부정문

1. be동사 : am, are, is (~이다)
   1) 형태 변화
      ① 동사는 주어에 따라 변한다.
         I am / You are / He is / She is / They are / We are / It is

      ② 동사는 시간에 따라 변한다 (시제)
         - 현재형 : am, are is / 과거형 : was, were
         - am, is의 과거 → was / are의 과거 → were

   2) be동사 부정문 / 의문문
      ① 부정문 : be동사 + not

      ② 의문문 : be동사 + 주어?
         be동사 의문문은 be동사로 묻고 → be동사로 답한다.

2. 일반 동사 : be 동사, 조동사를 제외한 대부분의 동사들
   1) 일반 동사 형태 변화
      ① 현재 변화 : 주어가 3인칭 단수 주어 → 동사원형 + s, es
      ② 과거 변화 : 규칙 변화 - 동사원형 + d, ed / 불규칙변화 - 그때그때 암기하기

2) 일반 동사 부정문 / 의문문: 일반 동사 대신 do가 동사 역할을 하고 일반 동사는 원형 그대로 남는다.

   ① 부정문 : not이 동사 역할을 하는 do 뒤에 붙는다.

      - 현재 부정 : S + <u>do not</u> + 동사원형

      - 3인칭 단수 주어의 현재 부정 : S + <u>does not</u> + 동사원형

      - 과거 부정 : S + <u>did not</u> + 동사원형

   ② 의문문 : do가 문장 제일 앞으로 나온다.

      - 현재 의문문 : <u>Do</u> + S + <u>동사원형</u>?

      - 3인칭 단수 주어 현재 의문문 : <u>Does</u> + S + <u>동사원형</u>?

      - 과거 의문문 : <u>Did</u> + S + <u>동사원형</u>?

   일반 동사 의문문은 Do (Does, Did)로 묻고 → do (does, did)로 답한다.

3. 조동사 : 다른 동사 앞에서 의미를 보조해주는 보조동사

  1) 조동사 형태 변화 : 조동사 + 동사원형

     - 조동사 현재형 : will, can, should (= must, have to), may

     - 조동사 과거형 : can → could, will → would, have to → had to, may → might

  2) 조동사 부정문 / 의문문

   ① 부정문 : 조동사 + not

   ② 의문문 : 조동사 + 주어?

     조동사 의문문은 조동사로 묻고 조동사로 답한다.

     즉, be 동사와 조동사는 직접 동사 역할을 하고, 일반 동사만 do가 대신한다.

2. 기초 문장들

1) 명령문 – 주어 없이 '동사원형' : '~해라'

가장 간단한 문장 형태로 주어 없이 '동사원형'이 옵니다!

부드러운 명령문의 표현을 위해 please를 붙여 '~해 주세요'로 해석하기도 합니다.

- Open your eyes.
  너의 눈을 떠.

- Please open your heart.
  당신의 마음을 열어주세요.

- Be yourself.
  너 자신이 되어라.

  * yourself 너 자신

- Be calm.
  침착해라.

  ▲ be동사의 원형은 'be'라는 것 잊지 마세요!

  * calm 침착한

■ 명령문의 부정 : 〈Don't + 동사원형〉 ~ 하지 마라

- Don't close your mind.
  너의 마음을 닫지 마.

- Please Don't leave me.
  나를 떠나지 말아 주세요.

- Don't be afraid.
  두려워 마.

2) 의문문 정리

의문문에는 의문사가 없는 의문문과 의문사가 있는 의문문이 있어요.

(1) 의문사가 없는 의문문 : 동사 + 주어?

앞서 동사 Part에서 공부한 바와 같습니다.

be동사는 be, 조동사는 조동사, 일반 동사는 do로 묻고 답합니다.

(2) 의문사가 있는 의문문 : 의문사 + 동사 + 주어?

앞에 의문사만 추가됩니다.

※ 의문사란?

when,	where,	who,	what,	how,	why,	which
언제	어디서	누구	무엇	어떻게	왜	어떤

- Who are you?
  너는 누구니?

- What is your problem?
  너의 문제가 무엇이니?

- What can we do?
  우리가 무엇을 할 수 있을까?

3) 문장이 두 개일 때 - '접속사'로 연결

'접속사'란 나름의 뜻을 지니고 단어와 단어, '문장과 문장'을 연결하는 것을 말합니다. 대표적인 접속사는 다음과 같습니다.

(1) and(그리고), or(또는), but(그러나)

- I love her and she loves me.
  나는 그녀를 사랑한다 그리고 그녀도 나를 사랑한다.

- I love her but she doesn't love me.
  나는 그녀를 사랑한다 그러나 그녀는 나를 사랑하지 않는다.

(2) when : ~일 때[6]

- When I read books, my mother made some food.
  내가 책을 읽을 때, 나의 엄마는 약간의 음식을 만드셨다.

- When we were young, we loved animals.
  우리가 어렸을 때, 우리는 동물을 사랑했다.

(3) because : 왜냐하면, ~이기 때문에

- Because I am sick, I can't go with you.
  내가 아프기 때문에,   나는 너와 함께 갈 수 없어.

- I can't go with you, because I am busy with my homework.
  나는 너와 함께 갈 수 없어,   왜냐하면 나는 나의 숙제로 바쁘거든.

▶ 접속사는 앞 문장에 붙을 수도 있고 뒤 문장에 붙을 수도 있어요.
어디에 붙건 문장이 2개면 접속사 하나가 있어야 합니다.
→ '접속사 s + v, s + v' 또는 's + v, 접속사 s + v'

---

[6] when : 의문사일 때 → 언제, 접속사일 때 → ~일 때

(4) after : ~후에 / before : ~전에

- **After** the movie was over, we had a dinner.
  영화가 끝난 후에,   우리는 저녁을 먹었다.   * be over 끝나다

- You have to come back, **before** the sun sets.
  너는 돌아와야 한다,   해가 지기 전에.

(5) If : 만약 ~라면

- **If** you can dream, you can achieve it. (인용문)
  만약 네가 꿈꿀 수 있다면,   너는 그것을 성취할 수도 있다.

- The world will be better, **if** we help each other.
  세상은 더 좋아질 것이다,   만약 우리가 서로 돕는다면   * each other 서로

(6) 접속사 that : ~라고, ~라는 것

that의 기본 의미는 '저것', '저 사람'이죠. 그러나 접속사일 때 that은 '~라고', '~라는 것'이라는 뜻으로 앞 문장과 뒤 문장을 중간에서 연결하는 역할을 합니다.

- People say / **that** the boy is a liar.
  사람들은 말한다   그 소년이 거짓말쟁이라고.

- We know / **that** everybody trusts her.
  우리는 안다   모두가 그녀를 신뢰한다는 것을.

- Everybody thinks / **that** she is talented.
  모두가 생각한다   그녀가 재능이 있다고.   * talented 재능 있는

이 외에도 중요한 접속사로 while(~하는 동안, ~하는 반면에), until(할 때까지), although(= though, 비록 ~일지라도) 등이 있습니다.

이 장에서는 모든 접속사를 섭렵하기보다, 대표적인 접속사들의 의미와 역할을 이해하고 익히는 것을 목표로 합니다. 나머지는 실전 독해를 통해 차차 넓혀 나가는 것이 좋아요.

4) 진행형

- 뜻 : ~하는 중이다
- 형태 : be동사 + 동사원형 ing

▲ '-ing'는 '~하는 중인'이라는 진행과 능동의 의미를 지닙니다.

| 현재 진행형 : | be 동사의 현재형 (am, are, is) | + | 동사원형 ing | ~ 하는 중이다. |
| 과거 진행형 : | be 동사의 과거형 (was, were) | + | 동사원형 ing | ~ 하는 중이었다. |

▲ 시제에 따라 변화하는 것은 동사이므로 be동사가 변합니다.

- I am studying english.
  나는 영어를 공부하는 중이다.

- I was studying english.
  나는 영어를 공부하는 중이었다.

- He is jumping rope.
  그는 줄넘기를 하고 있다.

- He was jumping rope.
  그는 줄넘기를 하고 있었다.

- We are dancing.
  우리는 춤추고 있다.

- They were swimming.
  그들은 수영하고 있었다.

참고

동사원형 + ing도 약간의 변형 형태들이 있어요.
① -e로 끝나는 동사 → 맨 마지막 e를 탈락시키고 '+ ing'
   ex) dance → dancing, take → taking 등
② 마지막 자음을 한 번 더 써주는 경우도 있어요.
   ex) swim → swimming, sit → sitting, run → running 등

5) 수동태

(1) 수동태란?

- 뜻 : ~되다
- 형태 : be 동사 + pp

주어는 어떤 동작을 합니다. 그것을 '능동'이라고 하지요.
수동태란 주어가 동작을 하는 것이 아니라 동작을 받는(혹은 당하는) 것을 말하며 아래와 같이 표현합니다.

▶ 주어 + be 동사 + pp + by 행위자
　　　　　~되다(당하다)　행위자에 의해서

▲ by 행위자는 특별히 강조할 필요가 없는 한 종종 생략됩니다.
따라서 수동태의 핵심은 'be동사 + pp'입니다.

현재 수동태　　：　be 동사의 현재형 (am, are, is)　　+　　pp　　~ 되다 (당하다)

과거 수동태　　：　be 동사의 과거형 (was, were)　　+　　pp　　~ 되었다 (당했다)

▲ 시제에 따라 변화하는 것은 동사이므로 be 동사가 변합니다.

■ **여기서 'pp'가 뭘까요!?**

동사에 현재형-과거형이 있지요. 실은 동사 변화의 세 번째 형태가 하나 더 있는데 그것을 'pp(과거분사)'라고 합니다. 즉, 동사 변화는 '현재-과거-과거분사(pp)'의 3단 변화인 겁니다. 이후에 자세히 설명하겠지만, 현재 기초 단계에서 'pp는 동사의 세 번째 변화 형태로서 과거분사라고 하며, '~되는(당하는)'이라는 수동의 뜻을 지닌다'고 간단히 이해하도록 합시다.

• 수동태를 공부하기 위해서는 pp를 알아야 하므로 동사 3단계 변화를 살펴봅시다. •

[현재 – 과거 – 과거분사 (pp)]

① 규칙 변화 (동사 + d, ed)

동사 과거와 pp 형태가 같습니다.

like–liked–liked	좋아하다
love–loved–loved	사랑하다
help–helped–helped	돕다
learn–learned–learned	배우다
want–wanted–wanted	원하다

② 불규칙 변화

pp는 동사 과거형과 같은 경우도 있고, 다른 경우도 있습니다.
불규칙이라도 약간의 패턴이 있으니 익히는 데 참고하세요.

㉠ 동사 과거와 pp가 같은 경우 (A–B–B 형태)

make–made–made	만들다
have–had–had	가지다
tell–told–told	말하다
build–built–built	짓다
buy–bought–bought	사다
bring–brought–brought	가져오다 (데려오다)

ⓛ 세 가지 형태가 모두 다른 경우 (A-B-C 형태)

go-went-gone	가다
do-did-done	하다
write-wrote-written	쓰다
break-broke-broken	깨다
speak-spoke-spoken	말하다
eat-ate-eaten	먹다
take-took-taken	취하다, 갖다
get-got-gotten	얻다
give-gave-given	주다
bite-bit-bitten	물다

ⓒ 세 가지 형태가 모두 같은 경우 (A-A-A 형태)

cut-cut-cut	자르다
put-put-put	놓다
let-let-let	허락하다
hurt-hurt-hurt	해치다
read-read-read	읽다

(2) 수동태 만들기 : 능동태 → 수동태 문장 변형

능동태를 수동태로 바꾸는 문장 변환은 중학교 내신 과정이므로, 고등학생들은 수동태의 원리를 이해하는 선에서 참고하거나 넘어가도 됩니다.

능동태와 수동태의 관계는 한마디로 '입장 바꿔 생각해보기'입니다.

보통 주어는 동작을 하고, 목적어는 그 동작을 받습니다.[7]

수동태는 동작을 받는(당하는) 이의 입장에서 생각해 보는 것이기 때문에, 능동태의 목적어가 수동태의 주어가 됩니다.

ex) 나는 그녀를 사랑한다. → 그녀는 나에 의해 사랑받는다.
　　나는 그를 때렸다. → 그는 나에 의해 맞았다.

■ 능동태의 수동태 변환 과정

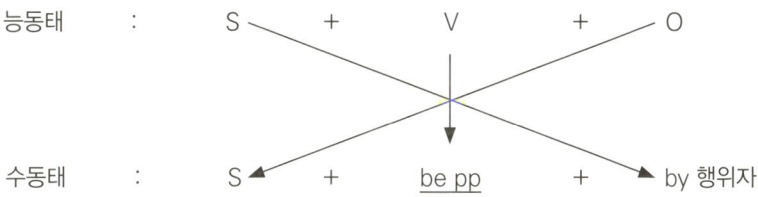

㉠ 능동태의 목적어 → 수동태의 주어
㉡ 동사는 'be pp'로 수동의 형태로 바꾸어 준다.
㉢ 능동태의 주어 → 수동태의 by 행위자로
㉣ 마지막으로, 자리 이동에 따른 격변화 주의
　　- 능동태의 목적어가 수동태의 주어로 갈 경우: 목적격 → 주격
　　- 능동태의 주어가 수동태의 by 행위자로 갈 경우: 주격 → 목적격 (by + 목적격)

---

7) 'I love you'라는 문장에서 주어인 'I'는 사랑을 하고 목적어인 'you'는 사랑을 받습니다.

- I love her. 나는 그녀를 사랑한다.
    - → She is loved by me. 그녀는 나에 의해 사랑받는다.

- He loves her. 그는 그녀를 사랑한다.
    - → She is loved by him. 그녀는 그에 의해 사랑받는다.

- We loved him. 우리는 그를 사랑했다.
    - → He *was loved by us. 그는 우리에 의해 사랑받았다.
    - (해설) 능동태의 동사가 과거이므로 수동태도 과거형으로 만들어 줍니다.

Exercise. 아래 능동태를 수동태로 바꾸시오.

1. They love us.
   →

2. We love them.
   →

3. We loved him.
   →

4. She makes some food.
   →

5. They ate some food.
   →

6. They built beautiful houses.
   →

정답

1. We are loved by them.
   우리는 그들에게 사랑받는다.

2. They are loved by us.
   그들은 우리에게 사랑받는다.

3. He was loved by us.
   그는 우리에게 사랑받았다.

4. Some food is made by her.
   약간의 음식이 그녀에 의해 만들어진다.

5. Some food was eaten by them.
   약간의 음식이 그들에 의해 먹어졌다.

6. Beautiful houses were built by them.
   아름다운 집들이 그들에 의해 지어졌다.

(3) 수동태 문장 해석

앞에서 살펴본 문장 변환은 원리를 이해하는 선에서 넘어가고 정작 중요한 것은 수동태 문장 자체를 해석하는 겁니다. 간단한 것 같지만 한국어에는 수동태가 발달하지 않아서 많은 학생들이 낯설어합니다. 아래 기초적인 문장들을 연습해 보며 익숙해집시다.

▲ 수동태 문장을 있는 그대로 이해하기 위해 직역합니다.

- I was bitten / by a dog.
  나는 물렸다   개에게.

  * bite-bit-bitten 물다

- The work was done / by him.
  그 일은 행해졌다   그에 의해.

- Some scary stories were told / by an old man.
  몇몇의 무서운 이야기들이 말해졌다   한 노인에 의해서.

- Japanese is spoken fluently / by a woman.
  일본어가 유창하게 말해진다   한 여성에 의해.

  * fluently 유창하게

- The English class was taught / by a native speaker.
  그 영어 수업은 가르쳐졌다   원어민에 의해.

  * teach-taught-taught 가르치다

- The test was taken / in English.
  그 시험이 치러졌다   영어로.

  * take a test 시험보다

- A beautiful song was played / in a cafe.
  아름다운 노래가 연주되었다   한 카페에서.

- I was hurt / in a car accident.
  나는 다쳤다   차 사고로.

  * hurt-hurt-hurt 다치다

- He was killed / by a bad cold.
  그는 죽었다   독감으로.

- The sick cats were taken care of / by some children.
  그 아픈 고양이들이 돌보아졌다   몇몇 아이들에 의해.

  * take care of ~을 돌보다

- Coca-cola is drunk / by many people / around the world.
  코카콜라는 마셔진다   많은 사람들에 의해   전 세계에서.

  * drink-drank-drunk 마시다

- A lot of good movies were shown / during the film festival.
  많은 좋은 영화들이 상영되었다   영화 축제 기간 동안에.

  * show-showed-shown 보여주다, 상영하다.

◆ 기초 문장들 최종정리 ◆

1. 명령문
   1) ~해라, (주어 없이) 동사원형
   2) 명령문 부정 : Don't + 동사원형

2. 의문문
   1) 의문사가 없는 의문문 : 동사 + 주어 ?
   2) 의문사가 있는 의문문 : 의문사 + 동사 + 주어 ?

3. 문장이 2개일 때 : 접속사로 연결한다.
   접속사는 문장과 문장을 연결

   ※ 꼭 알아두어야 할 대표적인 접속사들
   and, or, but / when / because / after, before / if / 접속사 that 등

4. 진행형
   − be 동사 + 동사원형 ing : ~하는 중이다.
   1) 현재 진행형 : be 동사 현재형 (am, are, is) + −ing
   2) 과거 진행형 : be 동사 과거형 (was, were) + −ing

5. 수동태
   − be + pp (by 행위자) : ~되다 (행위자에 의해서)
   by 행위자는 종종 생략되므로 수동태 핵심은 'be + pp'
   1) 현재 수동태 : be 동사 현재형 (am, are, is) + pp
   2) 과거 수동태 : be 동사 과거형 (was, were) + pp

2장 핵심 독해 문법

독해와 어법으로 직결되는 핵심 문법입니다.

첫째, 영어 문장 1~5형식을 살펴봅니다.

둘째, 문장을 구성하는 명사, 형용사, 부사를 차례로 살펴봅니다.
각각의 다양한 형태들과 문장 내 역할을 독해와 연결하여 익혀봅니다.

마지막으로, 5형식 문장을 집중적으로 공부합니다. 5형식은 해석도 특이하고 어법 출제율도 높아서 하나의 독립된 장으로 구성했어요.

각 문법이 끝날 때마다 '한 장 요약정리'가 되어 있고, 전체 문법이 끝나면 '최종 test'가 마련되어 있어서 문법 전체를 한눈에 파악하고 암기하는 데 도움이 되도록 했습니다.

또한 '문법과 독해 패턴 정리'를 통해 문법이 어떻게 독해와 어법으로 연결되는지 설명 하며 마무리하였습니다.

1. 영어 문장 1~5형식

1~5형식은 영어 문장을 구성하는 가장 기본적인 단위입니다. 문장의 뼈대와 같은 것이지요. 그러나 처음부터 끝까지 정확히 기억하는 학생들은 의외로 많지 않습니다. 중간 어디쯤에서 막히거나 혼동되어 버리더군요.

이 장의 목표는 가장 쉽고 정확하게 1~5형식을 이해하고 마무리하는 것입니다. 처음부터 복잡하고 예외가 되는 예문들을 접하며 어렵게 공부할 필요 없어요.

문법은 간단하게!
실전은 독해를 통해 차차 넓혀 나가는 것이 좋습니다.

자, 그럼 시작해 볼까요?!

1) 1형식

> 주어(s) + 동사(v)
> 완전동사

주어와 동사만으로 문장이 완성되는 가장 간단한 형태입니다.
1형식 동사는 주어를 완전하게 설명하기 때문에 '완전동사'라고 합니다.

- I go. 나는 간다.

- I come. 나는 온다.

- We sleep. 우리는 잔다.

- They smile. 그들이 웃는다.

> **참고**
>
> 이 책에서는 자동사·타동사 개념을 생략합니다. 목적어를 취하는 3형식 이상의 동사를 '타동사', 목적어를 취하지 않는 1, 2형식의 동사를 '자동사'라고 하는데 실제 동사들은 자·타동사로 명확하게 구별되지 않고 혼용되는 경우가 훨씬 더 많기 때문이에요. 즉, 하나의 동사가 목적어를 취하기도 하고 취하지 않기도 합니다. 따라서 <u>문장 형식은 동사의 개별 특징보다는 전체 문장의 구조 속에서 파악하는 것이 좋습니다.</u>

2) 2형식

> 주어(s) + 동사(v) + 주격보어(s.c)
> 불완전동사

2형식은 '주어 + 동사'에 '주격보어'가 추가됩니다. 주격보어는 '주어를 보충 설명하는 언어'입니다. 왜 2형식에는 주격보어가 있는 걸까요? 동사는 주어를 설명하는데, 2형식 동사는 '불완전동사'라서 주어를 완전히 설명하지 못하기 때문이에요. 따라서 주격보어가 주어를 보충 설명해 주어야 합니다.

* 대표적인 2형식 불완전 동사 : be 동사 (~이다)

- She is. 그녀는 입니다.

이 문장이 말이 되나요? 동사만으로 주어가 설명되지 않죠?
그래서 주어를 보충 설명하는 주격보어가 필요한 겁니다.

- She is my friend.
    그녀는 나의 친구이다.

- She is my sister.
    그녀는 나의 자매이다.

- They are brave.
    그들은 용감하다.

- They are polite.
    그들은 예의바르다.

즉, '주어가 ~다'라고 해석되는 것이 2형식 문장입니다.

3) 3형식

> 주어(s) + 동사(v) + 목적어(o)
> ~을(를)

영어 문장도 점점 진화해서 이제 어미 격에 해당되는 주어를 떠나 나름의 '목적'을 가지기 시작합니다. 3형식은 여러분에게 가장 익숙한 대표적인 영어 문장 형태입니다.

- We eat pasta.
  우리는 파스타를 먹는다.

- We watch a musical.
  우리는 뮤지컬을 본다.

- He plays the harp.
  그는 하프를 연주한다.

- She speaks French.
  그녀는 불어를 말한다.

주의! 2형식과 3형식의 구별

2형식과 3형식은 둘 다 세 단어로 구성됩니다. 주어와 동사 다음의 단어에서 차이가 나는 것인데 어떻게 구별할까요?
첫째, 해석입니다. 2형식은 '주어가 ~다'라고 해석되고 3형식은 주어가 '~을 …다'라고 해석됩니다. 그러나 보다 정확한 문법적 차이는 <u>2형식의 주격보어는 주어를 설명하며 3형식의 목적어는 주어와 아무런 관련이 없다</u>는 겁니다. 즉, 'We eat pasta. (3형식)'에서 'we ≠ pasta'입니다.

4) 4형식

> 주어(s) + 동사(v) + 목적어1(o1) + 목적어2(o2)
> ~에게(간목)   ~을(를)(직목)

이제 영어 문장은 더욱더 진화해서 목적어가 두 개나 됩니다.
4형식에서 목적어 1, 2는 각각 '~에게', '~을'이라고 해석되며, 간접목적어(간목), 직접목적어(직목)라고 합니다. 목적어의 뜻은 원래 '을(를)'인데 목적어1은 이러한 의미에서 다소 벗어나므로 간접목적어, 목적어2는 원래의 목적어 의미에 부합하므로 직접목적어라 한다고 이해하세요.

- He gave me a love letter.
  그는 나에게 러브레터를 주었다.

- He gave me flowers.
  그는 나에게 꽃을 주었다.

- My mother bought me a new cell phone.
  나의 엄마는 나에게 새로운 핸드폰을 사 주셨다.

- She asked us some difficult questions.
  그녀는 우리에게 몇 가지 어려운 질문들을 물었다.

5) 5형식

> 주어(s) + 동사(v) + 목적어(o) + 목적격 보어(o.c)

2형식의 주격보어는 주어를 보충 설명합니다. 그러면 5형식의 목적격 보어는 무엇을 설명할까요? 맞습니다. 목적어를 보충 설명합니다. 따라서 2형식이 '주어가 ~다'라고 해석된다면, 5형식은 '목적어가 ~다'라고 해석됩니다.

즉, 5형식의 목적어와 목적격 보어는 '설명 관계'입니다.

- People call me Jihae.
  사람들은 나를 지혜라고 부른다.

- The industry made him a big star.
  그 산업은 그를 대형 스타로 만들었다.

- Her smile makes us comfortable.
  그녀의 미소는 우리를 편안하게 한다.

- This food makes us happy.
  이 음식은 우리를 행복하게 한다.

> **주의! 4형식과 5형식의 구별**
>
> 4형식과 5형식은 둘 다 네 단어로 구성됩니다. 어떻게 구별할까요?
> 먼저 해석이지요. 4형식은 '~에게 ~을', 5형식은 'o가 ~다'라고 해석됩니다.
> 그러나 보다 정확한 문법적 차이는 <u>4형식의 목적어 1, 2는 서로 아무런 관련이 없고, 5형식의 o와 o.c는 설명 관계</u>라는 겁니다.
> 즉, 'She made him some food. (4형식)'에서 him ≠ some food로서, 두 개의 목적어는 서로 관련이 없습니다.
> 그러나 'She made him a big star. (5형식)'에서 him = a big star입니다.
>
> 사실, 5형식은 대단히 중요한 part입니다.
> 지금은 전체 문장 형식을 설명하는 흐름 속에서 간단히 살펴보고 넘어가지만, 이 장의 마지막에 구체적으로 다루게 됩니다. 기대하세요!

◆ 영어 문장 1~5형식 총정리 ◆

문장 형식 공부를 모두 마쳤습니다. 쉽게 이해가 되지요? 그렇다면 입에서 술술 나올 정도로 암기하세요. 이해만 하고 넘어가면 금방 잊혀집니다. 완전히 암기해서 자기 것으로 만드세요. 문장 형식뿐 아니라 위에서 제시한 기초적인 예문들 정도는 몇 형식에 속하는지 단번에 알 수 있어야 합니다. 그래야 이 장을 넘어갈 자격이 있습니다. 파이팅!^^*

1. 1형식 : 주어 (s) + 동사 (v)
   　　　　　　　　　　완전동사

2. 2형식 : 주어 + 동사 + 주격보어 (s.c)
   　　　　　　　불완전동사 주어를 보충 설명

3. 3형식 : 주어 + 동사 + 목적어 (o)
   　　　　　　　　　　　　~을(를)

4. 4형식 : 주어 + 동사 + 목적어 1 (간목) + 목적어 2 (직목)
   　　　　　　　　　　　　　~에게　　　　　　~을(를)

5. 5형식 : 주어 + 동사 + 목적어 + 목적격 보어 (o.c)
   　　　　　　　　　　　　　　　　목적어를 보충 설명

※ 2형식과 3형식의 차이
　　2형식의 주격보어는 주어를 설명, 3형식의 목적어는 주어와 관련이 없다.

※ 4형식과 5형식의 차이
　　4형식의 목적어 1, 2는 서로 관련이 없고, 5형식의 o와 o.c는 설명 관계이다.

● 영어 문장을 구성하는 필수요소들 ●

지금까지 영어 문장 1-5형식을 모두 살펴보았어요. 문장을 구성하는 요소들에는 어떤 것들이 있었나요? 주어, 동사, 목적어, 보어입니다.

이 네 가지가 문장에서 없어서는 안 될 '필수 구성 요소들'이에요.

이 중 동사는 넘어가도록 합시다. 동사는 앞서 공부했고 또 문장에서 동사를 구별하는 일은 어렵지 않으니까요.

그러면 무엇이 남지요? '주어, 목적어, 보어'입니다. 이 세 가지가 영어 문장을 구성하는 주인공들입니다. 그리고 이 세 가지 역할을 하는 것이 바로 '명사'입니다.

그러면 명사는 대단히 중요하겠죠? 지금부터 명사의 세계로 들어가 봅시다!

2. 명사

명사 공부는 명사 역할 3가지 및 다양한 형태의 명사들을 익히는 것이 핵심입니다. 먼저, 명사란 무엇인지 그 정의와 특징을 간략히 살펴봅시다.

1) 명사란?

(1) 명사 (이름 명(名))

- 뜻 : 사람이나 사물의 이름, 혹은 낱말이나 단어

  mother, father, friend, teacher, table, desk, love, truth 등
   엄마   아빠   친구   선생님   탁자   책상   사랑   신뢰

(2) 명사의 특징

① 단수 명사

- a, an + 명사
  하나
- a cat(고양이), a dog(개), an animal(동물)

* 알파벳 'a, e, i, o, u'를 모음이라고 합니다.
모음으로 시작하는 명사 앞에는 a 대신 an이 붙어요.

② 복수 명사

- 명사 + s, es
       ~들
- cats(고양이들), dogs(강아지들), boxes(박스들)

③ the + 명사

'그' 혹은 '저'

- Look at the blue sky.
  저 파란 하늘을 봐.

- Look at the baby.
  저 아기를 봐.

명사 앞에 the를 붙이는 경우는 다양한데 특정 명사를 가리키거나 혹은 앞에 나온 명사를 반복할 때 '그' 혹은 '저'라고 지칭하는 경우가 대표적입니다.

▲ 명사 앞에 붙는 a(n), the를 '관사'라고 합니다.

2) 명사 역할 3가지 및 여러 형태의 명사들*

(1) 명사 역할 3가지 : 주어, 목적어, 보어

(2) 여러 형태의 명사들

명사는 기본 명사 외에도 다양한 형태가 있습니다.
여러 형태의 명사들과 문장 내 역할을 익히는 것이 핵심입니다.

① 명사

- Jihae likes me. 지혜는 나를 좋아한다.
  주어

- I like Jihae. 나는 지혜를 좋아한다.
  목적어

- My best friend is Jihae. 나의 가장 친한 친구는 지혜이다.
  주격보어
  ▲ 불완전동사인 be동사 뒤는 주격보어가 오며, 2형식 문장이 됩니다.

② 대명사 : 명사를 대신하는 말 – she, he, it, they, this, that 등

영어는 반복을 싫어합니다. 따라서 한번 나온 명사는 대명사로 간단히 대신해요. 모든 여성은 she, 모든 남성은 he, 단수 사물은 it, 복수 사람이나 사물은 they(그들, 그것들), 가까이 있는 사람이나 사물은 this(이것, 이 사람), 멀리 있는 사람이나 사물은 that(저것, 저 사람) 등.

▲ 대명사 역시 명사이므로 주어, 목적어, 보어 역할을 합니다.

- <u>She</u> likes me. 그녀는 나를 좋아한다.
  주어

- I like <u>her</u>. 나는 그녀를 좋아한다.
  목적어

- My favorite person is <u>you</u>. 내가 가장 좋아하는 사람은 너다.
  보어

명사와 대명사는 가장 간단한 명사였어요.
다음에 배우게 될 'to부정사'와 '동명사'는 원래는 동사였으나 형태를 바꾸어 명사가 된 특이한 명사들입니다.

③ to부정사

- 형태 : to + 동사원형 → 명사가 됨
- 뜻 : '~하기', '~하는 것' (명사처럼 뜻이 압축됨)
- 역할 : 주어, 목적어, 보어 역할

- **To learn** is exciting. 배우는 것은 흥미롭다.
  주어

- I want **to learn**. 나는 배우기를 원한다.
  목적어

- My hobby is **to learn**. 나의 취미는 배우는 것이다.
  주격보어

간단하죠?
그러나 위 예문들처럼 'to-v'가 짧게 나오는 경우는 드물어요.
to부정사는 동사에서 명사가 된 '동사 파생 명사'여서 동사적 성질이 일부 남아 있습니다. 따라서 동사처럼 뒤에 목적어(주격보어)를 달고 오는 경우가 많습니다.[8]

㉠ 주어

- **To eat good food** / is important.
  좋은 음식을 먹는 것은   중요하다.

- **To have good habits** / is important.
  좋은 습관들을 갖는 것은   중요하다.

- **To learn foreign languages** / is not easy.
  외국어를 배우는 것은   쉽지 않다.

---

8) 동사 뒤는 대부분 목적어입니다.

ⓛ 목적어

- I like / to make food.
  나는 좋아한다 음식을 만드는 것을.

- I want / to learn foreign languages.
  나는 원한다   외국어를 배우기를.

- We need / to have good habits.
  우리는 필요로 한다   좋은 습관을 가지기를.

ⓒ 보어

- My job is / to teach English.
  나의 직업은   영어를 가르치는 것이다.

- My dream is / to be a great healer.
  나의 꿈은   훌륭한 치료자가 되는 것이다.

  * healer 치료자

- My aim is / to write some essays.
  나의 목표는   몇 개의 에세이를 쓰는 것이다.

  * aim 목표

④ 동명사

- 형태 : <u>동사원형 + ing</u> → <u>명사가 됨</u>
- 뜻 : '~하기', '~하는 것' (명사처럼 뜻이 압축됨)
- 역할 : 주어, 목적어, 보어 역할

동명사 역시 동사에 ing를 붙여서 명사가 된 동사 파생 명사입니다.
따라서 to부정사와 생김새만 다를 뿐 의미와 역할은 같습니다.

- <u>Learning</u> is exciting. 배우는 것은 흥미롭다.
   주어

- She enjoys <u>learning</u>. 그녀는 배우는 것을 즐긴다.
   목적어

- Her hobby is <u>reading</u>. 그녀의 취미는 독서하는 것이다.
   주격보어

동명사 역시 동사적 성질이 남아 있어서 동사처럼 목적어(주격보어)를 달고 길게 나오는 경우가 많습니다.

㉠ 주어

- <u>Reading good books</u> / is important.
   좋은 책들을 읽는 것은   중요하다.

- <u>Knowing yourself</u> / is not easy.
   너 자신을 아는 것은   쉽지 않다.

- <u>Loving all people</u> / is not easy.
   모든 사람들을 사랑하는 것은   쉽지 않다.

ⓛ 목적어

- She enjoys / watching old movies.
  그녀는 즐긴다　　　옛 영화들을 보는 것을.

- We avoid / eating fast food.
  우리는 피한다　　　패스트푸드를 먹는 것을.

- She began / playing the piano again.
  그녀는 시작했다　　다시 피아노를 치기를.

ⓒ 보어

- My hobby is / making food.
  나의 취미는　　　음식을 만드는 것이다.

- My hobby is / watching classic movies.
  나의 취미는　　　고전 영화들을 보는 것이다.

- Our dreams are / being famous singers.
  우리의 꿈은　　　유명한 가수가 되는 것이다.

♣ 지금까지 to-v와 동명사의 명사로서 역할을 살펴보았어요.
이제 이들의 문법 특징을 간략히 정리해 봅시다. 이들은 동사에서 파생된 특이한 명사이기 때문이에요.

■ to부정사와 동명사의 문법 특징

1. to부정사와 동명사 주어는 '단수' 취급한다.

   예제
   - To watch horror movies (is, are) scary
   - To make good friends (is, are) important.
   - Reading many books (is, are) not easy.

   정답
   is, is, is

   해석과 해설
   - 공포 영화를 보는 것은 무섭다.
   - 좋은 친구들을 사귀는 것은 중요하다.
   - 많은 책을 읽는 것은 쉽지 않다.
   ▲ 위 문장에서 핵심 주어는 문장 제일 앞의 to-v와 동명사입니다.

2. to-v와 동명사는 동사에서 명사가 된 '동사 파생 명사'로서 동사적 성질을 일부 지닌다. 따라서 동사처럼 뒤에 목적어(주격보어)를 취하기 쉽다.

3. 길어지므로 가주어 – 진주어 처리한다.

- 가주어 – 진주어란?

    영어에서는 주어가 긴 것을 좋아하지 않습니다. 문장 앞을 가볍게 하려는 특징이 있어서 주어가 길면 문장 제일 뒤로 돌려버리는 경우가 많아요. 그러면 주어 자리가 비어서 이상하겠죠? 그 자리를 가짜 주어 'it'이 채웁니다. 이때 it은 대명사가 아니라 뜻이 없는 가주어(가짜 주어)로서 주어의 빈자리를 채우는 허수아비와 같은 존재예요. 진짜 뜻은 문장 제일 뒤의 진주어가 지니고 있습니다.

- 가주어 – 진주어 문장 형태
    - It ~ to 부정사
    - It ~ 동명사 (상대적으로 드뭅니다.)

- 가주어 – 진주어 문장 변환

    처음에는 한 번에 해석하기보다 의미 단위로 끊어서 연습하는 것이 좋습니다.

    - To help poor people / is necessary.
      → It is necessary / to help poor people.
        　　필요하다　　　　　가난한 사람들을 돕는 것이.

    - To eat healthy food / is good for you.
      → It is good for you / to eat healthy food.
        　　너에게 좋다　　　　건강에 좋은 음식을 먹는 것이.

    　　　　　　　　　　　　　　　　　　　　　　　* be good for ~에 좋다

    위 문장 변환은 이해만 하면 되고, 중요한 것은 가주어 – 진주어 문장이 나왔을 때 한 번에 파악하고 정확히 해석하는 것입니다.

Exercise. 아래 문장에서 가주어 진주어에 밑줄 치고 해석해 보시오.

1. It is important to respect your parents.

2. It's not easy to get along with others.

   * get along with ~와 잘 지내다

3. It is not always good telling the truth.

   * not always 항상 ~인 것만은 아니다

정답과 해석

1. <u>It</u> is important / <u>to respect your parents.</u>
   중요하다　　　　너의 부모님을 존경하는 것이.

2. <u>It</u>'s not easy / <u>to get along with others.</u>
   쉽지 않다　　　다른 사람들과 잘 지내는 것이.

3. <u>It</u> is not always good / <u>telling the truth.</u>
   항상 좋지만은 않다　　　진실을 말하는 것이.

⑤ 접속사 that절

S+V(문장)

'절'은 '주어 동사', 즉 문장을 의미합니다.

접속사 that은 '~라고, ~라는 것'이라는 뜻으로 앞 문장과 뒤 문장을 연결하지요. 접속사 that절이란 말 그대로 접속사 that으로 연결된 뒤의 문장을 말합니다. 이 that절은 전체 문장 속에서 주어, 목적어, 보어 역할을 하는 명사절로 기능합니다.

문장에서 가장 많이 볼 수 있고 친숙한 목적어 역할부터 살펴봅시다.

㉠ 목적어

- We know / that animals also have emotions.
  우리는 안다   동물들 또한 감정을 가지고 있다는 것을.

- People know / that blue birds exist.
  사람들은 안다   파랑새가 존재한다는 것을.
  　　　　　　　　　　　　　　　　　　　　　＊ exist 존재하다

- Some people think / that cats are spiritual animals.
  어떤 사람들은 생각한다   고양이가 영혼의 동물이라고.
  　　　　　　　　　　　　　　　　　　　　　＊ spiritual 영적인

㉡ 주어

- That animals have emotions / is true.
  동물들이 감정을 갖고 있다는 것은   진실이다.

- That blue birds exist / is clear.
  파랑새가 존재한다는 것은   분명하다.

- That cats are spiritual animals / is often said.
  고양이가 영혼의 동물이라고   종종 말해진다.

ⓒ 주격보어

- The fact is / that animals are also intelligent.
  사실은　　　　　동물들 또한 지능적이라는 것이다.
  　　　　　　　　　　　　　　　　　* intelligent 지적인

- The truth is / that we are not different from them.
  진실은　　　　　우리가 그들과 다르지 않다는 것이다.

- The rumor was / that he burned his house.
  소문은　　　　　그가 그의 집을 불태웠다는 것이다.
  ▲ 불완전동사인 be동사 뒤의 that절은 주어를 설명하는 주격보어입니다.

■ it – that : 가주어 – 진주어

접속사 that절은 긴 명사절이지요. 따라서 주어 자리에 오는 경우 가주어 – 진주어로 처리되기 쉽습니다. 영어에서는 주어가 긴 것을 좋아하지 않으니까요.

- That animals have emotions is evident.
  → It is evident / that animals have emotions.
  　분명하다　　　동물들이 감정을 가지고 있다는 것은.
  　　　　　　　　　　　　　　　　* evident 자명한, 분명한

- That he caused the accident is true.
  → It is true / that he caused the accident.
  　진실이다　　　그가 사고를 일으켰다는 것은.

▶ 영어에서 많이 나오는 가주어 – 진주어 3인방 최종 정리

다음은 영어 문장에서 가장 많이 나오는 가주어–진주어 3인방입니다.
앞서 to-v, 동명사와 더불어 접속사 that절이 모두 설명되었어요.
가장 많이 나오는 순서대로 정리했으니 확실히 형태를 익혀두세요!

It ~ to부정사*
It ~ 접속사 that절*
It ~ 동명사 (상대적으로 드뭅니다.)

Exercise. 아래 문장들에서 가주어, 진주어에 밑줄 치고 정확히 해석해 봅시다.

1. It was clear that she fell in love with me.
   →

2. It is not natural that everybody trusts him.
   →

3. It is surprising that you say such a thing.
   →

4. It was terrible that they left the baby alone in the car.
   →

1. fall in love with ~와 사랑에 빠지다 2. natural 자연스러운 3. such 그런 4. terrible 끔찍한 leave 떠나다, 남겨두다

정답과 해설은 다음 페이지에 →

정답과 해설

1. It was clear / that she fell in love with me.
   분명했다　　　　 그녀가 나와 사랑에 빠진 것이.

2. It is not natural / that everybody trusts him.
   자연스럽지 않다　　　 모두가 그를 믿는 것이.

3. It is surprising / that you say such a thing.
   놀랍다　　　　 네가 그런 것을 말하는 것이.

4. It was terrible / that they left the baby / alone / in the car.
   끔찍했다　　　 그들이 아기를 남겨둔 것이　　 홀로　　 차 안에.

⑥ 의문사절

의문사는 의문문에 나오며 순서는 '의문사 + 동사 + 주어'입니다.
그러나 이 의문사가 있는 문장이 다른 문장과 합쳐지면 '의문사 + 동사 + 주어' → '의문사 + 주어 + 동사'로 순서가 변합니다. 그리고 이 의문사절은 전체 문장 속에서 주어, 목적어, 보어 역할을 하는 명사절로 기능합니다.

- 문법 용어 : 간접 의문문
- 어법 : 의문사 + 주어 + 동사 순서

㉠ 목적어
- 명사절인 의문사절이 만들어지는 원리

- Who is she? 그녀는 누구니?
  I know + who is she → I know / who she is.
  　　　　　　　　　　　　나는 안다　그녀가 누구인지.

- What is your name? 너의 이름이 무엇이니?
  I know + what is your name → I know / what your name is.
  　　　　　　　　　　　　　　　나는 안다　너의 이름이 무엇인지.

- What do you like? 너는 무엇을 좋아하니?
  I wonder + what do you like → I wonder / what you like.
  　　　　　　　　　　　　　　　나는 궁금하다　네가 무엇을 좋아하는지.

의문사절은 원리 설명이 필요한 부분이어서 가장 대표적인 목적어 자리부터 설명했어요.

이제 주어와 보어 역할을 각각 살펴봅시다.

ⓛ 주어

- Who he is / was not known.
  그가 누구인지   알려지지 않았다.

- What his name is / was not told.
  그의 이름이 무엇인지   말해지지 않았다(=듣지 못했다).

- Where he is from / was not discovered.
  그가 어디 출신인지는   밝혀지지 않았다.

ⓒ 보어

- The point is / who he is.
  요점은   그가 누구인지다.

- The question is / what your name is.
  질문은   너의 이름이 무엇인가이다.

- The important thing is / what we will do for a living.
  중요한 것은   우리가 생계를 위해 무엇을 할지다.

> **참고** 의문사절도 긴 명사절인데 가주어 – 진주어가 가능하지 않나요?

네. 아래와 같이 가주어 – 진주어 형태가 가능합니다.

- How they survived / was not clear.
  → It was not clear / how they survived.
     분명하지 않았다   어떻게 그들이 살아남았는지.

다만, 의문사절은 주어 역할보다 동사 뒤에서 목적어나 보어 역할을 많이 하기 때문에 자주 볼 수 있는 형태가 아닐 뿐입니다.

Exercise. 아래 밑줄 친 부분 중 틀린 곳을 바르게 고치시오.

1. We didn't know where were you.

2. I wonder what can you do for me.

3. I can't understand why do some people collect somethings.

4. We understand why does everybody love her.

5. We didn't know when did the class start.

정답과 해석

정답

1. where you were.
2. what you can do for me.
3. why some people collect somethings.
4. why everybody loves her.
5. when the class started.

해설

3-5번 일반 동사 의문문의 경우, do가 대신 동사 변화하므로 다시 원래의 문장으로 돌아올 경우 do가 했던 동사 변화를 일반 동사가 가져와야 합니다. 즉 일반 동사 스스로 변해야 합니다.

해석

1. 우리는 몰랐다 / 네가 어디 있었는지.
2. 나는 궁금하다 / 네가 나를 위해 무엇을 할 수 있는지.
3. 나는 이해할 수 없다 / 왜 어떤 사람들이 무언가를 수집하는지.
4. 우리는 이해한다 / 왜 모두가 그녀를 사랑하는지.
5. 우리는 몰랐다 / 언제 수업이 시작했는지.

⑦ 의문사 to부정사

주어보다 주로 동사 뒤에서 목적어(보어) 역할을 하는 명사입니다.

- We don't know / what to study.
  우리는 모른다   무엇을 공부할지.
  　　　　　　　how to study.
  　　　　　　　어떻게 공부할지(=공부하는 방법).
  　　　　　　　where to meet.
  　　　　　　　어디서 만날지.
  　　　　　　　when to meet.
  　　　　　　　언제 만날지.

- **해석** : 위에서 보는 바와 같이 의문사 to-v를 앞에서 뒤로 자연스럽게 읽으면 됩니다. 단, how는 '어떻게' 외에도 '~하는 방법' 두 가지로 모두 해석됩니다.

- **어법** : 주로 동사 뒤에 밑줄 친 형태로 나옵니다. 동사 뒤 목적어(보어) 역할을 할 수 있는 명사가 맞는지 묻는 것이고요, 명사 맞습니다.

Exercise. 아래 밑줄 친 곳에 유의하여 해석하시오.

1. I don't know how to make pasta.

2. We learned how to solve the math problems.

3. We didn't decide where to travel.

4. We didn't decide which country to go.

5. I advised which color to choose.

정답

1. I don't know / how to make pasta.
    나는 모른다   어떻게 파스타를 만드는지. (파스타를 만드는 방법을)

2. We learned / how to solve the math problems.
    우리는 배웠다   어떻게 그 수학 문제를 풀지. (수학 문제를 푸는 방법을)

3. We didn't decide / where to travel.
    우리는 결정하지 못했다   어디로 여행 갈지.

4. We didn't decide / *which country to go.
    우리는 결정하지 못했다   어떤 나라에 갈지.

5. I advised / *which color to choose.
    나는 충고했다   어떤 색깔을 선택할지.

[참고]
의문사는 뒤의 단어를 수식할 수 있습니다.
which country 어떤 나라, which color 어떤 색깔, what food 무슨 음식 등.
(2부에서 자세히 설명합니다.)

⑧ If절, whether절 : ~ 인지 아닌지

if의 주 뜻은 '만약 ~라면'이지요. 그러나 명사일 때 if는 '~인지 아닌지'라는 뜻으로 동사 뒤에서 목적어(보어) 역할을 합니다. 명사일 때 if는 주어 역할을 하지 않아요. whether절은 주어, 목적어, 보어 역할을 모두 합니다.

㉠ 주어

- <u>Whether he is a good person</u> / is not clear.
  그가 좋은 사람인지는   분명하지 않다.

- <u>Whether she remembers me or not</u> / is unclear.
  그녀가 나를 기억하는지 아닌지는   분명하지 않다.

- <u>Whether it will snow or not</u> / is not certain.
  눈이 올지 안 올지는   확실하지 않다.

  * certain 어떤, 확실한

㉡ 목적어

- I wonder / <u>if you know me</u>.
  나는 궁금하다   네가 나를 아는지.

- I wonder / <u>if she likes the gift</u>.
  나는 궁금하다   그녀가 그 선물을 좋아하는지.

- We can not predict / <u>whether it will snow or not</u>.
  우리는 예측할 수 없다   눈이 올지 안 올지.

  * predict 예측하다

ⓒ 보어

- The question / is <u>whether you cheated on the test</u>.
  질문은　　　　　　　네가 시험에서 부정행위를 했는지이다.

  * cheat 속이다, 부정행위를 하다

- The question / is <u>whether you have some evidence</u>.
  질문은　　　　　　　네가 어떤 증거를 가지고 있느냐이다.

  * evidence 증거

- The point / is <u>whether you can forgive me</u>.
  요점은　　　　　　　네가 나를 용서할 수 있는지이다.

  * forgive 용서하다

Exercise. 다음 괄호 안의 적절한 단어를 고르시오.

(Because, Whether) I liked living in the room or not was another subject. (모의변형)

* subject 과목, 주제

정답

Whether절

해석

Whether I liked living in the room or not / was another subject.
내가 그 방에서 사는 것을 좋아하는가 아닌가는　　　또 다른 문제(주제)였다.

▶ 문장이 길다고 겁먹지 마세요. 주어 역할을 할 수 있는 명사가 필요합니다.

◆ 명사 최종 정리 ◆

명사 역할 3가지 및 여러 형태의 명사들을 익히는 것이 핵심입니다.
눈으로 보고 안다고 넘어가지 마세요. 머리에서 맴돌 뿐 절대로 자기 실력이 되지 못합니다. 수학 원리를 이해했으면 공식을 암기해야 문제를 풀 수 있듯이, 문법을 이해했으면 완전히 암기해야 이후 독해나 어법 문제에 적용할 수 있습니다.

1. 명사란 : 사람이나 사물의 '이름', 혹은 낱말이나 단어

2. 역할 : 주어, 목적어, 보어

3. 여러 형태의 명사들

   1) 기본 명사

   2) 대명사 : 명사를 대신하는 말 (she, he, it, they, this, that 등)

   3) to부정사, 동명사 : 동사에서 명사가 된 동사 파생명사

      ※ 문법 특징

      ① to부정사와 동명사 주어는 <u>단수 취급</u>한다.
      ② 동사에서 명사가 된 동사 파생 명사로서 동사적 성질이 일부 남아 있다. 즉, <u>동사처럼 뒤에 목적어(보어)를 취하기 쉽다.</u>
      ③ <u>길어지므로 가주어–진주어 처리될 수 있다.</u>

   4) 접속사 that절

      '~라고 ~라는 것' 이라는 뜻으로 앞뒤 문장을 연결하며 명사절을 이끈다.

※ 가주어 - 진주어 3인방 정리
   It ~ to부정사*
   It ~ 접속사 that절*
   It ~ 동명사

5) 의문사절 : <u>의문사 + 주어 + 동사</u>의 순서 주의

6) 의문사 to부정사 : 주로 동사 뒤 목적어(보어) 역할

7) If절, whether절 : ~인지, 아닌지

3. 형용사

형용사 역할 2가지 및 여러 형태의 형용사들을 익히는 것이 핵심입니다. 먼저 형용사가 무엇인지 기본적인 정의와 특징을 살펴봅니다.

1) 형용사란?

- 사람이나 사물의 '상태'
- 뜻 : ~인, ~한

pretty, beautiful, clever, kind, happy, angry, important, polite, honest
예쁜　아름다운　영리한　친절한　행복한　화난　　중요한　　예의바른　정직한

▶ 잠깐! 지금까지 배운 것들을 정리하고 넘어갑시다!

명사 – 이름 명(名) : 사람이나 사물의 <u>이름</u>, 낱말, 단어
동사 – 움직일 동(動) : 주어의 동작을 <u>설명</u> (~다)
형용사 – 사람이나 사물의 모양이나 <u>상태</u> (~인, ~한)

2) 형용사 역할 2가지 및 여러 형태의 형용사들

(1) 형용사 역할 2가지

① 보어 역할 (필수)

보어는 한마디로 '설명'입니다. 주격보어의 경우 '주어가 ~다'라고 설명합니다. 보어는 문장에서는 없어서는 안 될 필수 요소예요.

- She is polite. 그녀는 예의 바르다.[9]

- He is honest. 그는 정직하다.

- This food is delicious. 이 음식은 맛있다.

- This book is interesting. 이 책은 흥미롭다.

- This sofa is comfortable. 이 소파는 편안하다.

② 명사 수식 (필수 ×)

보통 명사 앞에서 수식합니다. 수식할 때 형용사는 생략해도 문장에 지장이 없으므로 필수 요소가 아닙니다. 명사를 꾸며줄 뿐 스스로 주인공은 아니기 때문이에요.

- She is a (polite) girl. 그녀는 (예의 바른) 소녀이다.

- This is a (delicious) food. 이것은 (맛있는) 음식이다.

- This is a (comfortable) sofa. 이것은 (편안한) 소파이다.

- It is an (important) project. 그것은 (중요한) 프로젝트이다.

---

9) is (이다) + polite (예의 바른) → 예의 바르다
   is (이다) + honest (정직한) → 정직하다
   is (이다) + delicious (맛있는) → 맛있다
   is (이다) + comfortable (편안한) → 편안하다

(2) 여러 형태의 형용사들

명사도 여러 형태가 있듯이 형용사도 기본 형용사 외에 다양한 형태들이 있습니다. 이 장에서는 여러 형용사들의 형태를 익히고 명사 수식의 역할을 살펴봅니다.[10]

① 기본 형용사

앞서 살펴보았어요.

② 분사

㉠ 현재분사

- 형태 : 동사원형 + ing
- 뜻 : ~인, ~한 / '능동'의 뜻으로 명사 수식

- Look at the dancing cat.
  저 춤추는 고양이를 봐.

- Look at the playing baby.
  저 놀고 있는 아기를 봐.

- Look at the singing woman.
  저 노래하는 여자를 봐.

> **주의!**
> 현재분사는 동명사와 형태가 같지만, 뜻도 역할도 전혀 다릅니다.
> - 동명사 : ~하기, ~하는 것 (명사)
> - 현재분사 : ~인, ~한 (형용사)

---

10) 동사 바로 뒤에 나오는 주격보어는 해석이 안 되는 경우가 거의 없고, 또 보어는 별도의 어법 설명이 필요한 부분이어서 이 책의 2부에서 다룹니다.

ⓒ 과거분사

- 형태 : PP

- 뜻 : ~되는 ~당하는 / '수동'의 뜻으로 명사 수식

- Look at the broken window.
  저 깨진 창문을 봐.

  * break-broke-broken 깨다

- Look at the damaged car.
  저 망가진 차 좀 봐.

- I found my stolen cell phone.
  나는 나의 도난당한 핸드폰을 찾았다.

  * steal-stole-stolen 훔치다

> **주의!**
>
> 많은 학생들이 pp를 동사로 알고 있어요. pp가 동사 변화의 세 번째 형태이기 때문입니다. 그러나 pp는 동사가 아니라 동사에서 파생된 형용사입니다. 분사(ing, pp) 자체가 동사 파생 형용사라는 것 기억하세요!
>
> - 현재분사 : 동사원형 + ing
> - 과거분사 : pp (동사 변화의 세 번째 형태)

■ **형용사 특징과 관련한 해석과 어법 주의 사항** ■★

첫째, 형용사는 짧으면 명사 앞, 길면 명사 뒤에서 수식한다.
형용사는 기본적으로 명사 앞에서 수식합니다. 그러나 긴 형용사의 경우 명사 뒤에서 수식합니다. 영어에서는 긴 것이 앞에 나오는 것을 선호하지 않아서 길면 뒤로 넘겨버리기 때문이에요. 명사 앞에서 수식하는 짧은 형용사의 경우 어렵지 않지만, 긴 형용사의 경우는 명사에서 끊고 뒤에서 수식하는 연습을 해야 합니다. 즉, 형용사가 명사 뒤에서 수식하는 경우에는 명사에서 끊고 수식하세요!

- Look at the cat / dancing on the roof.
  저 고양이 좀 봐   지붕 위에서 춤추는.

- Look at the baby / playing with a doll.
  저 아기 좀 봐   인형을 가지고 노는.

- Look at the woman / singing on the street.
  저 여자를 봐   거리에서 노래하는.

- Look at the car / damaged by somebody.
  저 차를 봐   누군가에 의해 훼손된.
  * somebody 누군가, 어떤 사람

- He repaired his cell phone / broken by mistake.
  그는 그의 휴대폰을 수리했다   실수로 망가진.
  * repair 수리하다 * by mistake 실수로

- I found my cell phone / stolen on the street.
  나는 나의 핸드폰을 찾았다   길에서 도난당한.

둘째, 주어가 형용사의 수식을 받아 길어지는 경우 → 주어 + (형용사 수식) + 동사.
주어도 명사이므로 다양한 형용사들의 수식을 받습니다. 주어 다음에 바로 동사가 나오지 않을 경우, 그 사이에 끼어 있는 것은 명사를 수식하는 형용사들입니다. 이 경우 ㉠ 형용사의 수식을 받아 길어진 주어의 수일치 문제에 주의하세요. 주어가 아무리 길어도 핵심 주어는 문장 제일 앞의 명사입니다. 또 ㉡ 명사 주어를 수식하는 형용사들의 형태도 숙지하세요. 명사 뒤 형용사들을 묻는 응용문제가 다양하게 출제되기 때문입니다.

Exercise. 아래에서 적절한 동사를 찾고, 주어를 수식하는 분사에 밑줄을 그으시오.

1. The cats dancing on the roof (is, are) lovely.

2. A baby playing with cats (is, are) very cute.

3. That woman singing on the stage (is, are) beautiful.

4. A dog hurt by some children (was, were) rescued.

5. The areas damaged by the storm (was, were) restored.

4. hurt-hurt-hurt 다치게 하다 rescue 구조하다 5. restore 복구하다

정답과 해설은 다음 페이지에 →

정답과 해설

정답

1. are   2. is.   3. is   4. was   5. were

해석

1. The cats / <u>dancing</u> on the roof / **are** lovely.
   고양이들은   지붕 위에서 춤추는   사랑스럽다.

2. A baby / <u>playing</u> with cats / **is** very cute.
   아기는   고양이들과 놀고 있는   매우 귀엽다.

3. That woman / <u>singing</u> on the stage / **is** beautiful.
   저 여자는   무대 위에서 노래하는   아름답다.

4. A dog / <u>hurt</u> by some children / **was** rescued.
   강아지가   몇몇의 아이들에 의해 다친   구조되었다.

5. The areas / <u>damaged</u> by the storm / **were** restored.
   그 지역들은   폭풍우에 피해를 입은   복구되었다.

③ To부정사 : ~ 인 (~ 한), 명사 뒤에서 수식

to-v는 앞서 명사 역할을 한다고 배웠지요. 그런데 형용사에도 나왔네요. 어떻게 된 걸까요? to부정사는 일명 문법계의 마당발로 명사 외에도 다양한 역할을 합니다. 형용사일 때 to부정사는 '~인, ~한'이라는 형용사 뜻으로 명사를 뒤에서 수식합니다. 'to + 동사원형'으로 두 단어이니 긴 형용사로 취급되기 때문이에요.

해석은 앞서 공부한 바와 같이 명사에서 끊고 수식하면 됩니다.
이러한 해석 방법이 다소 어색하게 들리더라도 문법과 독해의 연결성을 이해하는 데 가장 효과적입니다.

- We found the way / to help you.
  우리를 방법을 발견했다   너를 도울.

- We have many things / to do.
  우리는 많은 것들이 있다   해야 할.

- I have something / to tell you.
  나는 무언가가 있다   너에게 말할.

- I don't have enough time / to finish the work
  나는 충분한 시간이 없다   그 일을 끝낼

④ 전치사 + 명사 : 명사 뒤에서 수식

전치사란 뭘까요? 많이 들어 봤지만, 선뜻 떠오르지는 않죠? in, at, on, by, of, for, from, with, about, around 등 알고 보면 여러분에게 무척 익숙한 것들입니다. 전치사는 큼직큼직하기보다 깨알같이 생긴 것들로 사람으로 치면 어린아이에 해당됩니다. 이 어린아이 격인 전치사는 혼자 기능하지 않고 어른 격인 명사와 함께 결합되어 의미를 만들어냅니다.

'전치사 + 명사'는 두 단어의 긴 형용사로서 명사를 뒤에서 수식합니다.[11]

- Look at the children / on the ground.
  아이들을 봐   운동장에.

- Look at the pension / on the beach.
  저 펜션 좀 봐   해변에.

- I know that girl / with red hair.
  나는 저 소녀를 안다   빨간 머리를 가진.

- I have many friends / with good characters.
  나는 많은 친구들이 있다   좋은 성격을 가진.

---

11) '전치사 + 명사'의 주 기능은 명사 수식이며, 보어로서 역할은 극히 미미합니다.
간혹 be 동사 뒤에서 주격보어 역할을 하는 경우, 아래와 같이 적당히 해석하고 넘어가면 됩니다.
- This machine is of use. (= useful 유용한) 이 기계는 유용하다.
- This machine is of no use. (= useless 쓸모없는) 이 기계는 쓸모없다.

♣ '전치사 + 명사'가 주어를 수식할 때, 길어진 주어의 동사 수일치 문제 주의하세요!

Exercise. 적절한 동사 형태를 찾고 해석하시오.

1. One of my friends (is, are) a famous musician.

2. Some boys on the ground (play, plays) soccer.

3. The student with many foreign friends (speak, speaks) English well.

4. People from different parts of the world (have, has) different cultures. (모의응용)

5. Tears in her eyes (represent, represents) sadness.

5. represent 나타내다, 상징하다.

정답과 해설은 다음 페이지에 →

정답

1. is   2. play   3. speaks   4. have   5. represent

해석 및 해설

1. One / of my friends / **is** a famous musician.
   한 명은   나의 친구들 중의   유명한 뮤지션이다.

(해설) 주어: one

2. Some boys / on the ground / **play** soccer.
   몇몇 소년들이   운동장에   축구를 한다.

(해설) 주어: some boys

3. The student / with many foreign friends / **speaks** english well.
   그 학생은   많은 외국 친구들이 있는   영어를 잘 말한다.

(해설) 주어: the student

4. People / from different parts of the world / **have** different cultures.
   사람들은   세계의 다른 지역으로부터 온   다른 문화를 가지고 있다.

(해설) 주어: people. '사람들'이라는 복수 뜻이므로 복수 취급합니다.

5. Tears / in her eyes / **represent** sadness.
   눈물은   그녀의 눈에   슬픔을 나타낸다.

(해설) 주어: tears

※ 대표적인 전치사들 익히기

in	~ 안에, ~ 에
on	~ 위에, ~ 에
at	~ 에
of	~ 의, ~ 중에서 • One of my friends is an Idol star. 나의 친구 중의 한 명은 아이돌 스타이다.
about	~ 에 대하여 / 약, 대략 (+숫자)
around	~ 주변에 / 약, 대략 (+숫자)
by	~ 에 의해, ~ 함으로써
for	~ 를 위하여, ~ 에게, ~ 동안 (+숫자)
with	~ 와 함께, ~ 를 가지고
without	~ 없이
before	~ 전에
after	~ 후에 * before, after는 전치사와 접속사 역할 모두 합니다.

as	* 전치사와 접속사 역할 모두 합니다.
	  ① 전치사 (+명사) ~ 처럼, ~ 대로, ~ 로써
	  ② 접속사 (+문장) ~ 일 때 (=when), ~ 하기 때문에 (=because),
	                  ~ 함에 따라서 등
	
	• As my mother was angry, I couldn't say anything.
	    나의 엄마가 화났기 때문에, 나는 어떤 것도 말할수 없었다.
	
	• As the monster approached me, I screamed.
	    그 괴물이 나에게 접근했을 때, 나는 비명 질렀다.

♣ 다음에 배우게 될 형용사는 '관계대명사절'과 '관계부사절'인데 이 두 가지를 모두 합쳐 '관계사'라고 합니다. 이들은 긴 형용사절로서 명사를 뒤에서 수식합니다.[12]

⑤ **관계대명사절** : 긴 형용사절로서 명사를 뒤에서 수식
　　　　　　　s+v

관계대명사는 'who, which, that' 3가지입니다.

의문사처럼 생겼죠? 그러나 이들은 의문사가 아닙니다.

명사 뒤에 나오는 who, which, that은 명사를 수식하는 형용사입니다.

이때 관계대명사는 아무런 뜻 없이 앞의 명사를 수식하기만 합니다.

특이한 점은, 'who-사람 명사', 'which-사물 명사', 'that-사람, 사물 명사' 둘 다 수식한다는 점이에요.

```
사람명사     +     who ~
사물명사     +     which ~
사람, 사물   +     that ~
```

주격 / 목적격 / 소유격이 있고, 격에 따라 형태가 약간 달라지지만 해석하는 방법은 같습니다. 명사에서 끊고 수식하면 됩니다.[13]

---

12) 관계사는 해석 방법이 두 가지에요. 이 장에서는 형용사로서 특징을 가장 잘 보여주는 명사 수식의 해석과 핵심어법을 다룹니다. 가장 기본이 되고 중요한 Part입니다.

　　두 번째 해석 방법은 이 책의 2부 관계사 2에서 설명합니다.
　　〈관계사 2〉에서는 수식이 아닌 다른 방식으로 해석하는 방법, 이를 이해하기 위한 원리설명, 그리고 수능 어법 총정리가 수록되어 있습니다. 관계사는 워낙 방대한 문법이고 무엇보다 핵심 설명이 가장 기본이 되므로 두 Part로 나누어 설명합니다.

13) 격이 다른 이유에 대해서는 2부 〈관계사 2〉에서 설명합니다.

㉠ 주격 관계대명사 'who, which, that'

- I know a boy / who is very handsome.
  나는 한 소년을 안다　　　　　매우 잘생긴.

- I know a woman / who grows many flowers.
  나는 한 여성을 안다　　　　　많은 꽃들을 재배하는.

- I have some friends / who came from various countries.
  나는 몇몇 친구들이 있다　　　　　다양한 나라들로부터 온.
  * various 다양한 * country 나라

- These are shoes / which are made of glass.
  이것들은 신발이다　　　　　유리로 만들어진.
  * these 이것들(이 사람들)

▶ 주격 관계대명사절의 특징

㉠ 주격 관계대명사 절에는 주어가 없다 (주격 관계대명사가 꿀꺽).
2부의 관계사 2에서 설명하겠지만 주격 관계대명사는 주어를 삼켜서 주격입니다.

㉡ 주격 관계대명사 + 동사 : 주어가 없으니 바로 동사가 나옵니다.

㉢ 동사의 수일치 : 앞의 수식 받는 명사인 '선행사'에 맞춘다. *
동사 하면 수일치 문제가 떠오르지요. 문장의 본동사는 주어에 맞추지만, 관계대명사절의 동사는 앞의 수식받는 명사에 맞춥니다. 바로 그 명사를 꾸며주니까요. 이 앞의 수식받는 명사를 '선행사'(앞설 선先)라고 합니다. 관계사와 관련하여 가장 많이 출제되는 어법이므로 확실히 익혀두세요!

Exercise. 아래 적절한 동사 형태를 선택하고 정확히 해석하시오.

1. I have some friends who (travel, travels) a lot.

2. I know a man who (raise, raises) a snake.

3. Cats were animals that (was, were) hated for a long time.

4. I know some people who (take care of, takes care of) street cats.

정답

1. travel 2. raises 3. were 4. take care of

해석 및 해설

1. I have some friends / who **travel** a lot.
　　나는 몇몇 친구들이 있다　　많이 여행하는.
(해설) 선행사 friends에 수일치

2. I know a man / who **raises** a snake.
　　나는 한 남자를 안다　　뱀을 기르는.
(해설) 선행사 a man에 수일치

3. Cats were animals / that **were** hated for a long time.
　　고양이들은 동물들이었다　　오랫동안 미움 받았던.
(해설) 선행사 animals에 수일치

4. I know some people / who **take care of** street cats.
　　나는 몇몇 사람들을 안다　　길고양이들을 돌보는.
(해설) 선행사 people에 수일치

ⓒ 목적격 관계대명사 'who(whom), which, that'

목적격은 사람을 수식하는 who만 형태가 변해서 who와 whom 둘 다 가능합니다.

목적격 관계대명사절은 뒤에 나오는 문장의 순서가 주격 관계대명사절과 조금 다릅니다.

그러나 해석하는 방법은 같아요. 명사에서 끊고 수식하세요!

- I met my old friend / who(m) I missed.
  나는 나의 옛 친구를 만났다   내가 그리워했던.

  * miss 그리워하다

- I found my wallet / which I lost.
  나는 나의 지갑을 찾았다   내가 잃어버렸던.

  * wallet 지갑

- This is the job / that I wanted.
  이것은 직업이다   내가 원했던.

- She controls everything / that he does.
  그녀는 모든 것을 통제한다   그가 하는.

> ▶ 목적격 관계대명사 절의 특징
>
> ㉠ 목적격 관계대명사절에는 목적어가 없다. (목적격 관계대명사가 꿀꺽).
>
> ㉡ 목적격 관계대명사 + 주어 + 동사 (목적어 없음).
> 목적어가 없으니 뒤의 문장은 주어 + 동사로 주격 관계대명사절과 순서가 다릅니다.
>
> ㉢ 생략할 수 있다.
> 형용사이므로 명사(선행사) 뒤에 생략 (주격은 생략 못함).

Exercise. 다음 문장에서 목적격 관계대명사가 생략된 곳에 / 표시를 하고 해석하시오.

1. This is the first thing I must do today.

2. She is the most beautiful person I know.

3. I cannot select from the list I have.

4. Early Americans had to make everything they needed. (모의)

* had to 동사원형 ~해야만 했다

정답과 해설

1. This is the first thing / I must do today.
   이것은 첫 번째 것이다   내가 오늘 해야만 하는.

2. She is the most beautiful person / I know.
   그녀는 가장 아름다운 사람이다   내가 아는.

3. I cannot select from the list / I have.
   나는 목록에서 선택할 수 없다   내가 가진.

4. Early Americans had to make everything / they needed.
   초기의 미국인들은 모든 것을 만들어야만 했다   그들이 필요로 했던.

ⓒ 소유격 관계대명사 'whose'

'whose'는 who와 which 둘 다의 소유격 형태입니다.
따라서 사람과 사물 둘 다 수식할 수 있어요.
관계대명사는 수식으로 해석할 경우 뜻이 없으므로 격에 따른 형태변화에 크게 신경 쓰지 않아도 됩니다. 무조건 명사에서 끊고 수식하세요!

- We see many cats / whose eyes are blue.
  우리는 많은 고양이들을 본다   눈이 블루인.

- I know a boy / whose father is a famous figure in Korea.
  나는 한 소년을 안다   아버지가 한국에 유명한 인물인.

  * figure 숫자, 인물

- I saw a pianist / whose fingers were so beautiful.
  나는 한 피아니스트를 보았다   손가락이 너무 아름다운.

> 참고
>
> that은 소유격이 없습니다.

⑥ 관계부사절

관계대명사절과 마찬가지로 긴 형용사절로서 명사를 뒤에서 수식합니다.

관계대명사는 3가지였죠. → 'who, which, that'

관계부사는 4가지입니다. → '<u>where, when, why, how</u>'

생김새는 의문사와 같지만, 명사 뒤에 있으면 형용사인 관계부사입니다.

수식하는 명사(선행사)는 아래와 같습니다.

장소 명사들 (place, house, school, house 등)	where	~
시간 명사들 (time, day, month, year 등)	when	~
the reason (이유)	why	~
the way (방법)	(how)	~

▲ how는 이후 설명할 부분이 있어서 괄호 표시해 두었어요.

- This is the place / where I study English.
  이곳은 장소이다   내가 영어를 공부하는.

- This is the time / when I study English.
  지금은 시간이다   내가 영어를 공부하는.

- This is the reason / why I study English.
  이것이 이유이다   내가 영어를 공부하는.

- This is the way / (how) I study English.
  이것이 방법이다   내가 영어를 공부하는.

▶ 관계부사의 문법적 특징

㉠ 모든 관계부사는 **that**으로 대신할 수 있다!
that은 관계대명사와 관계부사를 모두 대신할 수 있습니다.
일명 관계사계의 마당발이에요. ^^

- This is the place / that everything is possible.
  이곳은 장소이다　　　　　모든 것이 가능한.
- This is the way / that I love you.
  이것이 방법이다　　내가 너를 사랑하는.
- This is one of reasons / that he succeeded.
  이것이 이유들 중의 하나이다　　그가 성공한.

㉡ 모든 관계부사는 생략할 수 있다.
명사(선행사) 뒤에 생략

- I love this house / my baby was born.
  나는 이 집을 사랑한다　　나의 아기가 태어난.
- I can't forget the moment / I first saw her.
  나는 그 순간을 잊을 수 없다　　내가 그녀를 처음 본.
- Think about times / you felt special.
  시간들에 대해 생각해봐　　네가 특별하다고 느꼈던.

㉢ 관계부사절은 '완전'문장, 관계대명사절은 '불완전'문장★
관계대명사와 관계부사의 가장 핵심적인 차이입니다.
관계대명사절은 불완전문장이지요 (주격은 주어, 목적격은 목적어가 없음).
관계부사절은 완전문장입니다.

[참고] 2부 관계사2에서 자세히 설명하겠지만, 관계대명사는 대명사를 삼켜서 불완전문장이고 관계부사는 부사를 삼켜서 완전 문장입니다. 대명사는 문장에서 없어서는 안 될 필수 요소지만, 부사는 문장의 필수 요소가 아니기 때문에 관계부사가 삼켜서 없다 해도 문장에 지장을 주지 않기 때문입니다.

㉣ **The way how**는 공존할 수 없다.
선행사와 관계사는 보통 나란히 함께 쓰지만, The way how는 공존할 수 없습니다.
따라서 how를 생략하고 way만 쓰거나, how대신 that을 씁니다.

- This is thy way how I love you. (x)
  → This is the way I love you. (0)
  → This is the way that I love you. (0)
  　　이것이 내가 너를 사랑하는 방법이다.

◆ 형용사 최종 정리 ◆

1. 형용사란 : 사람이나 사물의 '상태' / 뜻 : ~인, ~한

2. 역할 : 보어(필수), 명사 수식(필수 x)

3. 여러 가지 형용사 형태들

   1) 기본 형용사

   2) 분사

   (1) 현재분사(ing) : '능동'의 뜻으로 명사 수식

   (2) 과거분사(pp) : '수동'의 뜻으로 명사 수식

   위 형용사들은 짧으면 명사 앞, 길면 명사 뒤에서 수식합니다.
   아래 형용사들은 모두 두 단어 이상의 긴 형용사들로서 '명사 뒤'에서 수식합니다.

   (3) to부정사

   (4) 전치사 + 명사 (아이와 어른이 함께 다닌다고 연상하세요.)

   (5) 관계대명사절 : who, which, that

      ※ 문법 특징

         ㉠ 주격 관계대명사 : 주어가 없다.
         ㉡ 주격 관계대명사 + 동사 → 선행사 수일치
         ㉢ 목적격 관계대명사 : 목적어가 없다.
         ㉣ 목적격 관계대명사 + 주어 + 동사
         ㉤ 목적격 관계대명사는 생략이 가능하다. → 명사(선행사) 뒤에 생략

   (6) 관계부사절 : where, when, why, how

      ※ 문법 특징

         ㉠ 모든 관계부사는 생략할 수 있다.
         ㉡ 모든 관계부사는 that으로 대신할 수 있다.
         ㉢ 관계부사절은 완벽하다. (관계대명사절은 불완전)
         ㉣ the way how는 공존할 수 없다.

★ 자, 형용사 part가 모두 끝났습니다. 다음 장으로 넘어가기 전에 명사절인 접속사 that절과 형용사절인 관계사 that절을 구별해 봅시다. 이 두 가지 that절을 구별하는 것은 정확한 해석과 어법 대비를 위해 대단히 중요합니다.

■ 관계사 that절 / 접속사 that절의 구별 ■*

형용사인 관계사(관계대명사/관계부사)의 위치는 '명사 뒤'로 간단합니다.

문제는 접속사 that절의 위치입니다. 접속사 that은 문장과 문장을 중간에서 연결한다고 했어요. 그 문장과 문장의 중간은 보통 '동사 뒤'가 됩니다 (그래서 동사 뒤에서 목적어나 주격보어 역할을 하는 겁니다). 한편 접속사 that은 유일하게 생략도 할 수 있는 접속사에요. 따라서 다음과 같은 형태가 됩니다.

→ '주어 + 동사 (that) 주어 + 동사'

- People think / that she is a witch.
  　　　　　　　　　목적어
  　사람들은 생각한다　　　그녀가 마녀라고.

- I didn't know / (that) the boy was my son.
  　나는 알지 못했다　　　그 소년이 나의 아들이라는 것을.

▶ 최종 정리

관계사 that절 (형용사절) – 명사 뒤

접속사 that절 (명사절) – 동사 뒤

Exercise 1. 아래에서 접속사 that이 생략된 곳에 / 표시를 하고 정확하게 해석해 보시오.

1. People think / animals have simple brains.

2. Everyone knows / smoking is bad for our health.

3. Doctors say / drinking water is good for our health.

4. Most people find / eating healthy food is not always easy.

5. People say / exercise is one of the most important factors of a healthy life. (모의)

4. find 찾다, 발견하다 not always 항상 ~인 건 아니다 5. factor 요소, 요인

정답과 해설은 다음 페이지에 →

정답과 해석

1. People think / animals have simple brains.
   사람들은 생각한다   동물들이 단순한 뇌를 가지고 있다고.

2. Everyone knows / smoking is bad for our health.
   모든 사람은 안다   담배 피는 것이 우리의 건강에 나쁘다고.

3. Doctors say / drinking water is good for our health.
   의사들은 말한다   물을 마시는 것이 우리의 건강에 좋다고.

4. Most people find / eating healthy food is not always easy.
   대부분의 사람들은 발견한다   건강에 좋은 음식을 먹는 것이 항상 쉽지는 않다고.

5. People say / exercise is one of the most important factors of a healthy life.
   사람들은 말한다   운동이 건강한 삶의 가장 중요한 요소들 중의 하나라고.

Exercise 2. 아래 밑줄 친 **that**이 접속사인지 관계대명사인지 적으시오.
그리고 정확히 해석하시오.

1. Most people know that trees can be used for wood or paper. (모의변형)

2. We are social animals that need some relationships. (모의변형)

3. This is a record that shows a part of family history. (모의변형)

4. Most people think that their minds control everything that they do. (모의)

5. The student asked good questions that revealed that he fully understood the class. (모의변형)

1. wood 목재 2. relationship 관계 3. record 기록(하다) 5. reveal 드러내다 fully 완전히

정답과 해설은 다음 페이지에 →

정답과 해석

1. Most people know / that trees can be used / for wood or paper.
   　　　　　　　　　　동사 뒤 접속사
   대부분의 사람들은 안다　　나무들이 사용될 수 있다고　　목재나 종이를 위해.

2. We are social animals / that need some relationships.
   　　　　　　　　　명사 뒤 관계대명사(주격)
   우리는 사회적인 동물들이다　　약간의 관계를 필요로 하는.

3. This is a record / that shows a part of family history.
   　　　　　　명사 뒤 관계대명사(주격)
   이것은 기록이다　　가족 역사의 일부를 보여 주는.

4. Most people think / that their minds control everything / that they do.
   　　　　　　　동사 뒤 접속사　　　　　　　　　　　　명사 뒤 관계대명사(목적격)
   대부분의 사람들은 생각한다　그들의 마음이 모든 것을 통제한다고　　그들이 하는.

5. The student asked good questions / that revealed / that he fully
   　　　　　　　　　　　　　　관계대명사(주격)　　접속사
   　　그 학생은 좋은 질문을 했다　　　드러내는　　그가 완전히

   understood the class.
   그 수업을 이해했다는 것을.

4. 부사

부사는 문장에서 보충 설명을 하거나 꾸며주는 역할을 합니다. 부사가 있음으로써 문장은 좀 더 풍요로워지지만, 명사나 형용사와 달리 문장의 필수 요소는 아닙니다. 따라서 문장 1~5형식에도 포함되지 않아요. 문장 형식은 필수 요소로만 구성된 문장의 최소 단위이니까요.

1) 부사란

- 형태 : 형용사 + ly
- 뜻 : ~ 하게

kindly, nicely, beautifully, politely, clearly, happily[14], prettily, healthily
친절하게 좋게 아름답게 예의바르게 분명하게 행복하게 예쁘게 건강하게

- **He behaves kindly.** (1형식)
  그는 친절하게 행동한다.

- **He treats people politely.** (3형식)
  그는 사람들을 공손하게 대한다.

- **The stars shine brightly.** (1형식)
  별이 밝게 빛난다.

이 외에 just(단지), only(단지, 오직), very(매우), well(잘) 등 깨알같이 작은 부사들도 있어요.

---

[14] y로 끝나는 형용사 중 y → i로 고치고 '+ ly'인 경우도 있습니다.

2) 꼭 알아야 할 부사 형태 2가지

부사도 기본 형태 외에 다양한 부사들이 있는데, 다음의 두 가지는 꼭 알아두어야 합니다.

(1) to부정사

to부정사는 문법계의 마당발로 모든 역할을 다 한다고 했지요? 명사, 형용사에 이어 부사 역할도 합니다. 부사일 때 to-v는 '~하기 위해서'가 가장 대표적인 뜻이며, 아래 4가지 의미도 함께 알아두어야 합니다.

㉠ ~하기 위해서 (목적)*

- I study English / to be a translator.
  나는 영어를 공부한다   번역가가 되기 위해서.

  *translator 번역가

- He plays a lot of games / to be a game programmer.
  그는 많은 게임을 한다   게임 프로그래머가 되기 위해서.

- My old friend called me / to say hello.
  나의 옛 친구가 나에게 전화했다   안부를 전하기 위해.

㉡ ~해서 (감정의 원인)*

감정을 나타내는 형용사 뒤에 옵니다.

- I am glad / to meet you.
  나는 기쁘다   너를 만나서.

  *glad 기쁜, 즐거운

- I am sad / to hear the bad news.
  나는 슬프다   나쁜 소식을 들어서.

- I was surprised / to know the fact.
  나는 놀랐다   그 사실을 알고.

ⓒ 그리고 (그래서) ~하다 (결과)

결과는 자주 나오는 부사 뜻은 아닙니다. 따라서 문장에서 마주치면 당황할 수 있는데요, '~하기 위해서' 라는 대표적인 부사 뜻으로 어색할 경우 한번 시도해 보세요. 또 결과는 to-v 앞에 only를 붙여서 표시해 주는 경우도 더러 있습니다.

- He grew up only to be a robber.
  그는 자라서 강도가 되었다.

  * robber 강도

- He hurried up only to be late for school.
  그는 서둘렀지만 (결국) 학교에 늦었다.

- He came home to find a stranger
  그는 집에 와서 낯선 사람을 발견했다.

ⓔ ~하기에 (앞의 형용사 수식)*

명사를 수식하는 것은 형용사죠. 명사를 제외한 모든 것들 – 형용사, 동사, 다른 부사 등 – 은 부사가 수식합니다. 즉 부사는 무언가를 수식하면서 보충 설명을 합니다.

to-v가 앞의 명사를 수식하면 형용사고, 앞의 형용사를 수식하면 부사입니다. 그리고 이때 to부정사는 '~하기에'라고 해석됩니다. 자주 나오는 부사 뜻이므로 확실히 기억해 두세요!

- Math is not easy / to study.
  수학은 쉽지 않다   공부하기에.

- This book is not easy / to understand.
  이 책은 쉽지 않다   이해하기에.

- This machine is difficult / to use.
  이 기계는 어렵다   사용하기에.

- The work is impossible / to do.
  그 일은 불가능하다   하기에.

(2) 전치사 + 명사

전치사 + 명사는 앞서 형용사로서 명사를 수식한다고 배웠지요. 그런데 부사 역할도 합니다. 즉 최종적으로 2가지 역할을 합니다.

㉠ 형용사일 때 – 명사 뒤에서 수식
㉡ 부사일 때 – 주로 시간이나 장소를 보충 설명[15]

▲ '전치사 + 명사'는 명사 수식과 부사가 주 역할이기 때문에 대부분 문장의 필수 요소가 아닙니다.

- I exercise / in the morning. (1형식)
  나는 운동한다   아침에.

- He runs / at night. (1형식)
  그는 달린다   밤에.

- They sleep / at school. (1형식)
  그들은 잔다   학교에서.

- She does her homework / at the library. (3형식)
  그녀는 그녀의 숙제를 한다   도서관에서.

---

15) 영어에서 시간이나 장소는 종종 부사 취급합니다. 대표적인 장소부사로 here(여기에), there(거기에)가 있고, 시간부사로는 last night, yesterday 등 시간을 나타내는 단어 자체가 부사인 경우가 많습니다.
- Yesterday I met one of my friends. 어제 나는 친구 한 명을 만났다.
- Last night I went fishing. 어젯밤 나는 낚시하러 갔다.

부사가 위와 같이 한 단어들인 경우 독해하는 데 별다른 어려움이 없어요. 그러나 'to-v'나 '전치사 + 명사'의 경우 여러 다른 역할들도 하므로 제대로 정리되어 있어야 문장을 정확히 이해할 수 있습니다.

◆ 부사 최종 정리 ◆

1. 부사란 : 문장에서 보충 설명을 하거나 꾸며주는 역할

    필수 요소가 아니므로 문장성분에 포함되지 않는다.

2. 기본 형태 : 형용사 + ly, ~하게

    이 외 소소한 부사들이 있어요. just, very, only, well 등

3. 꼭 기억해야 할 부사 형태 2가지

    (1) to부정사

    ~하기 위해서 (목적), ~해서 (원인), 그리고~하다 (결과),

    ~하기에 (앞의 형용사 수식)

    (2) 전치사 + 명사

    주로 장소나 시간을 보충 설명

■ 여기서 잠깐! 'to부정사 최종 정리'합니다. ★

to-v는 동사에서 형태를 바꾸어 <u>명사, 형용사, 부사</u> 역할을 모두 합니다.
모든 설명이 끝났으므로 혼동되지 않도록 정리하고 넘어갑시다!

명사	~하기, ~하는 것 ▶ 주어, 목적어, 보어 역할
형용사	~하는 ▶ 명사 뒤에서 수식
부사	~하기 위해서, ~해서 등 ▶ 보충 설명

자, 이제 영어 문장을 구성하는 명사, 형용사, 부사들을 모두 살펴보았습니다.
명사는 완전 필수(100%), 형용사는 50%만 필수(보어 역할), 부사는 문장의 필수 요소는 아니지만, 보충 설명함으로써 문장을 채웁니다.

마지막으로 5형식을 살펴보고 1부 2장을 마무리합니다.

5. 5형식 집중 공부

'5형식'은 해석도 특이하고 어법 출제율도 높아서 하나의 독립된 장으로 구성했습니다. 앞서 영어 문장 1~5형식을 공부하면서 간단히 개념 설명을 했지만 좀 더 집중적으로 살펴볼 필요가 있다고 했지요.

5형식 문장의 해석은 지금까지의 방식과 매우 다릅니다. 여태까지 명사에서 끊고 여러 형용사들이 수식하는 패턴을 배웠다면, 5형식은 명사에서 끊는 것이 아니라 명사인 목적어와 목적격 보어를 '설명 관계'로 해석합니다.

5형식 공부는 정확한 해석을 통해 5형식 문장임을 인지하고, <u>'목적격 보어의 올바른 형태'</u>를 찾는 것이 핵심입니다.

1) 5형식 문장의 해석

목적어와 목적격 보어를 'O가 ~다'라는 설명 관계로 해석합니다.

2) 목적격 보어의 형태 - 기본 형태 4가지

목적격 보어는 목적어를 설명하므로 '목적어와의 관계'에 따라 기본적으로 4가지 형태가 있습니다.

S + V + O + O.C <u>명사</u> (o = o.c)
<u>형용사</u> (목적어의 '상태'설명, 부사 x)
<u>현재분사</u> (목적어의 '능동적'동작 설명)
<u>과거분사</u> (목적어의 '수동적'동작 설명)

(1) O.C가 명사인 경우 : o = o.c

- People think him a genius. (him = a genius)
  사람들은 그를 천재라고 생각한다.

- Koreans call the drink Sikhye. (the drink = Sikhye)
  한국인들은 그 음료를 식혜라고 부른다.

- People call her a walking dictionary. (her = a walking dictionary)
  사람들은 그녀를 걸어 다니는 사전이라고 부른다.

  * dictionary 사전

(2) O.C가 형용사인 경우 : 목적어의 '상태'설명 (부사 x)

형용사 보어는 목적어의 '상태'를 설명합니다. 그런데 형용사 보어의 경우 '~하게'로 해석되는 경우가 종종 있어서 부사와 혼동될 수 있어요. 따라서 형용사인지 부사인지 묻는 어법이 출제됩니다. 문장의 주인공인 보어 자리에는 부사가 올 수 없다는 것 기억하세요!

- They make me crazy.
  그들은 나를 미치게 한다.

  * crazy 미친

- They made her sad.
  그들은 그녀를 슬프게 했다.

Exercise. 다음 괄호 안 올바른 형태를 고르시오.

1. This situation makes me (angry, angrily).

2. This place makes us (comfortable, comfortably).

정답
angry, comfortable

해석
1. This situation makes me **angry**.
   이 상황은 나를 화나게 한다.
2. This place makes us **comfortable**.
   이 장소는 우리를 편안하게 한다.

(3) O.C가 현재분사인 경우 : 목적어와 '능동'관계(O가 ~하다)

- We found <u>her</u> <u>sitting</u> alone.
              O   O.C
  우리는 그녀가 홀로 앉아있는 것을 발견했다.

- We found <u>a baby</u> <u>crying</u>.
             O   O.C
  우리는 아기가 우는 걸 발견했다.

- I found <u>my sister</u> <u>wearing</u> my clothes.
            O   O.C
  나는 나의 여동생이 나의 옷을 입고 있는 것을 발견했다.

(4) O.C가 과거분사인 경우 : 목적어와 '수동'관계(O가 ~되다)

- I heard <u>my name</u> <u>called</u>.
  나는 나의 이름이 불려지는 걸 들었다.

- We helped <u>the wall</u> <u>repainted</u>.
  우리는 그 벽이 다시 칠해지게 도왔다.

- We found <u>our cars</u> <u>towed</u>.
  우리는 우리의 차가 견인되는 것을 발견했다.

* tow-towed-towed 견인하다

3) 목적격 보어의 형태 예외*

목적격 보어는 '동사'에 따라 형태가 달라집니다.

(1) 사역동사*   have, make, let, help

위 동사들은 5형식에서 '시키다', '~하게 하다'라고 해석됩니다. 따라서 '시킬 사(使)'자를 써서 '사역동사'라고 해요. 이 동사들은 목적어의 능동적 동작을 설명할 때에라도 현재분사를 쓰지 않고, 현재분사 → 동사원형으로 대신합니다.[16]

- I made him clean his room.
  나는 그가 그의 방을 청소하게 했다.

- I had them eat something.
  나는 그들이 무언가를 먹게 했다.

- My mother let me play the game.
  나의 엄마는 내가 그 게임을 하게 했다. (허락했다)   * let-let-let 허락하다, ~하게 하다

- I helped him finish his work.
  나는 그가 그의 일을 끝내게 했다. (도왔다)

단, help는 목적격 보어로 '동사원형'뿐 아니라 'to부정사'도 취합니다!
help는 사역동사 중에서도 약간의 예외에 해당되니 확실히 익혀두세요.

- The doctor helped me to lose my weight.
  그 의사는 내가 나의 체중을 줄이게 도왔다.

- My friend helped me to persuade my parents.
  나의 친구는 내가 나의 부모님을 설득하게 도왔다.   * persuade 설득하다

- Overseas travel helps us to understand the world better.
  해외여행은 우리가 세상을 더 잘 이해하게 돕는다.   * better 더 좋은, 더 잘

---

[16] 동사에 따른 목적격 보어의 형태변화는 목적어의 능동적 동작을 설명하는 현재분사에만 적용됩니다. 목적어와 목적격 보어의 관계가 수동일 때는 그대로 pp입니다.

(2) 지각동사★

> **see, watch** (보다)
> **hear, listen to** (듣다)
> **feel, notice** (느끼다, 인식하다)

▲ 의미별로 2개씩 짝지어 암기하면 도움이 됩니다.

위 동사들은 우리가 세상을 어떻게 인식하는지 '지각'을 나타냅니다. 따라서 '알지(知)' 자'를 써서 지각동사라고 해요. 이들은 목적격 보어로 '현재분사'와 '동사원형' 둘 다 취합니다.

- I felt something approaching me. (모의)
  나는 무언가가 나에게 다가오는 것을 느꼈다.

  * approach 접근하다

- We heard somebody screaming.
  우리는 누군가가 비명 지르는 것을 들었다.

- We saw a guy throwing stones / at a dog.
  우리는 한 남성이 돌을 던지는 것을 보았다   강아지에게.

  * throw 던지다

> **주의!**
>
> 영어 문장을 접하다 보면 수식과 설명 모두로 해석이 되는 듯한 경우들이 존재합니다. 즉, 명사에서 끊고 수식을 하던 5형식 설명 관계로 해석하던 그리 어색하지는 않은 경우들인데요. 이런 경우 많은 문장들을 접하며 더 자연스러운 것을 선택하면 됩니다. 단, 지문에 지각. 사역동사가 있을 경우 5형식 설명 관계로 해석하는 습관을 들이세요. 이들 동사들과 관련한 목적격 보어의 출제율은 대단히 높기 때문입니다.

(3) to부정사만을 목적격 보어로 취하는 동사들*

> **• 핵심 동사들**[17]
>
> **want** 원하다   **wish** 소망하다   **like** 좋아하다   **expect** 기대(예상)하다
> **ask** 묻다(요청하다)   **tell** 말하다   **order** 명령하다   **allow, permit** 허락하다
> **cause** 유발하다 원인이 되다   **encourage** 격려하다

> **• 고등학생 추가 동사들**
>
> **enable** 가능하게 하다   **advise** 충고하다   **motivate** 동기부여하다
> **inspire** 영감을 주다   **force** 강요하다   **require** 요구하다
> **persuade** 설득하다   **invite** 초대하다   **tempt** 유혹하다

동사들이 무척 많죠. 그러나 꼭 알아야 하는 것들만 요약 정리한 겁니다. 실제 to-v를 목적격 보어로 취하는 동사들의 수는 훨씬 더 많습니다.

'핵심 동사들'은 중·고교 공통이며, 고등학생들은 추가 동사들까지 전체 암기해야 합니다. 나름의 패턴을 만들어 몸에 붙을 때까지 무한 반복하세요. 독해 지문에서 어법이 한눈에 보이기 위해서는 먼저 완전한 암기가 되어 있어야 합니다.

---

[17] 핵심 동사들의 경우 의미에 따라 크게 세 부분으로 나누어 암기하면 도움이 됩니다.
① want~expect – 긍정적인 의미의 동사들
② ask~permit – 말하는 것과 관련된 동사들
③ cause, encourage – c가 들어가는 동사들.
구분이 좀 인위적이지만, 이런 식으로라도 패턴화하지 않으면 오래 기억하기 쉽지 않습니다. 여러분 스스로 암기 패턴을 만들어 보세요.

- I want you to remember me.

  나는 네가 나를 기억하기를 원한다.

- I asked her to be my girlfriend.

  나는 그녀에게 나의 여자 친구가 되어달라고 요청했다.

- Our teacher told us to read widely.

  우리 선생님은 우리에게 폭넓게 독서하라고 말했다.

- The accident caused him to be disabled.

  그 사고는 그가 장애를 지니는 원인이 되었다.

  * disabled 불구인, 장애를 가진

- My English teacher encouraged me to make it.

  나의 영어 선생님은 내가 해내게 격려해주셨다.

  * make it 해내다, 성공하다

◆ 5형식 최종 정리 ◆

1. 5형식이란

    – 해석 : 목적어와 목적격 보어를 '설명 관계'로 해석 (목적어가 ~하다)

    – 어법 : 목적격 보어의 올바른 형태 찾기

2. 목적격 보어의 형태

    1) 목적어와의 관계에 따라 기본 형태 4가지

        (1) 명사 (o = o.c)

        (2) 형용사 (목적어의 '상태' 설명, 부사 x)

        (3) 현재분사 (목적어의 '능동적 동작' 설명)

        (4) 과거분사 (목적어의 '수동적 동작' 설명)

    2) 예외 : 목적격 보어는 '동사'에 따라 형태가 변한다.

        ① 사역동사 : make, have, let, help

            목적격 보어로 현재분사 대신 → '동사원형'

            단, help는 '동사원형과 to 부정사' 둘 다 취함

        ② 지각동사 : see, watch, hear, listen to, feel, notice

            목적격 보어로 '동사원형'과 '현재분사' 둘 다 취함

        ③ to부정사만을 목적격 보어로 취하는 동사들

            ㉠ 핵심 동사들

                want, wish, like, expect, ask, tell, order, allow, permit, cause, encourage

            ㉡ 추가 동사들

                enable, advise, motivate, inspire, force, require, persuade, invite, tempt

총정리 Test

(정답 p.130~133)

2장은 독해 및 어법 문제와 직결되는 만큼 확실히 암기하고 넘어가야 합니다. 아래 밑줄 친 부분들을 채워 넣으세요. 잘 기억나지 않으면 다시 앞으로 돌아가 공부하고 오세요. 한번 외웠다고 끝나는 것이 아니라 반복적으로 암기해서 언제 어디서건 입에서 술술 나올 정도가 되어야 합니다.

1. 영어 문장의 5형식

   1) 주어 + 동사

       _____

       _____

       _____

       _____

   2) 주격보어란?

   3) 1형식에는 주격보어가 없는데, 왜 2형식에는 주격보어가 필요한가?

   4) 2형식과 3형식의 핵심 차이를 서술하시오.

   5) 5형식의 목적격 보어란?

   6) 4형식과 5형식의 핵심 차이를 서술하시오.

2. 명사 – 명사 역할 3가지 및 다양한 명사들을 서술하시오.

1) 명사 역할 3가지 : _____, _____, _____

2) 여러 가지 명사 형태들

   (1) 명사, 대명사

   (2) 동사 파생명사 2가지 : _____, _____

   (3) _____ 절

   (4) _____ 절

   (5) _____ + to부정사

   (6) _____ 절

3) 가주어 – 진주어 3인방을 적으시오.

   It ⋯ _____

   It ⋯ _____

   It ⋯ _____

3. 형용사 – 형용사 역할 2가지 및 다양한 형용사들을 서술하시오.

1) 형용사 역할 2가지

   _____(필수), _____(필수 x)

2) 여러 가지 형용사들

   (1) 기본 형용사

   (2) ____분사, ____분사

      ① 능동의 뜻으로 명사 수식 – _____

      ② 수동의 뜻으로 명사 수식 – _____

(3) _____(문법계의 마당발)

(4) _____(아이 + 어른)

(5) _____절

(6) _____절

3) 관계대명사 3가지를 적으시오.

   _____, _____, _____

4) 주격 관계대명사 뒤 + _____

5) 주격 관계대명사절의 동사는 _____에 수일치한다.

6) 목적격 관계대명사 뒤 + _____

7) 생략할 수 있는 것은 _____관계대명사

8) 관계부사 4가지를 적으시오.

   _____, _____, _____, _____

9) 관계대명사절과 관계부사절의 핵심 차이를 서술하시오.

4. 부사

1) 기본 형태 : _____

2) 뜻 : _____

3) 꼭 기억해야 할 부사 2가지 : _____, _____

4) to-v가 부사일 때 의미를 서술하시오

   (1) _____ (목적)

   (2) _____ (감정의 원인)

   (3) _____ (결과)

   (4) _____ (앞의 형용사 수식)

5. 5형식

1) 해석 : 목적어와 목적격 보어를 _____ 관계로 해석

2) 어법 : 목적격 보어의 형태들

   (1) 목적어와의 관계에 따른 목적격 보어의 기본 형태 4가지

   목적어 = 목적격 보어 : _____

   목적어의 상태설명 : _____

   목적어의 능동적 동작 설명 : _____

   목적어의 수동적 동작 설명 : _____

   (2) 예외 : 목적격 보어는 _____ 에 따라 형태가 달라진다!

   ① 사역동사 4개 : _____

   사역동사는 현재분사 대신 _____ 을 목적격 보어로 취한다.

   단, help는 _____ , _____ 을 목적격 보어로 취한다.

   ② 지각동사 6개 : _____

   지각동사는 _____ , _____ 을 목적격 보어로 취한다.

   ③ to-v만을 목적격 보어로 취하는 동사들을 서술하시오.

   ㉠ 〈핵심 동사들〉

   _____

   ㉡ 〈고등학교 추가 동사들〉

   _____

총정리 Test 정답과 해설

1. 영어 문장의 5형식

1) 주어 + 동사

   주어 + 동사 + 주격보어

   주어 + 동사 + 목적어

   주어 + 동사 + 간접목적어(간목) + 직접목적어(직목)

   주어 + 동사 + 목적어 + 목적격 보어

2) 주격보어란? 주어를 보충 설명하는 언어

3) 1형식에는 주격보어가 없는데, 왜 2형식에는 주격보어가 필요한가?

   → 2형식 동사는 불완전 동사라서 주어를 완전하게 설명하지 못한다. 그러므로 주어를 보충 설명하는 주격보어가 있어야 한다.

4) 2형식과 3형식의 핵심 차이를 서술하시오.

   → 2형식의 주격보어는 주어를 설명, 3형식의 목적어는 주어와 관련이 없음.

5) 5형식의 목적격 보어란? 목적어를 보충 설명하는 언어

6) 4형식과 5형식의 핵심 차이를 서술하시오.

   → 4형식의 목적어1, 2는 서로 관련이 없고, 5형식의 o와 o. c는 설명 관계

2. 명사

1) 명사 역할 3가지 : <u>주어, 목적어, 보어</u>

2) 여러 가지 명사 형태들

   (1) 명사, 대명사

   (2) 동사 파생명사 2가지 : <u>to부정사, 동명사</u>

   (3) <u>접속사 that</u>절

   (4) <u>의문사</u>절

   (5) <u>의문사</u> + to부정사

   (6) <u>if절, whether</u>절

3) 가주어 – 진주어 3인방을 적으시오.

   it .... <u>to부정사</u>

   it .... <u>접속사 that절</u>

   it .... <u>동명사</u>

3. 형용사

1) 형용사 역할 2가지 : <u>보어</u>(필수), <u>명사 수식</u>(필수 x)

2) 여러 가지 형용사들

   (1) 기본 형용사

   (2) <u>현재분사, 과거분사</u>

   ① 능동의 뜻으로 명사 수식 – <u>현재분사 (ing)</u>

   ② 수동의 뜻으로 명사 수식 – <u>과거분사 (pp)</u>

   (3) <u>to부정사</u> (문법계의 마당발)

   (4) <u>전치사 +명사</u> (아이 + 어른)

   (5) <u>관계대명사절</u>

   (6) <u>관계부사절</u>

3) 관계대명사 3가지를 적으시오. who, which, that

4) 주격 관계대명사 뒤 + 동사

5) 주격 관계대명사절의 동사는 선행사에 수일치 한다.

6) 목적격 관계대명사 뒤 + 주어 + 동사

7) 생략할 수 있는 것은 목적격 관계대명사

8) 관계부사 4가지를 적으시오. where, when, why, how

9) 관계대명사절과 관계부사절의 핵심 차이를 서술하시오.
   → 관계대명사절은 주어나 목적어가 없는 불완전문장, 관계부사절은 완전문장.

4. 부사

1) 기본 형태 : 형용사 + ly

2) 뜻 : ~하게

3) 꼭 기억해야 할 부사 2가지 : to부정사, 전치사 + 명사

4) to-v가 부사일 때 의미를 서술하시오.

   (1) ~하기 위해서 (목적)

   (2) ~해서 (감정의 원인)

   (3) 그리고(그래서)~하다 (결과)

   (4) ~하기에 (앞의 형용사 수식)

5. 5형식

1) 해석 : 목적어와 목적격 보어를 <u>설명</u> 관계로 해석

2) 어법 : 목적격 보어의 형태들

  (1) 목적어와의 관계에 따른 목적격 보어의 기본 형태 4가지

      목적어 = 목적격 보어 : <u>명사</u>

      목적어의 상태설명 : <u>형용사</u>

      목적어의 능동적 동작 설명 : <u>현재분사</u>

      목적어의 수동적 동작 설명 : <u>과거분사</u>

  (2) 〈예외〉 목적격 보어는 <u>동사</u>에 따라 형태가 달라진다!

    ① 사역동사 4개 : <u>make, have, let, help</u>

       사역동사는 현재분사 대신 <u>동사원형</u>을 목적격 보어로 취한다.

       단, help는 <u>동사원형</u>, <u>to부정사</u>를 목적격 보어로 취한다.

    ② 지각동사 6개 : <u>see, watch, hear, listen to, feel, notice</u>

       지각동사는 <u>동사원형</u>, <u>현재분사</u>를 목적격 보어로 취한다.

    ③ to-v만을 목적격 보어로 취하는 동사들을 서술하시오.

      ㉠ 〈핵심 동사들〉

        <u>want, wish, like, expect, ask, tell, order, allow, permit, cause, encourage</u>

      ㉡ 〈고등학교 추가 동사들〉

        <u>enable, advise, motivate, inspire, force, require, persuade, invite, tempt</u>

◎ 문법과 독해 연결 및 어법 패턴 정리 ◎

2장 핵심 독해 문법을 모두 마쳤습니다. 여러분 정말 수고하셨어요. 가장 큰 산 하나를 넘은 거예요.^^*

2장은 문법과 독해의 뼈대를 잡는 가장 중요한 핵심 Part였어요.
따라서 문법을 충분히 숙지했다면 독해에 적용하는 것이 핵심입니다.
문법-독해가 연결된 곳에서 어법 문제가 파생되기 때문에 문법에 기반을 두고 정확한 독해를 배우는 과정은 결국 문법-독해-어법의 패턴을 이해하고 익히는 과정입니다.
이 부분만 제대로 공부해도 대부분의 영문 독해를 할 수 있습니다.

아래는 2장 전체의 문법을 독해와 어법에 적용하도록 몇 가지 패턴으로 정리한 겁니다. 확실히 숙지하고 익히도록 하세요!

1. 주어 + 동사 → 수일치

주어와 동사를 파악하는 것은 문법과 독해의 가장 기본입니다.
동사에 밑줄이 그어져 있다면 주어를 찾으라는 수일치 문제에요.
짧은 주어일 경우 문제 되지 않지만, 긴 주어일 경우 핵심주어를 찾는 것이 관건입니다.
핵심주어는 무조건 동사 앞이 아니라, 문장 제일 앞의 명사라는 것 기억하세요!

2. 명사에서 끊어라 → 명사 뒤 + 형용사들의 수식

문장이 주어와 동사만으로 구성되지는 않지요. 더 길게 이어집니다. 이 경우 보통 명사에서 끊고 수식하면 됩니다. 문장은 주인공인 명사에서 끝나는 경우가 많고, 명사 뒤는 대부분 형용사들의 수식이기 때문입니다.[18] 어법 또한 명사 뒤 다양한 형용사들을 묻는 응용 문제들이 출제됩니다.

3. 5형식 문장의 해석 및 목적격 보어의 올바른 형태 찾기

5형식 문장은 명사에서 끊고 수식하는 것이 아니라, 명사인 목적어와 목적격 보어를 '설명 관계'로 해석합니다. 어법은 해석을 통해 5형식 문장임을 인지하고 '목적격 보어의 올바른 형태'를 찾는 것이 핵심입니다. 목적격 보어의 형태는 '동사'에 따라 달라진다는 것 기억하세요!

4. 동사 뒤 + 명사 목적어들

동사 앞이 주어라면 동사 뒤는 대부분 목적어 명사들이 옵니다.[19]
즉, 동사 뒤에 밑줄이 그어져 있다면 대부분 명사 형태가 맞는지 묻는 것입니다.

위의 내용들을 한마디로 정리하면,
주어 동사 수일치, 명사 뒤는 다양한 형용사(or 부사)들의 수식, 아니면 5형식 설명 관계의 해석과 목적격 보어 찾기입니다. 여기에 하나 더 추가하면, 동사 뒤는 대부분 목적어 명사들입니다.

---

[18] 형용사뿐 아니라 부사도 올 수 있어요. 그러나 수능에서 부사는 큰 비중을 차지하지 않습니다.
[19] 목적어를 취하지 않는 1, 2형식 문장들도 있지만, 여러분이 접하는 대부분의 문장들은 3형식 이상의 목적어가 있는 긴 지문들입니다.

3장 실전 독해 연습

앞에서 설명한 문법-독해-어법 패턴을 실전 독해에 응용하는 Part입니다.
문법은 체계적으로 공부하면 시간이 얼마 걸리지 않아요.
문제는 배운 문법을 지속적으로 독해에 응용하여 자기 실력으로 녹여내는 과정입니다.
이 책은 영문법 책으로 많은 지면을 독해 연습에 할애할 수는 없지만, 최소한이나마 독해와
어법의 패턴을 느껴보도록 구성해 보았어요.

♣ 독해 Tip

1. 앞에서 뒤로 '직독직해'하라!

    독해하는 데 있어 제1의 팁은 앞에서부터 뒤로 명사에서 끊어가며 해석하라는 겁니다.
    아직도 많은 학생들이 뒤에서 앞으로 거슬러 해석하더군요.
    영어와 한국어의 어순이 달라서 뒤에서부터 해석하는 것이 자연스럽게 들리기
    때문인데요, 그것은 영어를 공부하는 좋은 방법은 아닙니다.
    영어를 모국어로 하는 native들을 생각해 보세요.
    문장이 끝나기를 기다렸다가 뒤에서부터 거슬러 올라오며 해석하나요?
    아니지요. 보는 즉시 죽죽 읽어 나갑니다.
    이와 같이 앞에서 뒤로 읽어나가며 문법과 독해를 일치시켜 해석하는 방법을
    '직독직해'라고 합니다. 직독직해는 한국말로 어색하게 들릴 수 있지만,
    영어문장을 있는 그대로 받아들이고 문법과 독해의 연결성을 가장 확실하게 익힐 수 있는
    해석 방법입니다.

2. 어법 또한 앞이 무엇이냐에 따라 뒤가 결정된다!

    당연하지요. 글은 앞에서 뒤로 쓰였으니까요.
    <u>앞의 주어에 따라 동사의 수일치가 결정되고, 동사 뒤는 대부분 목적어 명사이며,</u>
    <u>명사 뒤는 수식하는 형용사들(or 부사)이 옵니다.</u>
    <u>또 5형식 문장의 목적격 보어 또한 앞의 명사와의 관계 혹은,</u>
    <u>동사에 따라 그 형태가 결정됩니다.</u>

    자, 그럼 시작해 볼까요?!

1. 주어 찾기

주어와 동사의 수일치 문제입니다. 짧은 주어는 어렵지 않아요.
to부정사나 동명사 주어, 또 다양한 형용사들의 수식을 받아 길어진 주어에서 핵심 주어를 찾는 것이 중요합니다.

1부 3장

문제 1. 아래 올바른 동사 형태를 찾고 정확하게 해석하시오.

1. Memorizing words (is, are) not easy for me.
   →

2. Decreasing your desires (is, are) a sure way to be happy.
   →

3. Exploring your personal styles (is, are) important.
   →

4. Transporting millions of tourists (pollute, pollutes) the air. (모의변형)
   →

5. Calculating the number of people in large countries (is, are) not easy. (모의)
   →

1 memorize 기억하다, 암기하다 2 decrease 줄이다 desire 욕망, 바람 3 explore 탐험하다 personal 개인적인 4 transport 운송하다 millions of 수백만의 pollute 오염시키다 5 calculate 계산하다

정답 p.174

6. To work with others (develop, develops) leadership. (모의)
   →

7. To quit smoking (improve, improves) your health. (모의변형)
   →

8. To get some help from others (is, are) a good idea.
   →

9. Taking photos on sunny days (is, are) dangerous for your camera. (모의변형)
   →

10. Just giving money or food to poor people (is, are) not a good idea. (모의변형)
    →

11. To accept your role in your problems (mean, means) that you understand that the solution lies within you. (모의)
    →

6 develop 개발하다, 발전시키다 7 quit 그만두다, 멈추다 improve 향상시키다 9 take a photo 사진 찍다 11 accept 수용하다 solution 해결책 lie 놓여있다, 눕다 within~ ~이내에, ~ 안에

정답 p.175

문제 2. 다음은 가주어 진주어 문장입니다. 가주어와 진주어를 찾아 밑줄치고 정확히 해석하시오.

1. It is not always easy to eat well. (모의변형)
   →

2. It is important to help poor people. (모의변형)
   →

3. It's sometimes better to ignore bad memories. (모의)
   →

4. It is great to have people in your life who trust you. (모의변형)
   →

5. It is necessary drinking a lot of water to stay healthy. (모의변형)
   →

3 ignore 무시하다 memory 기억

정답 p.176

6. It's important to realize that you are the most important person in life.
   →

7. It is important remembering that even good decisions can lead to bad outcomes. (모의)
   →

8. It's amazing that small habits can change you. (모의변형)
   →

9. It's not true that all stars make a lot of money. (모의)
   →

10. It is not clear how we were created.
    →

6 realize 깨닫다 7 decision 결정 lead to ~로 이끌다 outcome 결과 8 amazing 놀라운 10 clear 분명한 create 창조하다

정답 p.177

2. 형용사들의 명사 수식 및 긴 주어 수일치

다양한 형용사들의 명사 수식 및 형용사들의 수식을 받아 길어진 주어의 수일치 문제입니다.

1) 형용사 1 - to부정사, 전치사 + 명사

(1) 명사 수식 - 긴 형용사로서 명사를 뒤에서 수식 or 부사 역할도 합니다.

문제. 다음 문장들을 명사에서 끊고 수식으로 해석하시오.

1. I have many friends to talk with.
   →

2. This is the first time to leave my home.
   →

3. The old man always had good stories to tell.
   →

4. I can give you the chance to explain yourself.
   →

5. My family had the opportunity to go to America.
   →

6. There is a way to express your love.
   →

4 explain 설명하다 yourself 너 자신 5 opportunity 기회 6 express 표현하다
* 'There is 단수 주어' ~가 있다. 'There are 복수 주어' ~들이 있다 : 주어가 뒤에 붙는 특수 문장

정답 p.178

7. There are various ways to express your anger.
   →

8. There are so many things to decide in life. (모의)
   →

9. We waited two hours to meet her.
   →

10. We use sprays to get rid of bugs. (모의)
    →

11. We live in a house away from local hospitals.
    →

12. We need farms with an automatic temperature control system. (모의)
    →

13. The percentage of elderly people in all countries increased. (모의)
    →

14. Rice is one of the most important food crops in Asia. (모의)
    →

15. It is one of the most deadly diseases in the world. (모의변형)
    →

16. Italy is one of the countries with a low birth rate in the world. (모의변형)
    →

7 various 다양한 anger 화, 분노 8 decide 결정하다 10 get rid of ~을 제거하다 bug 벌레 11 away from ~로부터 먼 local 지역의 12 automatic 자동의 temperature 온도 13 elderly 나이 든(형용사) increase 증가(하다) 14 crop 작물 15 deadly 치명적인 16 low 낮은 birth rate 출산율

정답 p.178~179

(2) 긴 주어 수일치

to부정사와 전치사 + 명사의 수식을 받아 길어진 주어의 수일치 문제입니다.

문제. 올바른 동사 형태를 고르고 정확하게 해석하시오.

1. The most popular food among teens (is, are) pizza.
   →

2. Some insects such as ants (use, uses) smells to tell other ants. (모의)
   →

3. Many mammals such as elephants and whales (exchange, exchanges) information by sound. (모의)
   →

4. The natural environment of plants and animals (is, are) different. (모의변형)
   →

5. The biggest cause of business failures (is, are) lack of money. (모의변형)
   →

6. People in rural areas also (want, wants) good quality medical services. (모의변형)
   →

7. Many students with high ability (is, are) from families who eat together. (모의)
   →

8. One of the major causes of traffic accidents (is, are) that there are so many cars on the road. (모의변형)
   →

2 insect 곤충 such as ~와 같은(전치사) 3 mammal 포유류 whale 돌고래 exchange 교환하다 4 natural 자연의 environment 환경 5 cause 원인, 원인이 되다 failure 실패 lack 부족(결여) 6 rural 시골의 area 지역 quality 질, 질 좋은 7 ability 능력 8 major 주된

정답 p.180~181

9. The best way to overcome it (is, are) to persuade others. (모의변형)
   →

10. The great way to improve relationships (is, are) to communicate with others. (모의변형)
    →

11. The most common reason to give flowers (is, are) to express romantic love. (모의변형)
    →

12. A pop music concert in Hong Kong recently (facing, faced) a problem. (모의변형)
    →

13. One of my favorite teachers in college (teaching, taught) me an important lesson.
    →

14. The place full of many people (was, were) famous for beautiful scenery.
    →

15. A few people eager to get a good spot (was, were) rushing into the stadium.
    →

9 overcome 극복하다 persuade 설득하다 10 improve 향상시키다 relationship 관계 communicate with ~와 대화하다 12 face 얼굴 *직면하다 14 full of ~로 가득 찬(형) scenery 경치 15 eager to ~하기를 열망하는(형) spot 자리, 지점

정답 p.181~182

2) 형용사 2 - 분사(ing, pp)

(1) 명사 수식

분사는 명사의 앞뒤에서 수식 : 짧으면 명사 앞, 길면 명사 뒤

문제 1. 다음 명사 앞에서 수식하는 분사의 적절한 형태를 고르시오.

1. Every (living, lived) organism needs sunshine. (모의)

2. We helped a (wounding, wounded) soldier.

3. English is the most commonly (speaking, spoken) language. (모의)

4. This is one of the most widely (growing, grown) food plants. (모의변형)

1 organism 유기체 생물 sunshine 햇빛 2 wound 상처(입히다) soldier 군인 4 grow 자라다 재배하다

정답 p.183

문제 2. 다음은 분사가 명사 뒤에서 수식하는 문장들입니다.
명사에서 끊고 수식하는 분사를 찾아 밑줄 치세요. 그리고 정확히 해석해 보시오.

1. I know some students speaking English fluently.
   →

2. They were from various countries using different languages.
   →

3. There is a man playing his violin with great passion. (모의변형)
   →

4. This is a little creature living in high temperature. (모의)
   →

5. This is a message sent to you.
   →

1 fluently 유창하게 3 passion 열정 4 creature 생명체

정답 p.184

6. Scientists trained the little animals called quokka. (모의)
   →

7. Many large cities have tall buildings called skyscrapers. (모의)
   →

8. It is a country located at the southern tip of Africa. (모의변형)
   →

9. An American company invented a new product called Puppy Purse. (모의)
   →

10. This is a famous temple named after the flowers that surround it. (모의변형)
    →

6 quokka 쿼카 (호주에 있는 캥거루과의 작은 동물) 7 skyscraper 초고층 건물 8 southern tip 남쪽의 끝 located 위치한 9 product 상품 puppy purse 강아지 가방 10 temple 절 (사원) named after ~를 따서 이름 지어진 surround ~을 둘러싸다

정답 p.185

(2) 긴 주어 수일치

분사의 수식을 받아 길어진 주어의 수일치

문제 1. 아래에서 적절한 동사 형태를 고르고, 수식하는 분사를 찾아 밑줄을 그으시오.

1. The problem of dogs biting people (is, are) getting worse.
   →

2. The number of people speaking English (is, are) increasing.
   →

3. Foreigners speaking many different languages (visit, visits) Korea.
   →

4. People living in the region (was, were) mostly farmers.
   →

5. The number of people visiting foreign countries (is, are) decreasing. (모의응용)
   →

6. The fingers touching the computer screen (was, were) beautiful.
   →

7. Many teens seeking adventure (enjoy, enjoys) extreme sports.
   →

1 bite(-bit-bitten) 물다 4 region 지역 mostly 주로 7 seek 찾다 추구하다 adventure 모험 extreme 극단적인

정답 p.186

8. Children suffering from hunger (has, have) trouble paying attention in school. (모의)
   →

9. Fast food containing a lot of trans fats (is, are) not good for our health.
   →

10. The fire fighters rescuing people (trying, tried) all methods. (모의변형)
    →

11. A child attacked by some dogs (was, were) saved.
    →

12. Household chores done by women in the past (is are) also done by men these days. (모의)
    →

13. The water released from the dam (was, were) colder than usual. (모의변형)
    →

14. Something worn in the past (is, are) now considered a new trend. (모의)
    →

15. People aged 65 or more (is, are) increasing.
    →

8 suffer from ~ 로 고통받다 hunger 배고픔 have trouble ~ing ~ 하는 데 어려움을 겪다 pay attention 집중하다 9 contain 포함하다 trans fat 트랜스지방 10 fire fighter 소방관 rescue 구조하다 method 방법 11 attack 공격(하다) 12 household chores 가사일 14 worn 입혀진 (were-wore-worn)

정답 p.187

문제 2. 아래 문장에서 수식하는 분사(pp)와 동사(v)를 찾아 각각 밑줄 치고 정확히 해석하시오.

> be 동사의 경우 동사를 파악하기 쉽지만, 일반 동사의 경우 동사 과거형과 pp의 형태가 같거나 유사해서 pp를 동사로 오해하는 경우가 종종 있습니다. pp를 동사로 잘못 해석할 경우 문장이 다 끝났는데 진짜 본동사가 나타나는 황당한 상황이 발생해요. 이 경우 다시 앞으로 돌아가 pp를 수식으로 정정해야 합니다!

1. Insects called gypsy moths attacked our woods. (모의변형)
 →

2. A charity called 'Good Heart' made the big donation.
 →

3. A Korean company named 'Arirang' made the famous songs.
 →

4. Chimpanzees placed in environments with many toys showed greater abilities in problem solving. (모의변형)
 →

---

1 insect 곤충 gypsy moth 집시 나방 wood 목재, 나무 2 charity 자선(단체) donation 기부 3 name 이름, 이름 부르다 (이름 짓다) 4 place 장소, *놓다 environment 환경 ability 능력 problem solving 문제 해결

정답 p.188

3) 형용사 3 - 관계사절(관계대명사절, 관계부사절)

(1) 명사 수식 - 긴 형용사절로 명사를 뒤에서 수식

문제1. 다음은 주격 관계대명사가 명사를 수식하는 지문들입니다. 적절한 동사 형태를 고르고 해석하시오.

1. I have a friend who (call, calls) me by a nickname.
   →

2. Many Children like hamburgers that (contain, contains) a lot of trans fats. (모의변형)
   →

3. The disease was caused by a virus that (affect, affects) all species of birds. (모의변형)
   →

4. There is a place that (is, are) famous for people who (live, lives) a very long time. (모의변형)
   →

5. The butterflies have bright colors that (are seeing, are seen) from far away. (모의변형)
   →

6. The Indians lived a life that (was very developing, was very developed). (모의)
   →

1 nick name 별명 3 affect 영향을 미치다 species (생물) 종 5 from far away 멀리서부터

정답 p.189

**문제 2. 다음은 목적격 관계대명사가 명사를 수식하는 지문입니다.
목적격 관계대명사가 생략된 곳에 / 표시를 하고 해석하시오.**

1. There are many things / trees can do for our lives.
   →

2. There are several things / we can do to save our trees. (모의)
   →

3. Little children are passionate about everything / they see. (모의)
   →

4. We should find something / we are really interested in.
   →

5. Positive athletes build inner energy / they use in competition. (모의변형)
   →

6. This graph shows the number of hours / couples spend together. (모의변형)
   →

2 several 몇몇의 3 passionate 열정적인 5 positive 긍정적인 inner 안의(내면의) competition 경쟁 시합

정답 p.190

문제 3. 다음은 관계부사가 명사를 수식하는 지문들입니다.
관계부사가 생략된 곳에 / 표시를 하고 정확하게 해석하시오.

1. There are two reasons this diet is healthy.

2. They discovered one of the reasons people fall in love.

3. Eating food together is the way we get closer.

4. Compliments can change the way you view yourself. (모의변형)

5. He is looking for a place there are many beautiful flowers.

6. The fish got its name from the way it protects itself from enemies. (모의)

1 diet 식단, 식이요법 2 discover 발견하다 4 compliment 칭찬 view 보다, 관점 5 look for ~를 찾다(= find) 6 protect 보호하다 itself 그 자체 enemy 적

정답 p.191

(2) 긴 주어 수일치

관계사가 수식하는 긴 주어 수일치.

문제 1. 문장의 '본동사'(진짜 동사)를 찾고 정확하게 해석하시오.

1. Humans who are curious are interested in new things. (모의)

2. Families who eat together have a conversation regularly. (모의변형)

3. People who exercise at night have more difficulty sleeping.

4. The only thing that reduces stress for me is to travel. (모의변형)

5. The water that is in our food is called "virtual water." (모의변형)

6. The young people who buy the clothes in the magazines may be fashion victims. (모의)

7. Many people who live in other parts of the world are likely to be worried about cold weather. (수능기출)

---

1 curious 호기심이 있는 2 conversation 대화 regularly 정기적으로 3 have difficulty ing ~하는 데 어려움을 겪다 4 only 단지(부사), *유일한(형용사) reduce 줄이다 5 virtual 가상의 6 victim 희생(양) 7 be likely to ~일 것 같다(= ~하기 쉽다)

정답 p.192

문제 2. 아래 올바른 동사 형태를 고르고, 관계사가 생략된 곳에 / 표시하시오.

1. Some of the good things trees do for us (is, are) found easily in life. (모의변형)

2. One of the most important skills you can develop (is, are) the ability to care about others. (모의변형)

3. Two other communication devices we use today (is, are) the answering machine and voice mail. (모의)

4. The poison this fish produces (is, are) more poisonous than the chemical. (모의변형)

5. The place a particular organism lives (is, are) called a natural habitat. (모의변형)

6. The reason people talk about the weather (is, are) that it is a common subject to everyone. (모의변형)

3 communication 의사소통 device 장치 answering machine 자동응답기 voice mail 음성메일
4 poison 독 poisonous 독성이 있는, 유독한 5 organism 유기체 habitat 서식지 6 subject 주제

정답 p.193

문제 3. 괄호 안의 적절한 단어를 고르시오.

1. A man who lived near the school (helping, helped) the boy who got lost.
   →

2. The man who bought the great idea (selling, sold) it back to other companies.
   →

3. Everything she touched (turning, turned) to gold. (수능기출)
   →

4. One day a friend I could not meet for years (visiting, visited) me.
   →

1 near 가까운. *~근처(전치사) get(= be) lost 길을 잃다 2 sell back 되팔다 4 one day 어느 날

정답 p.194

3. 5형식 문장과 목적격 보어

지금까지 다양한 형용사들이 명사를 수식하는 응용문제들을 살펴보았어요. 이제 공부할 5형식 문장들은 명사에서 끊고 수식하는 것이 아니라 목적어와 목적격 보어를 설명 관계로 해석합니다. 어법은 목적격 보어의 올바른 형태를 찾는 것입니다.

문제 1. 아래 목적격 보어의 올바른 형태를 선택하고 정확하게 해석하시오.

1. Rainy weather makes me (sadly, sad).

2. The situation made us (nervously, nervous).

3. Listening to music makes people (comfortable, comfortably). (모의변형)

4. Eating good foods keeps us (healthy, healthily). (모의변형)

5. Just giving money to my son made him (dependently, dependent).

6. Many people thought the use of answering machines (rude, rudely). (모의변형)

2 situation 상황 3 comfortable 편안한 5 dependent 의존적인 6 rude 무례한

정답 p.195

7. We found a man (saving, saved) a boy.

8. We found a boy (save, saved) by a man.

9. We found a dog (biting, bitten) a child.

10. We found a child (biting, bitten) by a dog.

11. We found a man (shouting at, shouted at) a woman.

12. We saw the little girl (rescuing, rescued).

12 rescue 구조(하다)

♣ 목적격 보어의 형태는 '동사'에 따라 달라진다는 예외가 있습니다.

문제 2. 아래에서 동사에 따른 목적격 보어의 올바른 형태를 선택하고 해석하시오.

1. The scene made me (feel, to feel) angry.

2. We helped him (earning, to earn) money.

3. I saw some students (to play, playing) with their cell phones in class. (모의변형)

4. Companies want their employees (want, to work) hard. (모의)

5. She asked me (to solve, solve) the math problems.

6. She encouraged us (read, to read) many novels.

7. The fire fighter told her (jump, to jump) into a net. (모의변형)

8. A lot of experience helped me (gaining, gain) the job I wanted.

9. A sunny day makes people (feel, feeling) happy. (모의변형)

10. The good man let the poor rabbit (hide, hiding) in his tent.

1 scene 장면 2 earn (돈 등을) 벌다 4 employee 사원 5 solve (문제를) 풀다, 해결하다 6 encourage 격려하다 novel 소설 7 net 그물 8 experience 경험 gain 얻다 10 hide 숨다

정답 p.197~198

11. My friends advised me (to be, be) more courageous.

12. My mother forced me (to stop, stop) playing the game.

13. I helped him (realizing, realize) the truth.

14. I don't want anyone (knowing, to know) my weak point.

15. The teachers made all the students (feel, feeling) equal.

16. Let your children (play, playing) more on their own.

17. The machine enabled people (working, to work) more effectively.

18. The man told our friends and family (to donate, donate) some money to a charity.

19. Several animal species help other injured animals (survive, surviving). (모의)

11 courageous 용기 있는 12 force 강요하다 13 realize 깨닫다 14 weak point 약점 15 equal 동등한 16 on one's own ~스스로 17 machine 기계 enable 가능하게 하다 effectively 효과적으로 18 donate 기부하다 charity 자선(단체) 19 several 몇몇의 species (생물) 종 injured 부상당한 survive 생존하다 살아남다

정답 p.198~199

20. This map helped us (figuring out, to figure out) our location.

21. We saw some children (living, to live) in severe poverty.

22. My parents allowed me (make, to make) my own decisions.

23. We cannot expect children (be, to be) quiet all the time. (모의변형)

24. If people want our Earth (be, to be) healthy, we should travel less. (모의변형)

25. Using cell phones too much causes students (have, to have) a difficulty focusing on the class. (모의변형)

26. Learning about this (help, helps) us (understand, understanding) the world a little better.

20 map 지도 figure out 파악하다 (이해하다) location 위치 21 severe 심한 혹독한 poverty 가난 22 decision 결정 23 quiet 조용한 all the time 항상(=always) 26 a little 약간

정답 p.199

4. 동사 뒤 다양한 목적어 명사들

동사 앞이 주어라면, 동사 뒤는 대부분 목적어입니다. 그러나 의외로 많은 학생들이 주어를 찾는 훈련은 잘 되어있지만, 동사 뒤 밑줄 친 어법의 의미가 무엇인지 잘 알지 못합니다. 동사 앞에서 주어 역할을 하는 모든 명사들은 동사 뒤에서 목적어 역할도 합니다. 다양한 명사 목적어들을 이해하는 것은 문장을 이해하는 데 필수입니다.[20]

---

20) 목적어 하면 많은 학생들이 to부정사와 동명사의 구별을 떠올립니다. to부정사만을 목적어로 취하는 동사가 있고, 동명사만을 목적어로 취하는 동사들이 따로 있기 때문이에요. 그러나 이들을 구별하는 문제는 목적어라는 큰 틀 안에서 세부 항목일 뿐입니다. 목적어 공부는 먼저 동사 뒤 다양한 명사들을 익히는 것부터 시작해야 합니다.
   to부정사와 동명사 목적어를 구별하는 세부 어법은 이 책의 2부에서 다룹니다.

문제 1. 동사 뒤 명사 목적어에 밑줄 치고 정확히 해석해 보시오.

1. Many children want to play a computer game.

2. He decided to go his own way. (모의)

3. Children need to study English as an international language.

4. We enjoy reading new books.

5. These days men also start doing household chores. (모의변형)

6. I recently began attending a language class.

7. A recent study suggests that students study better in sunny days. (모의변형)

8. Scientists believe that animals also have good communication skills. (모의변형)

9. I wonder what people think of me.

10. This book tells how the world began, how we were created, and how some customs started. (모의)

11. He learned how to manage his problem effectively.

12. I couldn't decide what to wear for the party.

13. I wondered whether (if) we were invited or not.

3 international 국제적인 5 household chores 가사일 6 attend 출석하다 (참석하다) 13 invite 초대하다

정답 p.200~201

문제 2. to-v와 동명사는 동사적 성질로 인해 그 뒤에 또 목적어를 취합니다. 아래 문장에서 to-v와 동명사 목적어에 밑줄 치고, 그 뒤의 명사 목적어들에 유의하여 해석해 보시오.

1. We decided to read many books.

2. You need to know that your parents always love you.

3. He began recognizing that he made a big mistake.

4. I want to know what she likes and dislikes.

5. She started noticing how people responded to her appearance.

6. They began to learn how to make kimchi.

7. We need to consider how to change our bad habits.

8. I want to know if they like me or not.

9. I want to know whether my proposal was accepted or not.

3 recognize 깨닫다 make a mistake 실수하다 5 notice 인식하다 respond to ~에 반응하다 appearance 외모 7 consider 고려하다 9 proposal 제안 accept 수용하다

정답 p.202

문제 3. 다음은 접속사 that절이 목적어인 문장들입니다.
간혹 that절의 주어 동사를 전체 문장의 주어 동사와 혼동하는 경우가 있으므로 주의해야 합니다. 아래에서 적절한 동사 형태를 선택하시오.

1. People believe that learning some languages (is, are) necessary for children.

2. You may think that going to the dentist (is, are) associated with pain.

3. Many parents think using cell phones too early (is, are) harmful to their children. (모의변형)

4. Some children say getting some sleep (is, are) more important than eating some food in the morning. (모의)

5. We didn't know the boys playing on the ground (was, were) our sons.

6. We think people damaging our environment (have to, has to) be arrested. (모의변형)

2 dentist 치과의사 be associated with ~와 관련되다 pain 고통 3 harmful 해로운 6 damage 손상시키다 arrest 체포하다

정답 p.203

5. 단문 종합문제

지금까지 공부한 어법들의 단문 종합문제입니다.

문제. 어법상 틀린 곳을 고르고 정확히 해석해 보시오.

1. The way you think ① makes your life more ② happily. (모의변형)

2. Girls ① who have long hair may believe that it makes them more ② attractively. (모의)

3. You probably know that eating good foods ① are a good way ② to be healthy. (모의변형)

4. People ① who raises pets ② have many jobs ③ to do. (모의변형)

5. One good thing about my friends ① were that they always knew the best places ② to play. (모의변형)

6. All forms of sport and entertainment ① that use animals ② was banned. (모의변형)

7. Anyone ① who want to adopt a dog should learn ② how to train it. (모의변형)

8. Let me ① to give you a piece of advice ② that might change your mind. (모의변형)

9. Passion is a strong emotion ① that you can have for a person or an object. This motivates us ② expressing ourselves in the world. (모의변형)

2 attractive 매력적인 6 form 형태 entertainment 오락 ban 금지하다 7 adopt 입양하다 9 passion 열정 emotion 감정 object 대상 물건 express 표현하다

정답 p.204~206

10. ① Be skinny does not make a person ② happy. (모의변형)

11. Many people ① living in the U.S ② is immigrants from various countries. (모의변형)

12. The residents ① living around the stadium ② was very angry about all the noises that came from the concert. (모의변형)

13. Most wedding customs ① observing in the U.S. ② began in other countries. (모의변형)

14. A researcher said ① that friends of the person in pain should encourage him ② living his life without lying on the bed. (모의변형)

15. He found that people who are less happy ① is those who ② want to have more than what they already have. (모의변형)

16. ① It is easy ② to trust people who already proved themselves but ③ this is difficult ④ to trust people before they prove themselves. (모의변형)

---

10 skinny 마른 11 immigrant 이민자 various 다양한 country 나라 12 resident 거주자 13 observe 관찰하다 14 researcher 연구자 pain 고통 without ~없이, ~하지 않고 15 those 그 사람들 16 prove 입증(증명)하다

정답 p.206~207

17. ① Learning to work with other people is one of the most important skills you can develop. ② Work with other people is a skill that will often be required. (모의변형)

18. Children ① who like fast food ② containing a lot of trans fats ③ is likely to get heart disease earlier. (모의)

19. People ① who set high expectations ② achieving more. (모의변형)

20. A boy ① who was running away from robbers ② asking me to help him. (모의변형)

21. The results showed that people ① who were living with their families ② living more longer. (모의변형)

22. Parents who let their young children ① watching too much TV will never know the harm it ② causes. (모의변형)

17 require 요구하다 18 contain 포함하다 19 expectation 기대 achieve 성취하다
20 run away 도망가다 robber 강도 21 result 결과

6. 중·장문 종합문제

다음은 중·장문 종합 어법 문제입니다.

문제. 어법상 틀린 곳을 고르고 정확히 해석해 보시오.

1. Technology allows us ① <u>to meet</u> people from different cultures around the world. It allows us to chat with friends. However, don't let it ② <u>control</u> your life. There ③ <u>is</u> lots of other great things ④ <u>to do</u> in life. (모의변형)

2. Some women care more about how shoes make them ① <u>to look</u> than how they make their body ② <u>feel</u>. However, the bad effects are huge. Wearing high heels ③ <u>causes</u> some problem. (모의변형)

3. Does the smell of something make you ① <u>think</u> of a spring day? Do some scents make you happy? One thing we know is that lemons remind people of things ② <u>that are</u> fresh and clean. People ③ <u>who make</u> soaps for the home often ④ <u>uses</u> a lemon scent. The smell of vanilla helps people ⑤ <u>relax.</u> (모의변형)

1 technology 기술 chat 잡담하다 2 care about ~에 대해 신경 쓰다 effect 영향, 효과 huge 거대한 3 scent 향기 think of ~에 대해 생각하다 remind A of B A에게 B를 상기시키다 soap 비누 relax 편히 쉬다

정답 p.209~210

4. The memories of comfort foods ① include the people who ate them together. Eating those delicious foods together ② is the way we make relationships strong. It is also the way we show ③ that we care about each other. It is also something ④ that make our soul rich. (모의)

5. Many businesses are started by people who lost their jobs. The first thing they must do ① are to find out what they are really good at. But many of them only want ② to know "How can I make more money?" This is one of the biggest reasons ③ why businesses fail. (모의변형)

6. Maintaining good health ① is your own responsibility. Getting enough sleep and eating the right foods are simple things that help ② to prevent illness. Having regular medical checkups ③ are another effective way you can stay healthy. (모의)

4 comfort food 그리운 음식 (옛맛) each other 서로서로 relationship 관계 care about ~에 대해 신경 쓰다, 관심을 갖다 care for ~을 돌보다 soul 영혼 5 business 사업 6 maintain 유지하다 responsibility 책임 prevent 막다 illness 병 regular 정기적인 effective 효과적인

7. A recent study shows that kids ① who watch a lot of TV ② is more likely to be overweight than those who do not. Kids who watch a lot of TV ③ are also likely to stay only at home. (모의)

8. If you live in an apartment, ① it is not proper to choose a Golden Retriever which likes to play outside. If you are looking for a guard dog, you have to choose a dog like a Great Dane. For a person who already ② has a lot of dogs, dogs such as a Pug or a Bulldog ③ is perfect. (모의변형)

9. Cartoons are drawings ① that tell stories or messages. Most cartoons make people ② laugh. Some are serious. Many of them teach important lessons. They help people ③ think. People who draw cartoons also ④ do some creative things. They sometimes make heads ⑤ largely to draw attention. (모의변형)

10. The mystery of a dog ① named Mark ② was solved. One of the workers at the animal center said ③ that he found out what was wrong. People who ④ wants to adopt the dog should speak English, because the dog just can understand only English commands. (모의변형)

7 overweight 과체중인 8 proper 적당한 look for(=find) ~을 찾다 perfect 완전한 9 Cartoon 만화 drawing 그림 lesson 교훈 draw 그리다 10 mystery 신비 solve 풀다, 해결하다 find out 발견하다 adopt 입양하다 command 명령(하다)

11. This graph shows the number of letters ① that Santa received in seven countries. The number of letters ② sent to Santa in France ③ were the largest among the seven countries. (모의)

12. One of the main purposes of having hobbies ① are to kill time. The great developments in science and technology ② give us more free time ③ to enjoy ourselves. However, people who don't know ④ how to spend their weekends are under stress. So having hobbies is becoming a "duty" in modern society. (모의변형)

13. A company in the U.S. had a great idea ① to help sick children. Often sick children need ② to go to hospital far from their houses. Their families don't have enough money ③ to move. Therefore, this company built special houses for families with sick children near hospitals. The rooms in these houses cost only ten dollars a day. This idea helps them ④ continuing to live. (모의변형)

11 receive 받다 among ~중에서(전치사) 12 purpose 목적 development 개발, 발전 duty 의무 modern 현대(의) 13 far from ~로부터 먼 Therefore 그러므로 near ~근처(전치사)

14. I know peanuts can be dangerous for those kids ① who are allergic to them. They need to learn to manage their problem. And ② banning them from the school lunch menu would not save the children. They need to learn ③ how to live in the world where there are things they cannot eat. Banning peanuts ④ does not let them ⑤ learning how to manage the allergy. (모의)

15. Before aspirin was invented, some people made a drink from the bark of a tree ① calling the white willow. This drink made their pains ② go away. People drank a white willow bark for many years. But no one knew ③ why it helped. Then in the 1830s, scientists in England studied all the things that were in the bark of the white willow. They discovered which part of the plant stopped the pain. They called this substance salicin. Soon people started ④ making medicines with salicin. (모의)

14 peanut 땅콩 be allergic to ~에 알레르기가 있다 ban 금지하다 15 aspirin 아스피린 drink 마시다 *음료 bark 나무껍질 white willow 흰 버드나무 go away 사라지다 discover 발견하다 substance 물질

정답 p.216~217

3장 정답과 해설

1. 주어 찾기 문제 정답

문제 1. 정답

1 is	2 is	3 is	4 pollutes	5 is
6 develops	7 improves	8 is	9 is	10 is
11 means				

문제 1. 해석 및 해설

to부정사와 동명사가 주어인 문장들입니다. to부정사와 동명사 주어는 동사처럼 뒤에 목적어 등을 취해서 길어지기 쉽지만, 핵심주어는 문장 제일 앞의 to부정사와 동명사입니다. 그리고 이들 주어는 '단수 취급'합니다.

1. **Memorizing** words / **is** not easy / for me.
    단어들을 암기하는 것은   쉽지 않다   나에게.
  (해설) 핵심주어 : memorizing

2. **Decreasing** your desires / **is** a sure way / to be happy.
    당신의 욕망을 줄이는 것은   쉬운 방법이다   행복해지는.
  (해설) 핵심주어 : decreasing, to be happy : 앞의 명사 way를 수식하는 형용사적 용법

3. **Exploring** your personal styles / **is** important.
    너의 개인적인 스타일을 탐험하는 것은   중요하다.
  (해설) 핵심주어 : exploring

4. **Transporting** millions of tourists / **pollutes** the air.
    수백만 명의 관광객들을 운송하는 것은   공기를 오염시킨다.
  (해설) 핵심주어 : transporting

5. **Calculating** the number of people / in large countries / **is** not easy.
    사람들의 수를 계산하는 것은   큰 나라들에서   쉽지 않다.
  (해설) 핵심주어 : calculating

6. **To work** with others / **develops** leadership.
   다른 사람들과 함께 일하는 것은   리더십을 발전시킨다.
   (해설) 핵심주어 : to work

7. **To quit** smoking / **improves** your health.
   담배를 끊는 것은   너의 건강을 향상시킨다.
   (해설) 핵심주어 : to quit

8. **To get** some help / from others / **is** a good idea.
   약간의 도움을 받는 것은   다른 사람들로부터   좋은 생각이다.
   (해설) 핵심주어 : to get

9. **Taking** photos / on sunny days / **is** dangerous for your camera.
   사진을 찍는 것은   화창한 날에   너의 카메라에 위험하다.
   (해설) 핵심주어 : taking

10. Just **giving** money or food / to poor people / **is** not a good idea.
    단지 돈이나 음식을 주는 것은   가난한 사람들에게   좋은 생각이 아니다.
    (해설) 핵심주어 : giving

11. **To accept** your role / in your problems / **means** / that you
    너의 역할을 수용하는 것은   너의 문제들에   의미한다   네가
    understand / that the solution lies within you.
    이해한다는 것을   해결책이 네 안에 놓여있다고.
    (해설) 핵심주어 : to accept, means 뒤는 접속사 that절, understand 뒤도 접속사 that절
          동사 뒤의 that은 목적어인 접속사 that절입니다.

문제 2. 정답과 해설

1. **It** is not always easy / **to eat** well.
      항상 쉬운 건 아니다   잘 먹는 것이.

2. **It** is important / **to help** poor people.
      중요하다   가난한 사람들을 돕는 것이.

3. **It**'s sometimes better / **to ignore** bad memories.
      때때로 더 좋다   나쁜 기억들을 무시하는 것이.

4. **It** is great / **to have** people / in your life / who trust you.
      대단하다   사람들을 갖는 것이   너의 삶에서   너를 신뢰하는.
   (해설) who는 주격 관계대명사 : 선행사는 people. 선행사와 관계사는 약간 떨어져 있는 경우도 있습니다. 앞의 문장이 관계사의 수식으로 너무 길어지는 것을 피하기 위해서예요.

5. **It** is necessary / **drinking** a lot of water / to stay healthy.
      필요하다   많은 물을 마시는 것이   건강하게 유지하기 위해서.

6. **It**'s important / **to realize** / that you are the most important person / in life.
　　중요하다　　깨닫는 것　　　　　네가 가장 중요한 사람이라는 것을　　　삶에서.
(해설) 진주어인 to realize 뒤에 목적어인 접속사 that 절.

7. **It**'s important/ **remembering** / that even good decisions can lead to
　　중요하다　　기억하는 것　　심지어 좋은 결정도 나쁜 결과로 이끌 수 있다는 것을.
bad outcomes.
(해설) 진주어인 remembering 뒤에 목적어인 접속사 that 절.

8. **It**'s amazing / **that small habits can change you.**
　　놀랍다　　　작은 습관들이 당신을 변화시킬 수 있다는 것이.

9. **It**'s not true / **that all stars make a lot of money.**
　　진실이 아니다　　모든 스타들이 많은 돈을 번다는 것.

10. **It** is not clear / **how we were created.**
　　분명하지 않다　　어떻게 우리가 창조되었는지.
(해설) 의문사절 역시 긴 명사절이므로 진주어로 나올 수 있습니다.

2. 형용사들의 명사 수식 및 긴 주어 수일치 문제 정답

1) 형용사 1 - to부정사, 전치사 + 명사

(1) 명사 수식

정답

1. I have many friends / to talk with.
   나는 많은 친구가 있다   함께 얘기할.

2. This is the first time / to leave my home.
   이것이 첫 번째이다   나의 집을 떠난.

3. The old man always had good stories / to tell.
   그 노인은 항상 좋은 이야기들을 가지고 있었다   말할.

4. I can give you the chance / to explain yourself.
   나는 너에게 기회를 줄 수 있다   너 자신을 설명할.

5. My family had the opportunity / to go to America.
   나의 가족은 기회를 가졌다   미국에 갈.

6. There is a way / to express your love.
   방법이 있다   너의 사랑을 표현할.

7. There are various ways / to express your anger.
   다양한 방법들이 있다   너의 분노를 표현할.

8. There are so many things / to decide in life.
   너무 많은 것들이 있다   삶에서 결정해야 할.

9. We waited two hours / to meet her.
   우리는 2시간을 기다렸다   그녀를 만나기 위해서. (부사적 용법)

10. We use sprays / to get rid of bugs.
    우리는 스프레이를 사용한다   벌레를 제거하기 위해서. (부사적 용법)

11. We live in a house / away from local hospitals.
    우리는 집에 산다   지역의 병원으로부터 멀리 떨어진.

12. We need farms / with an automatic temperature control system.
    우리는 농장을 필요로 한다   자동온도조절장치가 있는.

13. The percentage of elderly people / in all countries / increased.
    노인들의 퍼센트는   모든 나라들에서   증가했다.

14. Rice is one / of the most important food crops / in Asia.
    쌀은 하나이다   가장 중요한 식용 작물들 중의   아시아에서.

15. It is one / of the most deadly diseases / in the world.
    그것은 하나이다   가장 치명적인 질병들 중의   세계에서.

16. Italy is one of the countries / with a low birth rate / in the world.
    이탈리아는 나라들 중의 하나이다   낮은 출산율을 가진   세계에서.

(2) 긴 주어 수일치

정답

1 is	2 use	3 exchange	4 is	5 is
6 want	7 are	8 is	9 is	10 is
11 is	12 faced	13 taught	14 was	15 were

해석 및 해설

형용사가 주어를 수식하는 경우 '주어+(형용사 수식)+동사' 형태가 됩니다. 주어가 아무리 길어도 핵심주어는 문장 제일 앞의 명사이며, 주어와 동사 사이에 있는 것은 형용사들이라는 것 기억하세요!

1. The most popular food / among teens / **is** pizza.
   가장 인기 있는 음식은   10대들 사이에서   피자이다.
   (해설) 주어 : the most popular food

2. Some insects / such as ants / **use** smells / to tell other ants.
   몇몇 곤충들은   개미들과 같은   냄새를 사용한다   다른 개미들과 말하기 위해서.
   (해설) 주어 : some insects

3. Many mammals / such as elephants and whales / **exchange** information / by sound.
   많은 포유류들은   코끼리와 돌고래와 같은   정보를 교환한다   소리에 의해서.
   (해설) 주어 : many mammals

4. The natural environment / of plants and animals / **is** different.
   자연환경은   식물과 동물들의   다르다.
   (해설) 주어 : the natural environment

5. The biggest cause / of business failures / **is** lack of money.
　　가장 큰 원인은　　　　사업 실패의　　　　돈의 부족이다.
(해설) 주어 : the biggest cause

6. People / in rural areas / also **want** / good quality medical services.
　　사람들은　　시골 지역에　　또한 원한다　　양질의 의료서비스를.
(해설) 주어 : people

7. Many students / with high ability / **are** from families / who eat together.
　　많은 학생들은　　높은 능력을 가진　　가족 출신이다　　함께 식사하는.
(해설) 주어 : many students

8. One / of the major causes / of traffic accidents / **is** that there are so many cars
　　하나는　　주된 원인들 중의　　교통사고의　　너무 많은 차가 있다는 것이다
/ on the road.
　　도로에.
(해설) 주어 : one

9. The best way / to overcome it / **is** to persuade others.
　　최고의 방법은　　그것을 극복할　　다른 사람들을 설득하는 것이다.
(해설) 주어 : the best way

10. The great way / to improve relationships / **is** to communicate with others.
　　훌륭한 방법은　　관계를 개선할　　다른 사람들과 대화하는 것이다.
(해설) 주어 : the great way

11. The most common reason / to give flowers / **is** to express romantic love.
　　　가장 흔한 이유는　　　　　　꽃을 주는　　　　　낭만적 사랑을 표현하기 위한 것이다.
(해설) 주어 : the most common reason

12. A pop music concert / in Hong Kong / recently **faced** a problem.
　　팝 뮤직 콘서트는　　　　　홍콩에　　　　　최근에 문제에 직면했다.
(해설) 주어 : a pop music concert. 뒤에 동사가 없으므로 동사 형태가 와야 합니다.
　　　　주어와 동사의 수일치 외에도 동사 자리에 적절한 동사 형태가 있는지 묻는 유형도 출제됩니다.

13. One / of my favorite teachers / in college / **taught** me an important lesson.
　　한 분은　나의 가장 좋아하는 선생님들 중의　　대학에서　　　　나에게 중요한 교훈을 가르쳤다.
(해설) 주어 : one, 동사가 필요하므로 taught

14. The place / full of many people / **was** famous for beautiful scenery.
　　그 장소는　　　많은 사람들로 가득 찬　　　　아름다운 경치로 유명했다.
(해설) 주어 : the place. full : 형용사로 앞의 명사를 수식.

15. A few people / eager to get a good spot / **were** rushing into the stadium.
　　몇몇 사람들이　　좋은 자리를 얻기를 열망하는　　　경기장으로 돌진하고 있었다.
(해설) 주어 : a few people. eager : 형용사로 앞의 명사를 수식.

2) 형용사 2 - 분사

(1) 명사 수식

문제 1. 정답과 해석

1 living   2 wounded   3 spoken   4 grown

1. Every **living** organism needs sunshine.
   모든 살아있는 유기체는 햇빛을 필요로 한다.

2. We helped a **wounded** soldier.
   우리는 한 부상당한 군인을 도왔다.

3. English is the most commonly **spoken** language.
   영어는 가장 흔히 말해지는 언어이다.

4. This is one / of the most widely **grown** food plants.
   이것은 하나이다   가장 널리 재배되는 식용 식물들 중의.

문제 2. 정답과 해석

1. I know some students / speaking English fluently.
   나는 몇몇 학생들을 안다   영어를 유창하게 말하는.

2. They were from various countries / using different languages.
   그들은 다양한 나라들로부터 왔다   다른 언어들을 사용하는.

3. There is a man / playing his violin / with great passion.
   한 남자가 있다   그의 바이올린을 연주하는   엄청난 열정으로.

4. This is a little creature / living in high temperature.
   이것은 작은 생명체이다   높은 온도에서 사는.

5. This is a message / sent to you.
   이것은 메시지이다   너에게 보내진.

6. Scientists trained the little animals / called quokka.
   과학자들은 그 작은 동물들을 훈련 시켰다   쿼카라고 불리는.

7. Many large cities have tall buildings / called skyscrapers.
   많은 큰 도시들은 큰 빌딩들을 가지고 있다   초고층건물이라 불리는.

8. It is a country / located at the southern tip / of Africa.
   그것은 나라이다   남쪽 끝에 위치한   아프리카의.

9. An American company invented a new product / called Puppy Purse.
   한 미국 회사는 새로운 상품을 발명했다   강아지 가방이라 불리는.

10. This is a famous temple / named after the flowers / that surround it.
                                                    주격관계대명사
    이것은 유명한 사원이다   꽃들을 따서 이름 지어진   그것(사원)을 둘러싸고 있는

(2) 긴 주어 수일치

문제 1. 정답

1 is	2 is	3 visit	4 were	5 is
6 were	7 enjoy	8 have	9 is	10 tried
11 was	12 are	13 was	14 is	15 are

문제 1. 해석 및 해설

1. The problem of dogs / biting people / **is** getting worse.
   개의 문제가 　　사람들을 무는 　　악화되고 있다..

2. The number of people / speaking English / **is** increasing.
   사람들의 수가 　　영어를 말하는 　　증가하고 있다.

3. Foreigners / speaking many different languages / **visit** korea.
   외국인들이 　　많은 다양한 언어를 말하는 　　한국을 방문한다.

4. People / living in the region / **were** mostly farmers.
   사람들은 　그 지역에 살고 있는 　　주로 농부들이었다.

5. The number of people / visiting foreign countries / **is** decreasing.
   사람들의 수는 　　외국 나라들을 방문하는 　　감소하고 있다.

6. The fingers / touching the computer screen / **were** beautiful.
   그 손가락은 　　컴퓨터 화면을 터치하는 　　아름다웠다.

7. Many teens / seeking adventure / **enjoy** extreme sports.
   많은 10대들은 　모험을 추구하는 　　극한 스포츠를 즐긴다.

8. Children / suffering from hunger / **have** trouble paying attention / in school.
　　아이들은　　배고픔으로부터 고통받는　　집중하는 데 어려움을 겪는다　　학교에서.

9. Fast food / containing a lot of trans fats / **is** not good for our health.
　　패스트푸드는　　많은 트랜스지방을 포함하고 있는　　우리의 건강에 좋지 않다.

10. The fire fighters / rescuing people / **tried** all methods.
　　그 소방관들은　　사람들을 구조하는　　모든 방법들을 시도했다.
(해설) 동사가 필요함.

11. A child / attacked by some dogs / **was** saved.
　　한 아이가　　몇몇의 개들에게 공격당한　　구해졌다.

12. Household chores / done by women in the past / **are** also done by men /
　　집안일들은　　과거에 여성들에 의해서 행해진　　또한 남성들에 의해서도 행해진다
these days.
오늘날.

13. The water / released from the dam / **was** colder than usual.
　　그 물은　　댐으로부터 방출된　　평소보다 더 차가웠다.

14. Something / worn in the past / **is** now considered a new trend.
　　무언가는　　과거에 입혀진　　이제 새로운 트렌드로 간주된다.

15. People / aged 65 or more / **are** increasing.
　　사람들이　　65세 또는 그 이상의　　증가하고 있다.
(해설) 세월에 따라 나이가 드는 것이므로 aged는 수동으로 씁니다.

문제 2. 정답

1. Insects / <u>called</u> gypsy moths / <u>attacked</u> our woods.
               pp   v
   곤충들이   짚시나방이라 불리는   우리의 나무들을 공격했다.

2. A charity / <u>called</u> 'Good Heart' / <u>made</u> the big donation.
              pp   v
   한 자선단체가 'Good Heart'라고 불리는   큰 기부를 했다.

3. A Korean company / <u>named</u> 'Arirang' / <u>made</u> the famous songs.
                       pp   v
   한 한국의 회사가   'Arirang'이라고 불리는   그 유명한 노래들을 만들었다.

4. Chimpanzees / <u>placed</u> in environments / with many toys / <u>showed</u>
                    pp   v
   침팬지들은   환경에 놓여진   많은 장난감들이 있는
   greater abilities / in problem solving.
   더 엄청난 능력을 보여 주었다   문제해결에.

3) 형용사 3 - 관계사절(관계대명사절, 관계부사절)

(1) 명사 수식

문제 1. 정답

1 calls	2 contain	3 affects	4 is, live
5 are seen	6 was very developed		

문제 1. 해석 및 해설

주격 관계대명사+동사의 선행사 수일치 문제입니다.

1. I have a friend / who **calls** me / by a nickname.
   나는 한 친구가 있다   나를 부르는   별명에 의해.
   (해설) 선행사 a friend와 수일치

2. Many Children like hamburgers / that **contain** a lot of trans fats.
   많은 아이들은 햄버거를 좋아한다   많은 트랜스 지방을 포함하고 있는.
   (해설) 선행사 hamburgers와 수일치

3. The disease was caused / by a virus / that **affects** all species of birds.
   그 질병은 유발되었다   바이러스에 의해   모든 종의 새들에게 영향을 미치는.
   (해설) 선행사 a virus와 수일치

4. There is a place / that **is** famous for people / who **live** a very long time.
   장소가 있다   사람들로 유명한   매우 긴 시간을 사는(장수하는)
   (해설) 각각 선행사 a place, people과 수일치

5. The butterflies have bright colors / that **are seen** from far away.
   나비들은 밝은 색깔들을 가지고 있다   멀리서부터 보이는.
   (해설) 선행사 bright colors와 수동관계.

6. The Indians lived a life / that **was very developed.**
   그 인디언들은 삶을 살았다   매우 발전된.
   (해설) 선행사 a life와 수동관계

문제 2. 정답
관계대명사는 형용사이므로 명사(선행사) 뒤에 생략.

문제 2. 해석 및 해설

1. There are many things / (생략) trees can do / for our lives.
       많은 것들이 있다   나무들이 할 수 있는   우리의 삶을 위해.

2. There are several things / (생략) we can do / to save our trees.
       몇몇의 것들이 있다   우리가 할 수 있는   우리의 나무들을 구하기 위해서.

3. Little children are passionate about everything / (생략) they see.
       작은 아이들은 모든 것에 대해서 열정적이다   그들이 보는.

4. We should find something / (생략) we are really interested in.
       우리는 무언가를 찾아야 한다   우리가 정말로 흥미를 가지는.

5. Positive athletes build inner energy / (생략) they use / in competition.
       긍정적인 운동선수들은 내면의 에너지를 강화한다   그들이 사용하는   시합(경쟁)에서.

6. This graph shows the number of hours / (생략) couples spend together.
       이 그래프는 시간의 수를 보여준다   커플들이 함께 보내는.

문제 3. 정답

관계부사 역시 형용사이므로 명사 뒤에 생략.
단, 관계부사는 관계대명사와 달리 완전문장을 이끕니다.

문제 3. 해석 및 해설

1. There are two reasons / (why) this diet is healthy.
   두 가지 이유들이 있다   이 식단이 건강에 좋은.

2. They discovered one of the reasons / (why) people fall in love.
   그들은 이유들 중의 하나를 발견했다   사람들이 사랑에 빠지는.

3. Eating food together is the way / (how) we get closer.
   음식을 함께 먹는 것은 방법이다   우리가 더 친해지는.

4. Compliments can change the way / (how) you view yourself.
   칭찬은 방법을 바꿀 수 있다   네가 너 자신을 보는.

5. He is looking for a place / (where) there are many beautiful flowers.
   그는 장소를 찾고 있다   많은 아름다운 꽃들이 있는.

6. The fish got its name / from the way / (how) it protects itself / from enemies.
   그 물고기는 그것의 이름을 얻었다   방법으로부터   그것이 스스로를 보호하는   적들로부터.

(2) 긴 주어 수일치

문제 1. 정답

주격 관계대명사절이 주어를 수식하는 문장.
주격 관계대명사절의 동사는 문장의 본동사가 아닙니다.

1 are   2 have   3 have   4 is   5 is   6 may be   7 are

문제 1. 해석 및 해설

1. Humans / who are curious / **are** interested in new things.
   인간들은   호기심 있는   새로운 것들에 흥미가 있다.
   (해설) 주어 : humans

2. Families / who eat together / **have** a conversation regularly.
   가족들은   함께 식사하는   정기적으로 대화한다.
   (해설) 주어 : families

3. People / who exercise at night / **have** more difficulty sleeping.
   사람들은   밤에 운동하는   잠자는데 더 어려움을 겪는다.
   (해설) 주어 : people

4. The only thing / that reduces stress / for me / **is** to travel.
   유일한 것은   스트레스를 줄이는   나에게   여행하는 것이다.
   (해설) 주어 : the only thing

5. The water / that is in our food / **is** called "virtual water."
   물은   우리의 음식 안에 있는   가상의 물이라고 불린다.
   (해설) 주어 : the water

6. The young people / who buy the clothes / in the magazines /
   젊은이들은   옷을 사는   그 잡지에서
   may be fashion victims.
   패션 희생양들일지도 모른다.
   (해설) 주어 : the young people

7. Many people / who live in other parts of the world / **are** likely to be worried
   많은 사람들은   세계의 다른 지역에서 사는   걱정하기 쉽다.
   / about cold weather.
       추운 날씨에 대해
   (해설) 주어 : many people

문제 2. 정답

1 are   2 is   3 are   4 is   5 is   6 is

문제 2. 해석 및 해설

1. Some of the good things / (생략) trees do for us / **are** found easily / in life.
   좋은 것들 중의 일부는   나무가 우리에게 하는   쉽게 발견된다   삶에서.

(해설) 주어 : some of the good things

2. One / of the most important skills / (생략) you can develop / **is** the ability /
   하나는   가장 중요한 기술들 중의   네가 발전시킬 수 있는   능력이다

   to care about others.
   다른 사람들을 돌보는.

(해설) 주어 : one

3. Two other communication devices / (생략) we use today /
   두 다른 의사소통 장치들은   우리가 오늘날 사용하는

   are the answering machine and voice mail.
   자동 응답기와 음성 메일이다.

(해설) 주어 : two other communication devices

4. The poison / (생략) this fish produces / **is** more poisonous / than the chemical.
   독은   이 물고기가 생산하는   더 유독하다   화학물질보다.

(해설) 주어 : the poison

5. The place / (생략) a particular organism lives / **is** called a natural habitat.
   그 장소는   특정 유기체가 사는   자연 서식지라 불린다.

(해설) 주어 : the place

6. The reason / (생략) people talk about the weather / **is** that it is a
   그 이유는   사람들이 날씨에 대해 말하는   그것이

   common subject / to everyone.
   흔한 주제라는 것이다   모든 사람에게.

(해설) 주어 : the reason

문제 3. 정답

1 helped   2 sold   3 turned   4 visited

문제 3. 해석 및 해설

문장의 동사를 파악할 수 있는지 묻는 문제입니다.

1. A man / who lived near the school / **helped** the boy / who got lost.
   한 남성이   학교 근처에 살았던   소년을 도와주었다   길을 잃은.
   (해설) 주어 : a man, 중간은 주격 관계대명사절, 본동사 : helped

2. The man / who bought the great idea / **sold** it back / to other companies.
   그 남자는   그 훌륭한 아이디어를 산   그것을 되팔았다   다른 회사들에게.
   (해설) 주어 : the man, 중간은 주격 관계대명사절, 본동사 : sold

3. Everything / she touched / **turned** to gold.
   모든 것은   그녀가 만진   금으로 변했다.
   (해설) 주어 : everything, 중간은 목적격 관계대명사 생략, 본동사 : turned

4. One day / a friend / I could not meet for years / **visited** me.
   어느 날   한 친구가   내가 수년 동안 만날 수 없었던   나를 방문했다.
   (해설) 주어 : a friend, 중간은 목적격 관계대명사 생략, 본동사 : visited

3. 5형식 문장과 목적격 보어 문제 정답

문제 1. 정답

1 sad	2 nervous	3 comfortable	4 healthy	5 dependent
6 rude	7 saving	8 saved	9 biting	10 bitten
11 shouting at		12 rescued		

문제 1. 해설 및 해석

1~6은 목적어의 '상태'를 설명하므로 형용사가 와야 합니다(부사x).

1. Rainy weather makes me **sad**.
   비오는 날씨는 나를 슬프게 한다.

2. The situation made us **nervous**.
   그 상황은 우리를 긴장하게 했다.

3. Listening to music makes people **comfortable**.
   음악을 듣는 것은 사람들을 편안하게 한다.

4. Eating good foods keeps us **healthy**.
   좋은 음식을 먹는 것은 우리를 건강하게 유지한다.

5. Just giving money / to my son / made him **dependent**.
   단지 돈만을 주는 것은   나의 아들에게   그를 의존적이게 했다.

6. Many people thought / <u>the use</u> of answering machines / **rude**.
                          o   o.c
   많은 사람들은 생각했다   자동응답기의 사용이   무례하다고.

문제 1. 해설 및 해석

7~12는 목적어와 목적격 보어의 관계가 능동(ing)인지 수동(pp)인지 묻는 문제입니다.

7. We found a man **saving** a boy.
                  O   O.C

   우리는 한 남성이 한 소년을 구하는 것을 발견했다.

8. We found a boy **saved** by a man.
                O   O.C

   우리는 한 소년이 남성에 의해 구해지는 것을 발견했다.

9. We found a dog **biting** a child.
                O   O.C

   우리는 개가 아이를 무는 것을 발견했다.

10. We found a child **bitten** by a dog.
                  O   O.C

    우리는 아이가 개에게 물리는 것을 발견했다.

11. We found a man **shouting** at a woman.
                  O   O.C

    우리는 한 남자가 여성에게 소리치는 것을 발견했다.

12. We saw the little girl **rescued.**
                O   O.C

    우리는 그 작은 소녀가 구조되는 것을 보았다.

문제 2. 정답

동사에 따라 달라지는 목적격 보어의 올바른 형태 찾기

1 feel	2 to earn	3 playing	4 to work	5 to solve
6 to read	7 to jump	8 gain	9 feel	10 hide
11 to be	12 to stop	13 realize	14 to know	15 feel
16 play	17 to work	18 to donate	19 survive	
20 to figure out	21 living	22 to make	23 to be	24 to be
25 to have	26 helps, understand			

문제 2. 해설 및 해석

1. The scene <u>made</u> me **feel** angry.
   그 장면은 나를 화나게 느끼게 했다.

2. We <u>helped</u> him **to earn** money.
   우리는 그가 돈을 벌게 도왔다.

3. I <u>saw</u> some students **playing** with their cell phones / in class.
   나는 몇몇 학생들이 그들의 핸드폰으로 노는 것을 보았다.   교실에서.

4. Companies <u>want</u> their employees **to work** hard.
   회사들은 그들의 사원들이 열심히 일하기를 원한다.

5. She <u>asked</u> me **to solve** the math problems.
   그녀는 나에게 수학 문제를 풀라고 요청했다.

6. She <u>encouraged</u> us **to read** many novels.
   그녀는 우리가 많은 소설을 읽게 격려했다.

7. The fire fighter <u>told</u> her **to jump** into a net.
   그 소방관은 그녀에게 그물망으로 뛰어내리라고 말했다.

8. A lot of experience helped me **gain** the job / I wanted.
   많은 경험은 내가 그 직업을 얻게 도왔다   내가 원했던.

9. A sunny day makes people **feel** happy.
   화창한 날은 사람들을 행복하게 느끼게 한다.

10. The good man let the poor rabbit **hide** in his tent.
    그 좋은 남자는 불쌍한 토끼가 그의 텐트에 숨게 해주었다.

11. My friends advised me **to be** more courageous.
    나의 친구들은 나에게 더 용감해지라고 조언했다.

12. My mother forced me **to stop** playing the game.
    나의 엄마는 내가 게임하는 것을 멈추게 강요했다.

13. I helped him **realize** the truth.
    나는 그가 진실을 깨닫게 도왔다.

14. I don't want anyone **to know** my weak point.
    나는 누군가 나의 약점을 알기를 원하지 않는다.

15. The teachers made all the students **feel** equal.
    그 선생님들은 모든 학생들이 동등하게 느끼게 했다.

16. Let your children **play** more / on their own.
    당신의 아이들이 더 많이 놀게 해라   그들 스스로.

17. The machine enabled people **to work** more effectively.
    그 기계는 사람들이 더 효과적으로 일하는 것을 가능하게 했다.

18. The man told our friends and family **to donate** some money / to a charity.
    그 남자는 우리의 친구들과 가족들에게 약간의 돈을 기부하라고 말했다   자선단체에.

19. Several animal species help / other injured animals **survive**.
    몇몇의 동물 종들은 돕는다   다른 부상당한 동물들이 살아남게.

20. This map helped us **to figure out** our location.
    이 지도는 우리가 우리의 위치를 파악하게 도왔다.

21. We saw some children **living** in severe poverty.
    우리는 몇몇 아이들이 혹독한 가난 속에서 사는 것을 보았다.

22. My parents allowed me **to make** my own decisions.
    나의 부모님은 내가 스스로 결정하게 허락했다.

23. We cannot expect children **to be** quiet all the time.
    우리는 아이들이 항상 조용하기를 기대할 수는 없다.

24. If people want our Earth **to be** healthy, we should travel less.
    만약 사람들이 우리의 지구가 건강해지기를 원한다면, 우리는 더 적게 여행해야 한다.

25. Using cell phones too much / causes students **to have** a difficulty /
    핸드폰을 너무 많이 사용하는 것은   학생들이 어려움을 겪는 원인이 된다
    focusing on the class.
    수업에 집중하는 데.

26. Learning about this / **helps** us **understand** the world a little better.
    이것에 대해 배우는 것은   우리가 세상을 약간 더 잘 이해하게 돕는다.
    (해설) 동사 helps는 주어 learning에 수일치, 목적격보어인 understand는 동사 help에 형태를 맞춘다.

4. 동사 뒤 다양한 목적어 명사들 문제 정답

문제 1. 정답

1. Many children want / to play a computer game.
   많은 아이들은 원한다   컴퓨터 게임을 하기를.

2. He decided / to go his own way.
   그는 결정했다   그 자신의 길을 가기로.

3. Children need / to study English / as an international language.
   아이들은 필요로 한다   영어를 공부하기를   국제적인 언어로써.

(해설) 1~3 : to부정사 목적어
   3. need to : '~할 필요가 있다'라고 자연스럽게 해석하는 것이 좋습니다.

4. We enjoy / reading new books.
   우리는 즐긴다   새로운 책들을 읽는 것을.

5. These days / men also start / doing household chores.
   요즘   남자들 또한 시작한다   가사 일을 하기를.

6. I recently began / attending a language class.
   나는 최근에 시작했다   언어 수업에 참석하기를.

(해설) 4~6 : 동명사 목적어

7. A recent study suggests / that students study better / in sunny days.
   최근의 연구는 암시한다   학생들이 더 잘 공부한다고   화창한 날에.

8. Scientists believe / that animals also have good communication skills.
   과학자들은 믿는다   동물들 또한 좋은 의사소통 기술을 가지고 있다고.

(해설) 7~8 : 접속사 that절 목적어

9. I wonder / what people think of me.
   나는 궁금하다   사람들이 나에 대해 어떻게 생각하는지.

10. This book tells / how the world began, how we were created,
    이 책은 말해준다   어떻게 세계가 시작되었고, 어떻게 우리가 창조되었고,

    and how some customs started.
    그리고 어떻게 몇몇 관습들이 시작되었는지.

(해설) 9~10 : 의문사절 목적어

11. He learned / how to manage his problem / effectively.
    그는 배웠다   어떻게 그의 문제를 관리하는지   효과적으로.

12. I couldn't decide / what to wear / for the party.
    나는 결정할 수 없었다   무엇을 입을지   그 파티를 위해.

(해설) 11~12 : 의문사 + to-v 목적어

13. I wondered / whether (if) we were invited or not.
    나는 궁금했다   우리가 초대받았는지 아닌지.

(해설) whether / if절 목적어

문제 2. 정답

1. We decided to read / **many books.**
   　　　　　　　　　　기본명사
   우리는 읽기로 결심했다　　　많은 책들을.

2. You need to know / **that your parents always love you.**
   　　　　　　　　　　　접속사 that 절
   너는 알 필요가 있다　　　너의 부모님이 항상 너를 사랑한다는 것을.

3. He began recognizing / **that he made a big mistake.**
   　　　　　　　　　　　접속사 that 절
   그는 깨닫기 시작했다　　　그가 큰 실수를 했다는 것을.

4. I want to know / **what she likes and dislikes.**
   　　　　　　　　의문사절
   나는 알기를 원한다　　　그녀가 무엇을 좋아하고 싫어하는지.

5. She started noticing / **how people responded to her appearance.**
   　　　　　　　　　　　의문사절
   그녀는 인식하기 시작했다　　　어떻게 사람들이 그녀의 외모에 반응하는지.

6. They began to learn / **how to make kimchi.**
   　　　　　　　　　　의문사 to-v
   그들은 배우기 시작했다　　　어떻게 김치를 만드는지. (김치를 만드는 방법을)

7. We need to consider / **how to change our bad habits.**
   　　　　　　　　　　　의문사 to-v
   우리는 고려할 필요가 있다　　　어떻게 우리의 나쁜 습관을 바꿀지. (바꾸는 방법을)

8. I want to know / **if they like me or not.**
   　　　　　　　　if절
   나는 알기를 원한다　　　그들이 나를 좋아하는지 아닌지.

9. I want to know / **whether my proposal was accepted or not.**
   　　　　　　　　　　whether절
   나는 알기를 원했다　　　나의 제안이 수락되었는지 아닌지.

문제 3. 정답

1 is   2 is   3 is   4 is   5 were   6 have to

문제 3. 해석 및 해설

1. People believe / that <u>learning</u> some languages **is** necessary / for children.
   사람들은 믿는다   몇개의 언어를 배우는 것이 필요하다고   아이들에게.
   (해설) 주어가 혼동될 경우 동사 is necessary의 주체가 무엇인지 생각해보세요.

2. You may think / that <u>going</u> to the dentist / **is** associated with pain.
   너는 생각할지도 모른다   치과에 가는 것이   고통과 연관된다고.

3. Many parents think / <u>using</u> cell phones too early / **is** harmful / to their children.
   많은 부모들은 생각한다   핸드폰을 너무 일찍 사용하는 것이   해롭다고   그들의 아이들에게.
   (해설) 동사 believe 뒤에 접속사 that이 생략. is의 주어는 using입니다.
      * 주어가 혼동될 경우 is harmful의 주체가 무엇인지 생각해보세요.

4. Some children say / <u>getting</u> some sleep / **is** more important /
   몇몇 아이들은 말한다   약간의 잠을 얻는 것이   더 중요하다고
   than eating some food / in the morning.
   약간의 음식을 먹는 것보다   아침에.

5. We didn't know / (that) <u>the boys</u> / playing on the ground /
   우리는 알지 못했다   소년들이   운동장에서 놀고 있는
   were our sons.
   우리의 아들들이었다는 것을.
   (해설) the boys를 know의 목적어로 착각하지 않도록 주의하세요. 뒤에 동사 were가 있기 때문입니다. 뒤가 절이므로 접속사 that이 생략된 문장입니다.
      * playing은 boys를 수식하는 현재분사.

6. We think / (that) <u>people</u> / damaging our environment / **have to** be arrested.
   우리는 생각한다   사람들은   우리의 환경을 해치는   체포되어야 한다고.
   (해설) that절의 주어는 people, damaging ~은 주어 people을 수식하는 현재분사.

5. 단문 종합문제 정답

정답

1 ② happy	2 ② attractive	3 ① is	4 ① who raise
5 ① was	6 ② were banned	7 ① who wants	8 ① give
9 ② to express	10 ① Being (to be)	11 ② are	12 ② were
13 ① observed	14 ② to live	15 ① are	16 ③ it
17 ② working (to work)	18 ③ are	19 ② achieve(d)	20 ② asked
21 ② lived	22 ① watch		

해석 및 해설

1. The way / you think / ① makes your life more ② **happy.**
   방법은   네가 생각하는   너의 삶을 더 행복하게 한다.

   (해설)
   ① 동사이므로 주어 the way와 수일치, the way 뒤에 관계부사 how 생략.
   ② 목적격 보어이므로 형용사가 와야 함.

2. Girls / ① who have long hair / may believe / that it makes them more
                                                  접속사
   소녀들은   긴 머리를 가진   믿을지도 모른다   그것이 그들을 더 매력적

   ② **attractive.**
   이게 한다고.

   (해설)
   ① 주격 관계대명사 + 동사이므로 선행사 girls와 수일치
   ② 목적격 보어이므로 형용사가 와야 함

3. You probably know / that eating good foods / ① **is** a good way /
   너는 아마도 안다   좋은 음식들을 먹는 것이   좋은 방법이라고

   ② to be healthy.
   건강해지기 위한.

   (해설)
   ① 접속사 that절의 주어 eating과 수일치
   ② 앞의 명사를 수식하는 형용사적 용법

4. People / ① **who raise** pets / ② have many jobs / ③ to do.
   사람들은   애완동물을 기르는   많은 일들을 가지고 있다   해야 할.

(해설)
① 선행사인 people(복수)과 수일치
② 동사이므로 주어 people과 수일치
③ 앞의 명사를 수식하는 형용사적 용법

5. One good thing / about my friends / ① **was** that they always
   한 가지 좋은 것은   나의 친구들에 대해   그들이 항상 최고의 장소들을

   knew the best places / ② to play.
   알고 있었다는 것이다   놀 만한.

(해설)
① 주어가 one good thing이므로 동사는 was
② to play는 앞의 명사를 수식하는 형용사적 용법

6. All forms / of sport and entertainment / ① that use animals / ② **were banned.**
   모든 형태들은   스포츠와 오락의   동물들을 사용하는   금지되었다.

(해설)
① 명사 뒤 that은 앞의 명사를 수식하는 형용사(주격 관계대명사)
② 주어 All forms에 수일치

7. Anyone / ① **who wants** to adopt a dog / should learn /
   누군가는   강아지를 입양하기를 원하는   배워야한다

   ② how to train it.
   어떻게 그것을 훈련하는지 (=훈련하는 방법을).

(해설)
① 선행사 anyone과 수일치
② 동사 뒤 목적어 명사 (의문사 to부정사)

8. Let me ① **give** you a piece of advice / ② that might change your mind.
         내가 너에게 충고 한마디를 하게 해줘   너의 마음을 바꿀지도 모르는.

(해설)
① 사역동사 let의 목적격 보어이므로 동사원형이 필요함.
② 명사 뒤의 that은 형용사 (주격 관계대명사)

9. Passion is a strong emotion / ① **that** you can have / for a person
　　열정은 강한 감정이다　　　　　당신이 가질 수 있는　　　어떤 사람

　or an object. This motivates us ② **to express** ourselves / in the world.
　또는 대상에게.　　　이것은 우리가 우리 자신을 표현하게 동기부여한다　　세상에.

(해설)
① 명사 뒤의 that은 형용사 (목적격 관계대명사)
② motivate는 to 부정사를 목적격 보어로 취함

10. ① **Being** skinny / does not make a person ② **happy**.
　　　마른 것은　　　　　　　사람을 행복하게 하지 못한다.

(해설)
① 주어 형태가 되어야 하므로 be → being (or to be)
② happy는 목적격 보어이므로 형용사가 맞음.

11. Many people / ① living in the U.S. / ② **are** immigrants / from various countries.
　　많은 사람들은　　　미국에 살고 있는　　　이민자들이다　　　다양한 나라들로부터 온.

(해설)
① living은 능동의 뜻으로 앞의 명사를 수식하는 형용사 (현재분사)
② 주어 many people과 수일치.

12. The residents / ① living around the stadium / ② **were** very angry
　　그 거주자들은　　　경기장 주변에 사는　　　　　매우 화났다

　/ about all the noises / that came from the concert.
　　그 모든 소음들에 대해서　　콘서트로부터 나오는.

(해설)
① living은 능동의 뜻으로 앞의 명사를 수식하는 현재분사.
② 주어 the residents와 수일치.

13. Most wedding customs / ① **observed** in the U.S. / ② began /
　　대부분의 결혼 관습들은　　　미국에서 관찰되는　　　시작되었다

　in other countries.
　　다른 나라들에서.

(해설)
① 수동의 뜻으로 앞의 명사를 수식하므로 pp가 필요함.
② began은 동사 형태가 맞음.

14. A researcher said / ① that friends of the person in pain /
    한 연구자는 말했다   고통에 처한 사람의 친구들은

   should encourage / him ② **to live** his life / without lying on the bed.
   격려해야 한다고   그가 그의 삶을 살게   침대에 누워 있지 않고.

(해설)
① that은 동사 뒤이므로 접속사 that절 (목적어 명사절).
② encourage는 to부정사를 목적격 보어로 취함.

15. He found / that people who are less happy / ① **are** those /
    그는 발견했다   덜 행복한 사람들은   그들이라는 것을

   who ② want to have more / than what they already have.
   더 많이 가지기를 원하는   그들이 이미 가진 것보다.

(해설)
① 접속사 that절의 주어 people과 수일치
② 선행사 those와 수일치

16. ① It is easy / ② to trust people / who already proved themselves.
    쉽다   사람들을 신뢰하는 것이   이미 스스로를 입증한

   but ③ **it** is difficult / ④ to trust people / before they prove themselves.
   그러나 어렵다   사람들을 신뢰하는 것이   그들이 스스로를 입증하기 전에.

(해설) 가주어 – 진주어 문장이 되어야 함 : this → it

17. ① Learning to work / with other people / is one / of the most
    일하는 것을 배우는 것은   다른 사람들과   하나이다   가장 중요한

   important skills / you can develop. ② **Working** with other people /
   기술들 중의   네가 발전시킬 수 있는.   다른 사람들과 함께 일하는 것은

   is a skill / that will often be required.
   기술이다   종종 요구되어질.

(해설)
① 주어이므로 동명사 형태가 맞음
② 주어 역할을 할 수 있는 동명사나 to부정사가 필요 : work → to work (working)

18. Children / ① who like fast food / ② containing a lot of trans fats /
　　아이들은　　　　패스트푸드를 좋아하는　　　많은 트랜스 지방을 포함하고 있는

　　③ **are** likely to get heart disease / earlier.
　　　　　　심장병을 얻기 쉽다　　　　더 일찍.

(해설)

① 선행사 Children과 수일치

② 명사 뒤에서 수식하는 형용사 (현재분사) : fast food가 물질이라 수동이라 생각할 수 있지만, 음식이 트랜스지방을 포함하고 있기 때문에 능동(ing)이 맞습니다. 능동인지 수동인지 혼동될 경우 뒤에 목적어가 있는지 확인하세요. 뒤에 목적어가 있으면 대부분 '능동'입니다.

③ 주어가 Children이므로 복수

19. People / ① who set high expectations / ② **achieve(d)** more.
　　사람들은　　　　높은 기대를 정한　　　　더 많이 성취한다(했다)

(해설)

① 선행사 people과 수일치

② 동사가 필요하므로 achieving → achieve(d)

20. A boy / ① who was running away from robbers / ② **asked** me to help him.
　　한 소년은　　　강도로부터 도망가고 있었던　　　　나에게 그를 도와달라고 요청했다.

(해설)

① 선행사 A boy와 수일치

② 주어 A boy의 동사가 필요.

21. The results showed / that people / ① who were living with their families /
　　그 결과들은 보여주었다　　사람들이　　　　그들의 가족들과 함께 살고 있는

　　② **lived** more longer.
　　　더 오래 살았다고.

(해설)

① 선행사 people과 수일치

② 접속사 that 절의 주어인 people의 동사가 필요함.

22. Parents / who let their young children ① **watch** too much TV
　　부모님들은　　그들의 어린 자녀들이 지나치게 오래 TV를 보게 허락하는

　　/ will never know the harm / it ② **causes**.
　　　　결코 그 해를 알지 못한다　　그것이(과도한 시청이) 유발하는.

(해설)

① 사역동사 let의 목적격 보어이므로 동사원형.

② causes는 주어 it에 맞게 수일치

6. 중·장문 종합문제 정답

정답

1 ③ are	2 ① look	3 ④ use	4 ④ that makes	5 ① is
6 ③ is	7 ② are	8 ③ are	9 ⑤ large	10 ④ want
11 ③ was	12 ① is	13 ④ continue	14 ⑤ learn	15 ① called

해석 및 해설

1. Technology allows us ① <u>to meet</u> people / from different cultures
   기술은 우리가 사람들을 만나게 한다   다른 문화들로부터 온

   / around the world. It allows us to chat with friends.
   전 세계.   그것(기술)은 우리가 친구들과 대화하게 한다.

   However, don't let it ② <u>control</u> your life.
   그러나 그것이 당신의 삶을 통제하게 하지 마라.

   There ③ **are** lots of other great things / ④ <u>to do</u> / in life.
   많은 다른 멋진 것들이 있다   해야 할   삶에서.

(해설)
① allow의 목적격 보어이므로 to-v
② let의 목적격 보어이므로 동사원형
③ there are + 복수 주어 ~들이 있다 : 주어는 lots of other great things
④ 앞의 명사를 수식하는 형용사적 용법

2. Some women care more / about how shoes make them ① **look** /
　　몇몇 여성들은 더 많이 신경 쓴다　　　신발이 어떻게 그들을 보이게 하는지

　　than how they make their body ② feel. However, the bad effects are huge.
　　어떻게 그것들이(shoes) 그들의 몸이 느끼게 하는지보다.　　그러나, 나쁜 효과는 엄청나다.

　　Wearing high heels ③ causes some problem.
　　　　하이힐을 신는 것은 몇몇 문제들을 유발한다.

(해설)
① make의 목적격 보어이므로 동사원형 look
② make의 목적격 보어이므로 동사원형 feel
③ 주어가 동명사 wearing이므로 단수 동사 causes

위 전치사 about 뒤에 how절이 이어지는 것이 궁금하지요? 전치사 뒤에는 명사가 오는데, 정확히 말하면 명사, 대명사뿐 아니라 모든 명사들이 올 수 있습니다. 따라서 의문사절(명사절)도 올 수 있는 겁니다.

3. Does the smell of something / make you ① think of a spring day?
　　　무언가의 냄새가　　　　　　　너를 봄날에 대해 생각하게 하니?

　　Do some scents make you happy?
　　　　어떤 향기가 너를 행복하게 하니?

　　One thing / we know / is that lemons remind people of things /
　　　한 가지 것은　　우리가 아는　　레몬이 사람들에게 무언가를 생각나게 한다는 것이다.

　　② that are fresh and clean. People / ③ who make soaps for the home /
　　　　신선하고 깨끗한.　　　　사람들은　　　　가정용 비누를 만드는

　　often ④ **use** a lemon scent. The smell of vanilla / helps people ⑤ **relax**.
　　　　종종 레몬 향기를 사용한다.　　　　바닐라의 냄새는　　　사람들을 편안하게 한다.

(해설)
① make의 목적격 보어이므로 동사원형 think
② 선행사 things와 수일치
③ 선행사 people(복수)과 수일치
④ 동사이므로 주어 people과 수일치
⑤ help의 목적격 보어이므로 동사원형 relax

4. The memories of comfort foods / ① <u>include</u> the people / who
　　　그리운 옛 음식에 대한 기억들은　　　사람들을 포함한다

ate them together.
그것들을 함께 먹은.

Eating those delicious foods together / ② <u>is</u> the way /
　그 맛있는 음식들을 함께 먹는 것은　　　　방법이다

we make relationships strong. It is also the way / we show /
우리가 관계를 강하게 하는.　　　　그것은 또한 방법이다　우리가 보여주는

③ <u>that</u> we care about each other.
　　우리가 서로서로 신경 쓰고 있다는 것을.

It is also something / ④ **that makes** our soul rich.
　그것은 또한 무언가이다　　　우리의 영혼을 부유하게 하는.

(해설)

① 동사이므로 주어 the memories와 수일치

② 동사이므로 주어 eating(동명사)과 수일치

③ 동사 뒤 접속사 that절(목적어)

④ 선행사 something과 수일치

5. Many businesses are started / by people / who lost their jobs.
　　많은 사업들은 시작된다　　　사람들에 의해　　그들의 직업을 잃은.

The first thing / they must do / ① **is** to find out / what they are
　첫 번째 것은　　그들이 해야만 하는　　　발견하는 것이다　그들이 무엇을 정말로

really good at. But many of them only want ② <u>to know</u> /
잘하는지.　　　그러나 그들 중의 많은 이들이 단지 알기를 원한다

"How can I make more money?"
"어떻게 내가 더 많은 돈을 벌 수 있지?"

This is one of the biggest reasons / ③ <u>why</u> businesses fail.
　이것은 가장 큰 이유들 중의 하나이다　　　　사업이 실패하는.

(해설)

① 주어 The first thing과 수일치 : 주어 뒤는 목적격 관계대명사 that이 생략

② 동사 want의 목적어

③ reasons 뒤에 관계부사

6. Maintaining good health / ① **is** your own responsibility.
   좋은 건강을 유지하는 것은   당신 자신의 책임이다.

   Getting enough sleep and eating the right foods / are simple
   충분한 잠을 자는 것 그리고 적절한 음식을 먹는 것은   간단한

   things / that help ② <u>to prevent</u> illness.
   것들이다   질병을 막는 것을 돕는.

   Having regular medical checkups / ③ **is** another effective way /
   정기적인 건강검진을 갖는 것은   또 다른 효과적인 방법이다

   you can stay healthy.
   당신이 건강하게 유지할 수 있는.

(해설)
① 주어 maintaining에 수일치
② 동사 help의 목적어
③ 주어 Having에 수일치

7. A recent study shows / that kids / ① <u>who</u> watch a lot of TV /
   최근 연구는 보여준다   아이들이   많은 TV를 보는

   ② **are** more likely to be overweight / than those who do not.
           더 과체중이 되기 쉽다고   그렇지 않은 아이들보다.

   Kids / who watch a lot of TV / ③ <u>are</u> also likely to stay only at home.
   아이들은   많은 TV를 보는   또한 단지 집에만 머무르기 쉽다.

(해설)
① 선행사 kids와 수일치
② 접속사 that절의 주어인 kids와 수일치 : 혼동될 경우 are more likely to be overweight의 주체를 생각해보세요
③ 주어 kids와 수일치

8. If you live in an apartment, / ① it is not proper / to choose a Golden Retriever
만약 당신이 아파트에 산다면　　　적절하지 않다　　　골든리트리버를 선택하는 것은
/ which likes to play outside.
야외에서 놀기를 좋아하는.

If you are looking for a guard dog, you have to choose a dog
만약 당신이 경비용 개를 찾는다면,　　　당신은 개를 선택해야 한다
/ like a Great Dane. For a person / who already ② has a lot of dogs.
Great Dane과 같은.　사람에게　　이미 많은 개들을 가지고 있는
dogs / such as a Pug or a Bulldog / ③ **are** perfect.
개들이　　퍼그나 불독과 같은　　　완벽하다.

(해설)
① it-to 가주어 진주어 문장에서 가주어
② 선행사 a person과 수일치
③ 주어 dogs와 수일치

9. Cartoons are drawings / ① that tell stories or messages.
만화는 그림들이다　　　이야기나 메시지를 말하는.
Most cartoons make people ② laugh. Some are serious.
대부분의 만화들은 사람들을 웃게 한다.　　몇몇 만화들은 진지하다.
Many of them teach important lessons.
많은 만화들은 중요한 교훈을 가르친다.
They help people ③ think.
그것들은 사람들이 생각하게 돕는다.
People / who draw cartoons / also ④ do some creative things.
사람들은　　만화를 그리는　　또한 몇몇 창조적인 것들을 한다.
They sometimes make heads ⑤ **large** / to draw attention.
그들은 때때로 머리를 크게 한다　　　관심을 끌기 위해서.

(해설)
① 선행사 drawings와 수일치
② make의 목적격 보어이므로 동사원형
③ help의 목적격 보어이므로 동사원형
④ 주어 people과 수일치
⑤ 목적격 보어이므로 형용사 (부사x)

10. The mystery of a dog / ① named Max / ② was solved.
　　　개의 신비가　　　　　맥스라고 불리는　　　　풀렸다.

　　One of the workers / at the animal center / said / ③ that he
　　　직원들 중의 한 명은　　　동물단체에　　　말했다　　그가

　　found out what was wrong. People / who ④ want to adopt the dog /
　　　무엇이 잘못되었는지 발견했다고.　　사람들은　　　그 개를 입양하기 원하는

　　should speak English, because the dog just can
　　　영어를 말해야만 한다.　　왜냐하면 그 개가 단지 영어 명령만

　　understand only English commands.
　　　　　　이해할 수 있기 때문에.

(해설)
① 명사 뒤에서 수동의 뜻으로 수식하는 pp (과거분사)
② 동사이므로 주어 The mystery와 수일치 및 수동관계
③ 동사 뒤 접속사 that절 (목적어)
④ 선행사 people과 수일치

11. This graph shows / the number of letters / ① that Santa
　　　이 그래프는 보여준다　　　편지의 수를　　　　산타가

　　received / in seven countries. The number of letters / ② sent to Santa /
　　　받은　　7개의 나라들에서.　　　편지들의 수는　　　　산타에게 보내진

　　in France / ③ was the largest / among the seven countries.
　　　프랑스에서　　가장 많았다　　　　일곱 개의 나라들 중에서.

(해설)
① 명사 뒤에서 수식하는 형용사 (목적격 관계대명사)
② 명사 뒤 수동의 뜻으로 수식하는 과거분사 (pp)
③ 주어 The number와 수일치

12. One of the main purposes / of having hobbies / ① **is** to kill time.
주된 목적들 중의 하나는   취미를 가지는   시간을 죽이는(보내는) 것이다.

The great developments / in science and technology / ② give
엄청난 발전들은   과학과 기술에서   준다

/ us more free time / ③ to enjoy ourselves.
우리에게 더 많은 자유시간을   우리 스스로 즐길.

However, people / who don't know / ④ how to spend their weekends /
그러나   사람들은   알지 못하는   어떻게 그들의 주말을 보내야 할지

are under stress.
스트레스 하에 있다.

So having hobbies / is becoming a "duty" / in modern society.
그래서 취미를 갖는 것은   "의무"가 되고 있다   현대사회에서

(해설)
① 주어 one과 수일치
② 주어 The great developments와 수일치
③ 앞의 명사를 수식하는 형용사적 용법
④ 동사 뒤 목적어 명사 (의문사 + to-v)

13. A company in the U.S. / had a great idea / ① to help sick children.
미국에 한 회사는   훌륭한 아이디어를 가졌다   아픈 아이들을 도우려는.

Often sick children need ② to go to hospital / far from their houses.
종종 아픈 아이들은 병원에 갈 필요가 있다   그들의 집으로부터 멀리 떨어진.

Their families don't have enough money / ③ to move.
그들의 가족들은 충분한 돈이 없다   이동할 만한.

Therefore, this company built special houses / for families /
그러므로   이 회사는 특별한 집을 지었다   가족들을 위해

with sick children / near hospitals. The rooms in these houses /
아픈 아이들이 있는   병원 근처에.   이 집에 방들은

cost only ten dollars / a day. This idea helps / them ④ **continue** to live.
단지 10달러이다   하루에. 이 아이디어는 돕는다   그들이 계속해서 살아가도록

(해설)
① 명사 뒤 수식 (형용사적 용법)
② 동사 뒤 목적어
③ 명사 뒤 수식 (형용사적 용법)
④ helps의 목적격 보어로 동사원형이나 to-v 둘 다 가능

14. I know / peanuts can be dangerous / for those kids /
   나는 안다   땅콩이 위험할 수 있다는 것을   그런 아이들에게

① who are allergic to them. They need to learn /
   그것들(땅콩)에 알레르기가 있는.   그들은 배울 필요가 있다

to manage their problem.
   그들의 문제를 관리하는 것을.

And ② banning them / from the school lunch menu
   그리고 그것들을 금하는 것은   학교 점심 메뉴로부터

/ would not save the children.
   그 아이들을 구하지 못할 것이다.

They need to learn / ③ how to live / in the world / where there are things /
그들은(아이들) 배울 필요가 있다 어떻게 살지   세상에서   것들이 있는

they cannot eat.
   그들이 먹을 수 없는.

Banning peanuts / ④ does not let them ⑤ **learn** / how to
   땅콩을 금지하는 것은   그들이 배우게 하지 못한다   어떻게

manage the allergy.
   알레르기를 관리하는지.

(해설)
① 선행사 kids와 수일치
② 주어이므로 동명사(or to부정사)가 맞음
③ to-v의 목적어 명사 (의문사 to-v)
④ 주어 Banning(동명사)과 수일치
⑤ let의 목적격 보어이므로 동사원형

15. Before aspirin was invented, some people made a drink /
  아스피린이 발명되기 전에, 몇몇 사람들은 음료를 만들었다
  from the bark of a tree / ① **called** the white willow.
  나무의 껍질로부터 white willow라고 불리는.
  This drink made their pains ② go away.
  이 음료는 그들의 고통이 사라지게 했다.
  People drank a white willow bark / for many years.
  사람들은 white willow bark를 마셨다 수 년 동안.
  But no one knew / ③ why it helped.
  그러나 아무도 알지 못했다 왜 그것이 도움이 되는지.
  Then in the 1830s, scientists in England / studied all the things /
  그리고 1830년대에, 영국의 과학자들은 그 모든 것들을 연구했다
  that were in the bark / of the white willow.
  껍질 속에 있는 white willow의.
  They discovered / which part of the plant / stopped the pain.
  그들은 발견했다 식물의 어떤 부분이 고통을 멈추는지.
  They called this substance salicin.
  그들은 이 물질을 살리신이라고 불렀다.
  Soon people started ④ making medicines / with salicin.
  곧 사람들은 약을 만들기 시작했다 살리신으로.

〈해설〉
① 명사 뒤 수동의 뜻으로 수식 (pp)
② made의 목적격 보어이므로 동사원형
③ 동사 뒤 목적어 명사인 의문사절 : 의문사 + 주어 + 동사의 순서!
④ 동사 뒤 목적어 명사인 동명사 (to-v도 가능)

2부 수능 어법

1부의 목표가 '문법 = 독해'의 골격을 세우는 것이었다면, 2부에서는 본격적인 수능 어법의 세계로 들어갑니다.

2부 수능 어법에서는 각 문법의 이론과 실전 어법 문제가 연결되도록 하는 데 초점을 두었습니다.

♣ 기초부터 고급까지 수능 관련 어법이 총정리되어 있으므로 끝까지 정독해서 수능 영어를 Master하기 바랍니다.

1장 콕 찍어! 수능 기초 어법

기초부터 어법 문제로 직결되는 주요 문법들입니다.
하나하나 단답식으로 끝나는 짧은 문법들이라 한 번에 모아 정리했어요.
단어처럼 익히고 암기하도록 합시다.

1. 동사 + er (or) → 사람

listen – listener	듣다 – 청취자
own – owner	소유하다 – 소유자 (사장)
*make – maker	만들다 – 제작자
*produce – producer	생산하다 – 생산자 (제작자)
invent – inventor	발명하다 – 발명가
invest – investor	투자하다 – 투자자

▲ e로 끝난 '동사 + er'의 경우, e의 반복을 피하기 위해 한 번만 씁니다.

2. the + 형용사 → 복수 (사람) 명사

관사 the는 명사 앞에 붙지요. 그런데 'the + 형용사'일 경우 → 복수 명사, 특히 복수 사람 (~people) 명사가 됩니다.

The poor	=	poor people.	가난한 사람들
The rich	=	rich people.	부자들
The sick	=	sick people.	아픈 사람들
The disabled	=	disabled people.	장애가 있는 사람들

* disabled: 장애가 있는

* 문맥상 사람이 아닐 경우 '~ things'를 붙여서 복수 명사를 만들어주면 됩니다.

The important	=	important things	중요한 것들
The negative	=	negative things	부정적인 것들
The positive	=	positive things	긍정적인 것들

3. 's 의 두 가지 용법

1) is의 줄임말 : 주어 + is → 주어's

- She's my friend. 그녀는 나의 친구이다.
  she is

- He's my son. 그는 나의 아들이다.
  he is

2) 명사의 소유격 : ~의

- Jihae's bag is cool.
  지혜의 가방은 멋지다.

- This is Jihae's book.
  이것은 지혜의 책이야.

복수 명사의 소유격 → 복수 명사 + '(아포스트로피)
: -s로 끝나는 복수 명사의 경우 s의 중복을 피하기 위해 's가 아닌 ' 만 씁니다.
ex) parents's day. (x) → parents' day. (o) 어버이날.

4. There is + 단수 주어, There are + 복수 주어

주어가 동사 앞이 아니라 동사 뒤에 위치하는 특이한 문장구조입니다.
주어와 동사의 순서가 바뀌므로 동사 수일치 문제에 주의하세요!

> There is   +   단수 주어   ~   가 있다.
> There are   +   복수 주어   ~   들이 있다.

▲ there는 원래 '거기에'라는 뜻이지만 여기서는 별 뜻이 없습니다.

- There <u>is a cat</u> / on the tree.
  고양이 한 마리가 있다   나무 위에.

- There <u>are cats</u> / on the tree.
  고양이들이 있다   나무 위에.

Exercise. 다음 괄호 안에 적절한 것을 고르시오.

- There (is, are) enough reason to trust her.

- There (is, are) many handsome boys in school.

정답

is, are

해석 및 해설

- There is enough reason / to trust her.
  충분한 이유가 있다   그녀를 신뢰할.

- There are many handsome boys / in school.
  많은 잘생긴 소년들이 있다   학교에.

(해설) 주어: 각각 enough reason, many handsome boys
명사에서 끊어가며 해석하면 주어를 찾기 쉬워요.

5. 수일치 주의할 명사

```
people        -    복수 취급
every, each   -    단수 취급
```

명사의 복수는 -s, es가 붙지만, people은 s가 붙지 않아도 복수 취급합니다. '사람들'이라는 복수 뜻을 지니고 있기 때문이에요. 한편 every, each는 단수 취급합니다.

Exercise. 다음 괄호 안에 적절한 것을 고르시오.

1. People all over the world (know, knows) them.

2. Homeless people (is, are) living on the street.

3. Everybody (need, needs) some friends.

4. Each of us (like, likes) to get a praise.

정답
1. know   2. are   3. needs   4. likes

해석
1. 전 세계 사람들이 그들을 안다.
2. 노숙자들은 거리에서 살고 있다.
3. 모든 사람은 몇몇의 친구가 필요하다.
4. 우리의 각각은 칭찬받는 것을 좋아한다.

6. 병렬(기초)

병렬이란 접속사 and, or, but 앞뒤를 동등한 형태로 맞추어 주는 것을 말합니다. 접속사 and, or, but은 동등한 형태를 연결하는 '등위 접속사'이기 때문이에요.

* 예제를 통해 연습해 봅시다.

예제 1

She likes me, **but** (dislike, dislikes) my friends.
그녀는 나를 좋아한다. 그러나 나의 친구들을 싫어한다.

여기서 싫어하는 주체는 누구일까요? she입니다.
그러나 앞 문장에 she가 있기 때문에 반복을 피하기 위해 뒤 문장에서 생략되고 동사 likes와 병렬되는 겁니다.

예제 2

She should study English, **and** (do, does) her homework
그녀는 영어를 공부하고, 그녀의 숙제를 해야 한다.

해석상 앞의 문장 she should에 걸려 일반 동사원형(study)끼리 병렬입니다.
'조동사(should) + 동사원형'이므로 뒤의 문장도 동사원형의 형태가 되어야 합니다.

정답
dislikes,   do

★ <u>즉, 병렬은 앞 문장의 말이 반복되어 접속사 and, or, but 뒤의 문장에서 생략되었을 때, 앞 문장의 어디에 이어서 해석할지의 문제입니다.</u>
병렬을 알아야 해석이 자연스럽게 연결됩니다.

Exercise. 다음 괄호 안의 정답을 고르시오.

1. I often check my cell phone and (send, sends) text messages.

2. She likes classical music but (dislike, dislikes) rap.

3. She should come back early and (do, does) her work.

4. They respected each other and (live, lived) happily.

5. He is clever but (rude, rudely).

6. He is kind and (generous, generously).

1. text message 문자 메시지 6. generous 관대한

정답과 해설은 다음 페이지에 →

정답

1. send   2. dislikes   3. do   4. lived   5. rude   6. generous

해석 및 해설

1. I often check my cell phone and **send** text messages.
   나는 종종 나의 핸드폰을 확인하고 문자 메시지를 보낸다.
   (해설) and 앞의 동사 check와 병렬

2. She likes classical music but **dislikes** rap.
   그녀는 클래식 음악을 좋아하지만 랩을 좋아하지 않는다.
   (해설) but 앞의 동사 likes와 병렬

3. She should come back early and **do** her work.
   그녀는 일찍 돌아와서 그녀의 일을 해야 한다.
   (해설) 해석상 she should에 걸려 동사원형 (come back)과 병렬

4. They respected each other and **lived** happily.
   그들은 서로 존중하고 행복하게 살았다.
   (해설) 주어 they에 걸려 동사과거 (respected)와 병렬

5. He is clever but **rude**.
   그는 영리하지만 무례하다.
   (해설) he is에 걸려 형용사 (clever)와 병렬

6. He is kind and **generous**.
   그는 친절하고 관대하다.
   (해설) he is에 걸려 형용사 (kind)와 병렬

7. 영어에서 콤마(,)의 두 가지 용법[21]

1) 앞말에 대한 보충설명의 콤마

말 그대로 앞말을 보충 설명합니다. 보통 수식으로 해석하고 문장의 필수가 아니므로 건너뛰어도 됩니다. 콤마를 건너뛰면 주문장 구조를 알 수 있어서 복잡한 독해나 어법 문제 해결에 도움이 됩니다.

- Donald Trump, the 45th president of the United States,
  도널드 트럼프는,   미국의 45대 대통령인
  was elected in 2016.
  2016년에 당선되었다.

  (해설) 주문장 : Donald Trump ~ was elected

- Kim Han Guk, one of the most famous scientists in korea,
  김 한국은,   한국에 가장 유명한 과학자들 중의 한 명인,
  invented the machine.
  그 기계를 발명했다.

  (해설) 주문장 : Kim Han Guk ~ invented the machine.

- Mrs. Smith, an intelligent woman in her sixties,
  스미스 부인은,   60대의 지적인 여성인
  suffered a serious illness. (모의응용)
  중병을 앓았다.

  * intelligent 지적인
  * suffer ~를 앓다, 고통 받다

  (해설) 주문장 : Mrs. Smith ~ suffered a serious illness.

---

21) 콤마는 앞으로 배우게 될 분사구문의 콤마도 있어요. 그러나 분사구문의 콤마는 위 두 가지와 혼동되는 경우가 별로 없고 별도의 문법 설명이 필요한 부분이므로 분사구문 편에서 다룹니다.

2) 병렬(나열)의 콤마

앞서 배운 병렬기초에 이어 병렬 2에 해당됩니다.

병렬은 and, or, but 앞뒤를 동등한 형태로 맞추어주는 것이죠. 그런데 똑같은 말들이 계속 나열된다면 어떻게 될까요. 접속사 and, or, but을 계속해서 써줘야 할까요? 말이 반복되면 부자연스럽습니다. 따라서 반복되는 and or but을 콤마로 대신하고 맨 마지막에 한 번만 써줍니다.

Exercise. 다음 괄호 안에 적절한 것을 고르시오.

1. My mother wakes up early, prepares breakfast and (go, goes) to the gym.

2. She works, attends meetings, eats dinner and (exercise, exercises) until late at night.

3. We make a comparison, find causes, and (predict, predicts) what will happen in the future. (모의변형)

4. They were kind, generous, and (fair, fairly).

1. gym 체육관 3. make a comparison 비교하다 causes 원인, 유발하다 predict 예측하다

정답과 해설은 다음 페이지에 →

정답

1. goes   2. exercises   3. predict   4. fair

해석 및 해설

1. My mother <u>wakes up</u> early, <u>prepares</u> breakfast <u>and</u> **goes** to the gym.
   　　　　　나의 엄마는 일찍 일어나서,　　아침을 준비하시고,　　체육관에 가신다.

   (해설) my mother에 걸려서 동사(-s)끼리 병렬

2. She <u>works</u>, <u>attends</u> meetings, <u>eats</u> dinner <u>and</u> **exercises** until late at night.
   　　　그녀는 일하고, 모임에 참석하고, 저녁을 먹고 그리고 밤늦게까지 운동한다.

   (해설) she에 걸려서 동사(-s)끼리 병렬

3. We <u>make</u> a comparison, <u>find</u> causes, <u>and</u> **predict** what will happen in the future.
   　　　우리는 비교하고,　　　원인을 찾고,　　그리고 미래에 무슨 일이 일어날지 예측한다.

   (해설) we에 걸려서 동사끼리 병렬

4. They were <u>kind</u>, <u>generous</u>, <u>and</u> **fair**.
   　　　그들은 친절하고, 관대하고, 그리고 공정했다.

   (해설) they were에 걸려서 형용사끼리 병렬

8. 전치사 + '동명사'

'전치사 + 명사' 형태는 앞서 공부했지요. 그런데 전치사 다음에 동사가 오면 어떻게 될까요? 동사를 명사로 만들어주어야 합니다. 즉, 동명사 (-ing)로 만들어줍니다.

- He is proud of helping others.
  그는 다른 사람들을 돕는 데 자부심을 느낀다.

  * be proud of ~을 자랑스러워하다, 자부심을 느끼다

- By studying hard, he could get good grades.
  열심히 공부함으로써,   그는 좋은 성적을 받을 수 있었다.

- By exercising regularly, he could stay healthy.
  규칙적으로 운동함으로써,   그는 건강하게 유지할 수 있었다.

  * regularly 규칙적으로

- For eating healthy, we need to keep a balanced diet.
  건강하게 먹기 위해서,   우리는 균형 잡힌 식단을 유지할 필요가 있다.

  * diet 식단

> **참고**
> to부정사도 동사에서 명사가 되었지만, 명사 외에도 다양한 역할을 하다 보니 명사로서의 기능이 다소 약합니다. 따라서 전치사 뒤에는 동명사만 옵니다.

9. 접속사 / 전치사의 차이

> 전치사 + '명사'
> 접속사 + 's + v'

전치사 뒤에는 명사(대명사)가 오지요. 접속사 뒤에는 주어 + 동사 즉, 문장이 옵니다. 접속사는 문장과 문장을 연결하니까요. 아래는 뜻이 유사하여 그동안 자주 비교 출제되었던 접속사와 전치사들입니다. 뒤에 무엇이 오느냐에 따라 정답이 결정됩니다.

because (접속사) + 주어 + 동사 because of (전치사) + 명사	~ 이기 때문에
while (접속사) + 주어 + 동사 during (전치사) + 명사	~ 동안
(al)though (접속사) + 주어 + 동사 despite (전치사) + 명사	~ 에도 불구하고

Exercise. 다음 괄호 안에 적절한 것을 고르시오.

1. My wife and I visited my parents (during, while) the summer vacation.

2. Children do not use their imagination (because, because of) the computer screen shows them everything. (모의변형)

3. A fallen elephant is likely to have difficulty breathing (because, because of) its own weight. (모의변형)

4. (Despite, Although) there was a black box about the accident, no one could find it.

3. fallen 쓰러진 be likely to ~하기 쉽다 have difficulty ~ing ~ 하는 데 어려움을 겪다

정답과 해설은 다음 페이지에 →

정답

1. during   2. because   3. because of   4. although

해석 및 해설

1. My wife and I visited my parents / **during** the summer vacation.
   나의 아내와 나는 부모님을 방문했다   여름휴가 동안.
   (해설) 뒤가 명사이므로 전치사 during

2. Children do not use their imagination / **because** the computer screen
   아이들은 그들의 상상력을 사용하지 않는다   왜냐하면 컴퓨터 화면이

   shows them everything.
   그들에게 모든 것을 보여주기 때문에.
   (해설) 뒤가 절이므로 접속사 because

3. A fallen elephant is likely to have difficulty breathing / **because of** its own weight.
   쓰러진 코끼리는 숨 쉬는 데 어려움을 겪는 것 같다.   그것 자신의 무게 때문에.
   (해설) 뒤가 명사이므로 전치사 because of

4. **Although** there was a black box / about the accident, no one could find it.
   블랙박스가 있었을 지라도   그 사고에 대해.   아무도 그것을 찾을 수 없었다.
   (해설) 뒤가 절이므로 접속사 although

10. 일반 동사를 대신하는 '대동사 do'

영어는 반복을 싫어합니다. 명사가 반복되면 '대명사'로 대신하지요.
일반 동사가 반복되면 'do(does, did)'로 대신합니다. 이때 do는 일반 동사를 대신하므로 대동사라고 합니다.
* be 동사, 조동사는 직접 동사 역할을 하고 일반 동사만 do가 대신합니다.

- Many people like her, and we <u>do</u>, too.
  많은 사람들이 그녀를 좋아한다. 그리고 우리도 역시 그렇다. (like her)

- We need more money than she <u>does</u>.
  우리는 그녀가 그런 것(needs)보다 더 많은 돈을 필요로 한다.

11. 일반 동사 앞에서 강조하는 '강조의 do'

일반 동사 앞에 do(does, did)는 일반 동사를 강조하는 역할을 합니다.
해석은 '정말로'라고 하면 됩니다.

- I <u>do</u> love you.
  나는 정말로 너를 사랑해.

- She <u>does</u> love you.
  그녀는 정말로 너를 사랑해.

- She <u>did</u> love you.
  그녀는 정말로 너를 사랑했어.

- What I <u>do</u> want to say / is that you should love yourself.
  내가 정말로 말하고 싶은 것은 / 네가 네 자신을 사랑해야 한다는 것이다.

12. 부분 부정

부정(not)과 전체를 의미하는 말이 함께 결합되면 전체 부정일 것 같지만, 부분 부정의 의미가 됩니다.

not ~ all, not ~ every	모두가 ~한 것은 아니다.
not ~ always	항상 ~인 것만은 아니다.
not ~ necessarily	반드시 ~인 것은 아니다.

* necessarily 반드시

- To do your best is <u>not always</u> easy.
  최선을 다하는 것이 항상 쉬운 건 아니다.

- <u>Not everybody</u> loves pizza.
  모든 사람이 피자를 좋아하는 건 아니다.

- This project is <u>not necessarily</u> impossible.
  이 프로젝트가 반드시 불가능한 건 아니다.

13. 의미가 달라지는 부사들

형용사 + ly는 부사죠. 그런데 부사가 되면서 의미가 달라지는 경우들이 있어서 따로 익혀두어야 합니다.

hard 열심히, 힘든, 딱딱한	hardly 거의 (그다지)~하지 않는
rare 드문, 희귀한	rarely ① 거의 (그다지) ~하지 않는 (= hardly) ② 드물게
near 가까운	nearly 거의
necessary 필요한	necessarily 반드시
fair 공평한	fairly 꽤, 상당히

- He rarely makes a mistake.
  그는 좀처럼 실수하지 않는다.

- He hardly tries to find a new job.
  그는 좀처럼 새로운 직업을 찾기 위해 노력하지 않는다.

- The work was nearly done.
  그 일은 거의 끝났다.

- He is fairly simple man.
  그는 꽤 단순한 남자다.

14. One : 세 가지 뜻

1. 하나
2. 대명사
3. (막연하게) 일반 사람

▲ 1번은 기본 뜻이므로 2번과 3번 예문을 살펴봅니다.

〈대명사〉

one은 대명사로써 사람과 사물 모두 대신할 수 있습니다. 어법은 대신하는 명사가 단수인지, 복수인지 묻는 형태로 출제될 수 있습니다.

〈일반 사람〉

- Everyone needs some friends.
  모든 사람은 약간의 친구가 필요하다.

- Anyone can't do it.
  어떤 사람도 (아무나) 그것을 할 수 없다.

Exercise. 다음 괄호 안에 적절한 것을 고르시오.

1. Teens today are very different from the (one, ones) 10 years ago. (모의)

2. In perceiving changes, we tend to regard the most recent (one, ones) as the most important. (모의변형)

   * perceive 인식하다 tend to ~하는 경향이 있다 regard A as B A를 B로 여기다

정답

1. ones
2. ones

   * 각각 앞의 명사 teens, changes를 대신하므로 복수 대명사 ones

해석

1. 오늘날 10대는 10년 전 그들(10대들)과 매우 다르다.
2. 변화를 인식하는 데 있어, 우리는 가장 최근의 것들(변화들)을 가장 중요한 것으로 여기는 경향이 있다.

15. Other / Others

other	다른 : '형용사'
others	다른 사람들 (다른 사물들) : '대명사'

other는 형용사이므로 명사를 수식하고, others는 사람과 사물 모두 대신하는 복수 대명사입니다. 간단하지만 혼동될 수 있으므로 확실히 구별하세요.

- Other people went there.
  다른 사람들은 거기에 갔다.

- Some went there, but others didn't.
  몇몇은 거기에 갔다.   그러나 다른 사람들은 그러지 않았다.

- Some dolphins were killed, but others were not.
  몇몇 돌고래들은 죽었다.   그러나 다른 것들(돌고래들)은 죽지 않았다.

16. Once

① 한번, 한때 (부사)
② 일단 ~하면 (접속사)

〈접속사 예문〉

- Once he does something, he makes every effort.
  일단 그가 무언가를 하면,   그는 모든 노력을 다한다.

- Once we die, there are no more chances.
  일단 우리가 죽으면,   더 이상의 기회도 없다.

17. 재귀대명사의 2가지 용법

■ 재귀대명사란 : -self (~자신)

myself	나 자신	
yourself	너 자신	
herself	그녀 자신	
himself	그 자신	
ourselves	우리 자신들	* self의 복수 → selves
themselves	그들 자신들	
Itself	그것 자체	

㉠ 강조

말 그대로 강조하는 역할을 합니다.

문장에서 필수는 아니므로 없어도 무방하고 위치도 자유롭습니다.

- I myself did the work.
  나는 스스로 그 일을 했다.

- I did the work myself.
  나는 그 일을 스스로 했다.

㉡ 목적어 역할 (목적어 = 주어)*

목적어 자리는 목적격이 와야 하죠. 그러나 목적어가 주어와 동일한 경우 목적격이 아니라 재귀대명사로 씁니다. 목적어는 문장에서는 없어선 안 될 필수 요소이므로 재귀대명사 관련 어법은 목적어 역할에 집중됩니다.

- I love me. (x) /
  I love myself. (O)
  나는 나 자신을 사랑한다.

- He considered himself a genius.
  그는 그 자신을 천재라 여겼다.

- We must change ourselves first.
  우리는 먼저 우리 자신을 변화시켜야 한다.

18. 형용사 비교급 강조 : much, even, still, a lot, far

> much, even, still, a lot, far + 형용사 비교급 (형용사 + er, more 형용사)
> '훨씬'

위 단어들은 각각 고유의 뜻을 지니고 있죠. 그러나 이 단어들이 형용사 비교급 앞에 위치하면 '훨씬'이라는 뜻으로 뒤의 형용사를 강조하는 의미가 됩니다.

- He is even cleverer / than other boys.
  그는 훨씬 더 영리하다   다른 소년들보다.

- She is much more beautiful / than her sisters.
  그녀는 훨씬 더 아름답다   그녀의 자매들보다.

- This book is far more interesting / than others.
  이 책은 훨씬 더 흥미롭다   다른 책들보다.

19. 사람이 느끼는 감정은 '수동(PP)'으로 표현한다!

감정은 자신의 것이라 능동이라 생각하기 쉽습니다. 그러나 아무 이유 없이 혼자 웃고 운다면 어떨까요, 많이 이상하겠지요? 우리의 감정은 알게 모르게 주위의 환경으로부터 영향을 받습니다. 따라서 '수동'으로 처리합니다. 반면, 사물은 감정을 느끼지 않고, 사람의 정서를 유발한다고 보기 때문에 '능동(ing)'으로 처리합니다.

▲ ing, pp는 형용사로서 명사 수식과 보어 역할을 합니다.

1) 사람의 감정 : PP

(1) 보어 역할

- We are <u>interested</u> in the class.
  우리는 그 수업에 흥미가 있다.

- She is <u>depressed</u>.
  그녀는 우울하다.   * depressed 우울한

- They were <u>scared</u>.
  그들은 겁먹었다.   * scared 겁먹은

- They were <u>impressed</u>.
  그들은 감명 받았다.   * impressed 감명 받은

- The audience was <u>excited</u>.
  그 관중은 흥분했다.   * audience 관중
                                                    * excited 흥분한

(2) 명사 수식

- <u>Excited people</u> screamed.
  흥분한 사람들이 비명을 질렀다.

- <u>Scared boys</u> bursted into crying.
  겁먹은 소년들은 울음을 터트렸다.   * burst into 갑자기 ~하다, 터트리다

- <u>Bored students</u> didn't pay attention in the class.
  지루한 학생들은 그 수업에 집중하지 않았다.

2) 사물 -ing

(1) 보어 역할

- This class is boring.
  이 수업은 지루하다.

- His talking is interesting.
  그의 말은 흥미롭다.

- His speech was inspiring.
  그의 연설은 영감을 주었다.

  * inspiring 영감을 주는, 고무적인

(2) 명사 수식

- It is very interesting book.
  그것은 매우 흥미로운 책이다.

- It was very boring speech.
  그것은 매우 지루한 연설이었다.

- It was the most exciting game / with teens.
  그것은 가장 흥미로운 게임이었다   10대들에게.

20. ~thing, ~one, ~body로 끝나는 명사들은 형용사가 뒤에서 수식

형용사는 짧으면 명사 앞, 길면 명사 뒤에서 수식합니다. 하지만 예외가 있어요. ~thing, ~one, ~body로 끝나는 명사는 형용사가 무조건 뒤에서 수식합니다.

> ~ thing (something, anything, everything) 등
> ~ one (someone, anyone, everyone) 등
> ~ body (somebody, anybody, everybody) 등

- I want to learn **something new**.
  나는 새로운 무언가를 배우고 싶다.

- I want to do **something special**.
  나는 특별한 것을 하고 싶다.

- Please make me **something delicious**.
  나에게 맛있는 것을 만들어주세요.

- I want to meet **someone else**.
  나는 그 밖의 누군가를 만나고 싶다.

* else 그 밖의(형용사)

21. 주절과 부사절

문장이 2개일 때는 접속사로 연결하지요. 두 문장 중 주절과 부사절은 각각 무엇일까요? 주절은 주(인공) 문장이고, 부사절은 보충 설명 문장입니다.

> • When she reads good books, she feels happy.
>   그녀는 좋은 책을 읽을 때,   그녀는 행복하다고 느낀다.

위 예문에서 접속사가 붙지 않은 문장 'she feels happy'는 그 자체로 독립적이며 말이 됩니다. 따라서 접속사가 붙지 않은 문장이 '주절' 혹은 '독립절'입니다.

반면, 접속사가 붙은 문장은 주절 없이는 문장이 완성되지 못합니다. 따라서 주절에 종속된 '종속절' 혹은 주절을 보충 설명하는 '부사절'이라고 합니다.

> ▶ 정리
> 접속사가 없는 문장 → 주절 (=독립절)
> 접속사가 있는 문장 → 부사절 (=종속절)

♣ 응용 어법 – 문장이 2개일 때 접속사 하나가 있어야 합니다!

Exercise. 다음 괄호 안에 적절한 것을 고르시오.

1. (Then, When) I left the field after the end of the baseball game, my father called me with his hands. (모의변형)

2. (When Mars was closer, Mars was closer) to Earth than ever in human history, the one-way travel time of light was just 3minutes and 6 seconds. (수능변형)

* mars 화성

정답

1. When   2. When Mars was closer

해석 및 해설

문장이 어려워도 두 문장인지 구조만 파악하면 됩니다.
문장이 두 개이니 접속사가 필요합니다.

1. **When** I left the field / after the end of the baseball game, my father called me
   내가 구장을 떠날 때   야구 게임이 끝난 후에   나의 아빠가 나를 불렀다
   / with his hands.
   그의 손짓으로.

2. **When Mars was closer** to Earth / than ever / in human history,
   화성이 지구에 더 가까웠을 때   어느 때보다   인간 역사에서
   the one-way travel time of light / was just 3 minutes and 6 seconds.
   빛의 일방 이동 속도는   단지 3분 6초였다.

22. help는 목적어로 'to부정사'와 '동사원형' 둘 다 취한다

목적어 역할은 명사들이 합니다. to부정사는 명사로 기능하므로 목적어 역할을 할 수 있습니다. 그러나 동사원형이 목적어 역할을 하는 것은 매우 특이한 경우이므로 기억해야 합니다.

- This medicine helps (to) improve the symptom.
  이 약은 증상을 개선하는 것을 돕는다.

- Our conversation will help solve this problem.
  우리의 대화는 이 문제를 해결하는 것을 도울 것이다.

- They helped save natural resources.
  그들은 천연자원을 절약하는 것을 도왔다.

* save 구하다, 절약하다
* natural resource 천연자원

> **함께 기억할 것**
>
> help는 목적어뿐만 아니라 목적격 보어로도 'to-v'와 '동사원형' 둘 다 취합니다.

23. since

> ① ~이래로 (전치사)
> ② ~이기 때문에 (= because) (접속사)

since의 주 뜻은 '~이래로(이후로)'이며 전치사입니다. 그러나 since 뒤에 절이 올 경우 접속사가 되며 대부분 because의 뜻이 됩니다.

- Since she couldn't speak English, she used gestures.
  그녀는 영어를 말할 수 없었기 때문에,   그녀는 몸짓을 사용했다.

- Since he was poor, he couldn't support his family.
  그는 가난했기 때문에,   그는 가족을 부양할 수 없었다.

- Since he was born, he has always been lonely.
  그가 태어난 이래로,   그는 항상 외로웠다.
  ▲ 간혹 접속사라도 '~이래로'라는 원래의 뜻으로 쓰이기도 합니다.

24. 전치사 to

영어에는 두 가지의 To가 있어요. 앞서 배운 to부정사와 전치사 to입니다. 혼동되지 않도록 정리해 두세요.

---

① to부정사
   to + 동사원형 – 명사, 형용사, 부사 역할

② 전치사 to
   to + 명사(동명사) – ~에(게), ~로, : 장소나 방향을 나타내는 부사

- I go to school.
  나는 학교에 간다.

- I go to Japan.
  나는 일본에 간다.

- I talked to him.
  나는 그에게(그와) 말했다.

- His speech was influential / to a lot of people.
  그의 연설은 영향력이 있었다   많은 사람들에게.

  * influential 영향력이 있는

25. 명사 부정 : No + 명사

대표적인 부정 not은 동사 뒤에 붙는 동사 부정입니다. 명사를 부정할 때는 명사 앞에 no를 붙입니다.

■ 해석 방법은 2가지예요. 편한 것으로 선택하면 됩니다.
   ① ~한 명사는 없다. (명사 자체를 부정)
   ② 어떤 명사도 ~하지 않다. (동사 부정으로 전환 해석)

- Nobody loves her.
   그녀를 사랑하는 사람은 아무도 없다.
   = 어떤 사람도(아무도) 그녀를 사랑하지 않는다.

- Nobody knows who I am.
   내가 누구인지 아는 사람은 아무도 없다.
   = 어떤 사람도 내가 누구인지 알지 못한다.

- No two people in the world have exactly the same opinion. (모의)
   세상에 정확하게 같은 의견을 가진 두 사람은 없다.
   = 세상에 어떤 두 사람도 정확하게 같은 의견을 갖고 있지는 않다.

참고로, 필자는 후자를 선호합니다. 전자는 명사 자체를 부정하는 의미는 있지만, 뒤에서 거슬러 오며 해석하기 때문에 마치 명사를 수식하는 것처럼 느껴지기 때문이에요.

26. 두 개의 단어가 합하여 동사 역할을 하는 경우
→ 대명사 목적어는 두 단어 사이에 위치[22]

- 두 단어가 합하여 동사 역할을 하는 경우들의 예)

> turn on, turn off, write down, throw away, pick up, turn down
> 켜다   끄다   쓰다   버리다   집다/태워주다 거절하다

- Turn off the cell phone. (o) 핸드폰을 꺼라
  = Turn the cell phone off. (o)
  = Turn off it. (X)
  = Turn it off. (o)

위에서 보는 바와 같이 명사 목적어의 위치는 상관이 없어요. 두 단어로 구성된 동사 뒤의 목적어 자리에 올 수도 있고, 두 단어 사이에도 올 수도 있기 때문이에요. 그러나 대명사 목적어는 두 단어 사이에만 위치하므로 기억해야 합니다.

- Please pick her up.
  그녀를 태워주세요.

- Throw it away.
  그것을 버려라.

- I decided to turn it down.
  나는 그것을 거절하기로 결심했다.

---

22) 일선에서는 동사 + 부사가 결합되어 동사 역할을 하는 경우, 대명사 목적어는 중간에 위치한다 해서 '동사 + 대명사 + 부사', 즉 '동대부'라고 합니다. 그러나 동사 뒤에 붙는 on, off, up, away 등이 부사라고 인식하기는 어렵습니다. 대표적인 부사도 아니고 또 이들이 부사 역할만 하는 것도 아니니까요. 따라서 필자는 '두 단어가 합하여 동사 역할을 하는 경우'라고 정리하였습니다.

Exercise. 다음 괄호 안에 적절한 것을 고르시오.

The most effective way to focus on your goals is to (write them down, write down them). (수능기출)

정답
write them down

해석 및 해설
대명사 목적어이므로 두 단어 사이에 위치함.

The most effective way / to focus on your goals / is to **write them down**.
가장 효과적인 방법은 너의 목표들에 집중하는 그것들(goals)을 적는 것이다.

27. 대명사가 어떤 명사를 대신하는가!
→ 단수 명사인가, 복수 명사인가 (명사의 수)

대명사가 어떤 명사를 대신하는지 아는 것은 정확한 해석을 위해 필요합니다.
따라서 대명사가 가리키는 명사의 수를 묻는 문제가 출제됩니다.

Exercise. 다음 괄호 안에 적절한 것을 고르시오.

1. What is beauty? Different cultures define (it, them) quite differently. (모의)

2. I quickly wrote a note about my concerns and put (it, them) on the seat. (모의)

3. As you read new words in context, you can guess (its, their) meanings more clearly. (모의)

4. If your social image is terrible, look within yourself and take the necessary steps to improve (it, them). (모의)

2. quickly 빠르게 note 메모 concern 걱정 seat 좌석 3. guess 추측하다 context 문맥
4. terrible 끔찍한 take a step 조치를 취하다 look within ~안을 들여다보다

정답과 해설은 다음 페이지에 →

정답

1. it   2. it   3. their   4. it

해석 및 해설

1. What is beauty? Different cultures define **it** quite differently.
   아름다움이란 무엇인가?   다른 문화들은 그것(beauty)을 꽤 다르게 정의한다.

2. I quickly wrote a note / about my concerns / and put **it** on the seat.
   나는 빠르게 메모를 적었다   나의 걱정에 대해서   그리고 그것(a note)을 좌석에 두었다.

3. As you read new words in context, you can guess **their** meanings more clearly.
   네가 새로운 단어를 문맥 속에서 읽을 때,   너는 그것들(new words)의 의미를 더 분명하게 추측할 수 있다.

4. If your social image is terrible, look within yourself and take the necessary steps
   만약 너의 사회적 이미지가 끔찍하다면,   너 자신의 내면을 보고 필요한 조치를 취하라
   / to improve **it**.
   그것(image)을 개선하기 위해서.

28. 셀 수 있는 명사 / 셀 수 없는 명사

1) 기본 개념

명사에는 셀 수 있는 명사와 셀 수 없는 명사가 있습니다. 셀 수 있는 명사는 하나, 둘, 셋, 넷 등과 같이 '수'로 셀 수 있어요. 셀 수 있으니 명사의 단수 형태(a, an)와 복수 형태(~s)가 모두 가능합니다. 셀 수 없는 명사는 수가 아닌 '양'이나 '정도'를 의미합니다. 셀 수 없으니 하나를 의미하는 a, an이 붙지 않고 복수 형태도 없습니다. <u>셀 수 없는 명사는 그냥 '단수 취급'</u> 합니다. 셀 수 없는 명사는 다양하지만, 현재 수능에서는 아래 두 가지 경우만 이해하면 됩니다.

(1) 자연계에 존재하는 '원 물질'이나 '액체'는 셀 수 없다

copper(구리), mercury(수은), money(돈)[23] 등

water(물), coffee(커피), milk(우유), juice(쥬스), green tea(녹차) 등

① 셀 수 없는 명사는 많고 적음에 상관없이 단수 취급합니다.

- We need some (water, waters).
  우리는 약간의 물을 필요로 한다.

- I have a lot of (money, moneys).
  나는 많은 돈이 있다.

- A lot of mercury (was, were) found in some lakes.
  많은 수은이 몇몇 강들에서 발견되었다.

(정답) water, money, was

---

23) money도 인간이 사용하는 화폐 단위로 환산하기 전에는 그저 물질일 뿐입니다.

② 단, 셀 수 없는 명사도 인간이 사용하는 제품 단위로는 셀 수 있습니다. 예를 들어 money는 화폐 단위로, 흘러내리는 액체는 glass나 cup과 같은 용기에 담아서 수량화가 가능합니다.

- I want a glass of water.
  나는 한 잔의 물을 원한다.

- I want two glasses of water.
  나는 두 잔의 물을 원한다.

- We drank a cup of green tea.
  우리는 한 컵의 녹차를 마셨다.

- We drank two cups of green tea.
  우리는 두 컵의 녹차를 마셨다.

- I have two hundred dollars.
  나는 200달러를 가지고 있다.

(2) 어떤 일의 '정도'는 셀 수 없다★

다음 장에서 살펴보겠지만 much(많은), a little(약간) 등은 양이나 정도를 의미하므로 셀 수 없습니다.

- I am a little tired.
  나는 약간 피곤하다.

- He was too much hurt.
  그는 너무 많이 다쳤다.

2) 실전 어법★

many	+	셀 수 있는 '복수' 명사 (수)
much	+	셀 수 없는 '단수' 명사 (양이나 정도)

- We meed many bottles of fresh water.
  우리는 많은 신선한 물병들이 필요하다.

- We need much fresh water.
  우리는 많은 신선한 물이 필요하다.

★ a few, few	+	셀 수 있는 '복수' 명사 (수)
★ a little, little	+	셀 수 없는 '단수' 명사 (양이나 정도)

- **어법** : 뒤에 복수 명사(~s)가 오는지, 단수 명사가 오는지 확인하면 됩니다.
- **해석** : 다소 혼동될 수 있는데, 아래 표에서 보는 바와 같이 a가 있으면 긍정, a가 없으면 부정의 의미로 익히면 도움이 됩니다.
  즉, a few와 a little은 긍정의 의미, few와 little은 부정의 의미입니다.

a few 몇몇의	a little 약간의
few 별로(거의) 없는	little 별로(거의) 없는

▲ little은 '작은'이라는 뜻이지만, 어떤 일의 '정도'를 나타낼 때 위와 같은 의미가 됩니다.

▶ 어법 총정리
many, a few, few + 복수명사 (~s)

much, a little, little + 단수명사

Exercise. 다음 괄호 안에 적절한 것을 고르시오.

1. I made (a few, a little) mistakes.

2. We have (few, little) things to eat right now.

3. I learned (a few, a little) basic expressions.

4. My coach said to me "Bend your knees (a few, a little) more." (모의변형)

5. The birds enjoyed the fruit (as many as, as much as) I did. (모의변형)

6. All the inventions made the cities powerful trading centers with as (much, many) as 30,000 people. (모의변형)

2. right now 당장 3. expression 표현 6. invention 발명(품) trading center 무역 중심

정답과 해설은 다음 페이지에 →

정답과 해설

정답

1. a few
2. few
3. a few
4. a little
5. as much as
6. many

해석 및 해설

1. I made **a few** mistakes.
   나는 몇 번의 실수를 했다.

   (해설) 뒤가 복수 명사이므로 a few

2. We have **few** things to eat right now.
   우리는 당장 먹을 것이 별로 없다.

   (해설) 뒤가 복수 명사이므로 few : 긍정이건 부정이건 few가 나오면 뒤는 복수 명사입니다.

3. I learned **a few** basic expressions.
   나는 몇 가지 기초적인 표현들을 배웠다.

   (해설) 뒤가 복수 명사이므로 a few

4. My coach said to me / "Bend your knees **a little** more."
   나의 코치는 내게 말했다.   "너의 무릎을 약간 더 구부려."

   (해설) 뒤에 명사가 없지만, 의미상 '약간'이라는 정도를 나타내므로 셀 수 없음

5. The birds enjoyed the fruit / **as much as** I did.
   새들도 그 과일을 즐겼다   내가 그랬던(enjoyed)) 만큼 많이.

   (해설) 어느 정도로 그 과일을 즐기는가 하는 '정도'의 문제로 셀 수 없음

6. All the inventions made the cities powerful trading centers
   모든 그 발명품들은 그 도시들을 강력한 무역 중심지로 만들었다.

   with as **many** as 30,000 people.
   30,000만큼 많은 사람들이 있는.

   (해설) 해석이 어렵다고 겁먹지 마세요. 수(30,000)를 보고 many를 고르면 됩니다.

29. like / alike의 차이

▶ like 뒤에는 명사가 붙고, alike 뒤에는 명사가 붙지 않는다.

'like'와 'alike'는 형태나 의미가 유사하므로 비교 문제로 출제됩니다.
like는 동사가 아닐 경우 전치사(~같은, ~처럼)입니다. 따라서 뒤에 명사가 붙어요.
alike는 형용사(유사한, 같은)인데 명사 수식보다 주격보어로 기능합니다. 따라서 뒤에 명사가 붙지 않습니다.

> **참고**
> 철자가 a로 시작하는 형용사들 — alike, alive, awake asleep 등 — 은 명사 수식보다 주격보어로 기능합니다.

- We are like you.
  우리는 너와 같다

- We are alike.
  우리는 비슷하다.

Exercise. 아래 적절한 단어를 고르시오.

1. The twins are exactly (like, alike).

* twin 쌍둥이 exactly 정확하게

2. Two hours rushed by (like, alike) minutes. (모의)

* rush 돌진하다

3. My mother, (like, alike) most other parents, made me do my best.

4. Falling in love is (like, alike) being wrapped in a magical cloud. (수능기출)

* wrap 싸다

정답과 해설

정답

1. alike   2. like   3. like   4. like

해석

1. The twins are exactly **alike**.
    그 쌍둥이들은 정확하게 똑같다.

2. Two hours rushed / by **like** minutes.
    두 시간이 돌진했다(흘렀다)   몇 분처럼.

3. My mother, **like** most other parents, made me do my best.
    나의 엄마도,   대부분의 다른 부모들처럼,   내가 최선을 다하게 했다.

4. Falling in love / is **like** being wrapped / in a magical cloud.
    사랑에 빠지는 것은   싸여 있는 것과 같다   마법의 구름에.

30. 기타 문법들

1) 분수 읽기

(1) 분자는 기수, 분모는 서수로 표기한다

> 분자 (기수) – 분모 (서수)

① 기수

one, two, three, four, five 등.

하나, 둘, 셋, 넷, 다섯 등의 '수'를 의미합니다.

② 서수

first, second, third, fourth, fifth, sixth 등.

첫 번째, 두 번째, 세 번째, 네 번째, 다섯 번째, 여섯 번째 등 '순서'를 의미하며, 네 번째부터는 '숫자 + th'의 형태입니다.

1/3 → one – third
1/4 → one – forth
1/5 → one – fifth
1/6 → one – sixth

(2) 분자가 2 이상인 경우 : '분모 + s'가 붙는다

2/3 → two – third<u>s</u>
3/4 → three – fourth<u>s</u>
4/5 → four – fifth<u>s</u>

2) 배수사 표현 : …보다 몇 배 더 ~한

(1) 배수란?

2배 twice, 3배 three times, 4배 four times, 5배 five times 등. 3배 이상부터는 뒤에 times[24]가 붙습니다.

(2) 배수사 표현 2가지★

> ① 배수 + 형용사 비교급
>   ~ er(more) ~ than…
>
> ② 배수 + 형용사 원급
>   as ~ as…

▲ 배수사가 표현에서 as ~ as는 동등비교로 해석하지 않습니다.

- This is twice faster than that.
  = This is twice as fast as that.
  이것은 저것보다 2배 더 빠르다.

- This is three times more expensive than that.
  = This is three times as expensive as that.
  이것은 저것보다 3배 더 비싸다.

---

24) time은 시간이라는 뜻 외에도 횟수를 나타내는 '번', 배수를 나타내는 '배'의 뜻이 있어요.

3) be to일 때 to는 생략될 수 있다

be동사 뒤 주격보어로 쓰이는 to부정사의 to는 생략될 수 있습니다. 잘못된 문장으로 오해하지 않도록 유의하세요.

- The thing that I want / is (to) take some rest.
  내가 원하는 것은   약간의 휴식을 취하는 것이다.

- The thing that I want / is meet him.
  내가 원하는 것은   그를 만나는 것이다.

- The first thing I want / is eat something.
  내가 원하던 첫 번째 것은   무언가를 먹는 것이다.

4) 'so + v + s', 'neither(nor) + v + s'

(1) so + v + s : s도 역시 ~하다 → 긍정의 앞말에 대한 긍정의 동의

so는 원래 '그래서'라는 뜻으로, 'so + 주어 + 동사'가 기본 형태입니다. 그러나 'so + 동사 + 주어'일 경우, 앞말에 대한 긍정의 동의로 변합니다.

단, 앞 문장의 동사가 be동사나 조동사일 경우 그대로 반복하지만, 일반 동사의 경우 do(does, did)로 받습니다. 동사가 반복될 때 일반 동사만 do로 대신하니까요.

- My friend is pretty, and so am I.
  나의 친구는 예쁘다.   그리고 나도 그렇다.

- He likes exercising, and so do I.
  그는 운동하는 것을 좋아한다. 그리고 나도 그렇다.

- He likes Pizza and so does she.
  그는 피자를 좋아한다, 그리고 그녀도 그렇다.

- I made an effort, and so did everybody in our class.
  나는 노력했다   그리고 우리 반의 모두도 그랬다.

(2) neither(nor) v + s : 주어도 역시 ~하지 않다

→ 부정의 앞말에 대한 부정의 동의

- He is not clever, and nor is his brother.
  그는 영리하지 않다.   그리고 그의 형제도 그렇다. (영리하지 않다)

- I don't like exercising and neither do my friends.
  나는 운동하는 것을 좋아하지 않는다, 그리고 나의 친구들도 그렇다. (좋아하지 않는다)

- She didn't like Pizza, and neither did I.
  그녀는 피자를 좋아하지 않았다. 그리고 나도 그랬다. (좋아하지 않았다).

5) some / any의 차이

① some : 긍정문

② any : 부정문(의문문)

Exercise. 다음 괄호 안 올바른 단어를 고르시오.

They did not receive (any, some) training.

정답
any

해설
그들은 어떤 훈련도 받지 않았다. (부정문)

2장 꼭 알아야 할 실용문장

독해에 자주 등장하는 실용문장들입니다.
다른 문법서에는 정리되어 있지 않으니 반드시 숙지하세요!

1. 4형식 문장의 여러 형태들 익히기

4형식 문장은 '주어 + 동사 + 간접목적어 + 직접목적어'로 구성되지요. 주의할 점은 직접목적어 자리에 기본명사 외에도 모든 형태의 명사들이 올 수 있다는 겁니다. 따라서 그 명사들의 수만큼 다양한 4형식 문장이 존재합니다.

그동안 4형식과 관련하여 종종 언급되었던 문법, 즉 4형식 문장을 → 3형식으로 고치고, 또 3형식 문장을 → 4형식으로 고치는 문장 변형은 수능에서는 전혀 의미가 없습니다.

4형식에서 중요한 것은 실전 독해에 자주 등장하는 4형식의 다양한 문장 형태들입니다.

1) 기본형 (명사 + 명사)

- She gave me a book.
  그녀는 나에게 책을 주었다.

2) 직접목적어 자리에 접속사 that절이 오는 경우★

- She told me / that she loved me.
  간목   직목
  그녀는 나에게 말했다 그녀가 나를 사랑했다고.

- She told me / that her child was ill.
  그녀는 나에게 말했다 그녀의 아이가 아프다고.

- He promised his father / that he would not lie again.
  그는 그의 아빠에게 약속했다   그가 다시는 거짓말하지 않겠다고.

3) 직접목적어 자리에 의문사절이 오는 경우

- She told me / how she felt.
  - 간목   직목
  - 그녀는 나에게 말했다   그녀가 어떻게 느꼈는지.

- She asked me / how I learned English.
  - 그녀는 나에게 물었다   내가 어떻게 영어를 배웠는지.

- The couples told me / how happy they were.
  - 그 커플은 나에게 말했다   그들이 얼마나 행복한지.

4) 직접목적어 자리에 의문사 to-v가 오는 경우

- She asked me / how to learn English.
  - 간목   직목
  - 그녀는 나에게 물었다   어떻게 영어를 배우는지를.

- I asked them / how to get good grades.
  - 나는 그들에게 물었다   어떻게 좋은 성적을 얻는지.

5) 직접목적어 자리에 if절 (whether절)이 오는 경우

- I asked the boy / if he needed some help.
  - 간목   직목
  - 나는 그 소년에게 물었다   그가 약간의 도움이 필요한지.

- I asked them / whether they watched the movie or not.
  - 나는 그들에게 물었다   그들이 그 영화를 보았는지 아닌지.

2. 의문사절에 관해 알아야 할 것들

1) 의문사절의 2가지 해석법

의문사는 두 가지 뜻이 있어요. 첫 번째 의미는 가장 기본적인 것으로 앞서 의문사 편에서 다루었으므로 이 장에서는 두 번째 의미를 중심으로 공부합니다.
의문사절 해석은 두 가지 중 어울리는 것으로 하면 됩니다.

(1) why절   ① 왜   ② 이유 : ~한 이유이다.

- **This is why I love you.**
  이것이 내가 너를 사랑하는 이유이다.

- **This is why I study English.**
  이것이 내가 영어를 공부하는 이유이다.

- **That is why red is often used / in restaurant decorations.** (모의)
  이것이 빨간색이 종종 사용되는 이유이다   레스토랑 장식에.

  * decoration 장식

(2) How절   ① 어떻게(어떤)   ② 방법 : ~한 방법이다.

- **This is how I love you.**
  이것이 내가 너를 사랑하는 방법이다.

- **This is how I study English.**
  이것이 내가 영어를 공부하는 방법이다.

- **That's how I escape / from stressful situations.**
  그것이 내가 탈출하는 방법이다   스트레스적인 상황들로부터.

  * escape 탈출하다
  * situation 상황

(3) where절 　① 어디에　② 장소(곳) : ~한 장소(곳)이다.

- This is where I want to go.
  이곳이 내가 가고 싶은 장소(곳)이다.

- This is where I study English.
  이곳이 내가 영어를 공부하는 장소(곳)이다.

- The skin is where our bodies make vitamin D. (모의응용)
  피부는 우리의 몸이 비타민 D를 만드는 곳이다.

(4) when절 　① 언제　② 시간(때) : ~한 시간(때)이다.

- This is when we start again.
  지금이 우리가 다시 시작할 때이다.

- This is when you make a decision.
  지금이 네가 결정을 해야 할 때이다.

> **참고**
>
> 의문사절이 위 두 번째 의미가 되는 문법적 맥락이 있습니다. 관계부사절에서 선행사는 생략될 수 있고, 선행사가 생략되면 남은 관계부사 where, when, why, how는 선행사의 의미를 흡수하여 위 두 번째 뜻을 지닌 명사절로 변합니다. 어차피 명사절이 되었으므로 명사절인 의문사절의 두 가지 의미로 간단히 익히면 됩니다.

2) 의문사의 성격에 따른 의문사절의 형태 변화

의문사절은 '의문사 + 주어 + 동사'의 순서죠. 그런데 이러한 순서도 의문사의 성격에 따라 약간의 변형 형태가 있습니다. 의문사는 무언가를 수식할 수 있고, 또 직접 주어 역할도 할 수 있기 때문이에요. 이러한 의문사의 성격에 따라 의문사가 있는 문장의 형태가 조금씩 달라집니다.

(1) 의문사 + 주어 + 동사 : 기본 형태

(2) 의문사는 무언가를 수식할 수 있다 → 의문사 + 수식받는 단어 + 주어 + 동사

의문사는 혼자 나오기도 하지만 종종 뒤에 수식하는 단어를 달고 나오기도 합니다.
의문사가 무언가를 수식하는 경우 위와 같은 형태가 됩니다.
이때 수식받는 단어를 주어로 착각하지 마세요.
'의문사 + 수식받는 단어'를 하나의 '의문사 덩어리'라고 생각해야 합니다.
* 정확한 주어를 찾는 것은 문장을 이해하는 데 기본입니다.

- I know / what problem you have.
                      의문사 덩어리   주어   동사
    나는 안다   네가 무슨 문제를 가지고 있는지.

- I know / what food you like.
                  의문사 덩어리   주어   동사
    나는 안다   네가 무슨 음식을 좋아하는지.

- I know / what kind of food he likes.
                  의문사 덩어리   주어   동사
    나는 안다   그가 무슨 종류의 음식을 좋아하는지.

- I know / how old she is.
                  의문사 덩어리 주어 동사
    나는 안다   그녀가 몇 살인지.

- We know / how clever she is.
                  의문사 덩어리   주어   동사
    우리는 안다   그녀가 얼마나 영리한지.

(3) 의문사는 직접 주어 역할도 할 수 있다 ▶ 의문사 + 동사

의문사가 주어 역할을 하므로 뒤에는 주어 없이 바로 본동사가 나옵니다.

- I know / who likes me.
  - 주어 동사
  - 나는 안다 누가 나를 좋아하는지.

- I know / what is most important.
  - 주어 동사
  - 나는 안다 무엇이 가장 중요한지.

- I know / what makes him sad.
  - 주어 동사 목적어 목적격보어
  - 나는 안다 무엇이 그를 슬프게 하는지.

- We know / what makes her so special.
  - 주어 동사 목적어 목적격보어
  - 우리는 안다 무엇이 그녀를 그렇게 특별하게 하는지.

■ 의문사의 특징에 따른 문장 변형은 의문사가 있는 모든 문장에 해당되므로 명사절인 의문사절뿐만 아니라 아래 의문문에도 적용됩니다.

- **What do you like?** (기본 형태)
  의   동   주
  너는 무엇을 좋아하니?

- **What food do you like?**
  의문사 덩어리   동   주
  너는 무슨 음식을 좋아하니?

- **What kind of food do you like?**
  의문사덩어리   동   주
  너는 무슨 종류의 음식을 좋아하니?

> **참고**
>
> 위 의문사의 성격에 대한 기존의 문법 설명은 까다롭습니다. 의문사가 무언가를 수식하는 경우 what과 which는 명사를 수식하므로 의문 형용사, how는 형용사나 부사를 수식하므로 의문부사, 또 의문사가 직접 주어 역할을 하는 경우 의문 대명사(what, who)라고 합니다. 그러나 이런 식으로 문법을 조각내어 공부하면 잘 익혀지지 않고 실력 향상에 도움이 되지도 않습니다.
>
> 문법 공부는 간단하게!. 위에서 배운 바와 같이 '의문사는 무언가를 수식할 수 있고, 또 직접 주어 역할도 할 수도 있다'라는 '의문사의 특징'으로 정리하세요!

3. 한 단어는 여러 역할을 할 수 있다

한 단어는 여러 역할을 동시에 할 수 있습니다. 아래 단어들은 형용사로서 명사를 수식하기도 하고, 대명사로서 주어 역할도 합니다. 기본 문법이지만 정확히 정리되어 있지 않으면 문장을 대할 때마다 모호하고 실력이 안정되지 않아요. 여러분에게 가장 익숙한 this, that부터 ~all 등을 살펴볼 텐데요. 특히 'all'이 대명사로서 주어 역할을 할 때 관계사의 수식을 받아 긴 주어 형태가 되기 쉬우니 해석에 주의하세요!

1) this, that

(1) 형용사 역할 : 명사 수식

- <u>This bird</u> is very beautiful.
  이 새는 매우 아름답다.

- <u>This person</u> is my neighbor.
  이 사람은 나의 이웃이다.

- <u>That man</u> is my friend.
  저 남자는 나의 친구이다.

(2) 대명사 역할 : 주어 역할을 할 수 있다

> this : 이것, 이 사람 (가까이 있는 사람이나 사물)
> that : 저것, 저 사람 (멀리 있는 사람이나 사물)

- <u>This</u> is my book.
  이것은 나의 책이다.

- <u>This</u> is my brother.
  이 사람은 나의 남동생이다.

- <u>That</u> is my book.
  저것은 나의 책이다.

- <u>That</u> is my brother.
  저 사람은 나의 남동생이다.

2) many, much

(1) 형용사 역할

- <u>Many people</u> died.
  많은 사람들이 죽었다.

- <u>Much money</u> is needed.
  많은 돈이 필요하다.

(2) 대명사 역할

- <u>Many</u> died.
  많은 사람들이 죽었다.

- <u>So much</u> was happening / around me.
  너무 많은 것이 일어나고 있었다   내 주변에.

3) some

(1) 형용사 역할

- <u>Some people</u> died.
  몇몇의 사람들이 죽었다.

- <u>Some water</u> was polluted.
  약간의 물이 오염되었다.

(2) 대명사 역할 : 사람과 사물 모두 대신

- <u>Some</u> died, but others didn't.
  몇몇 사람들은 죽었다, 그러나 다른 사람들은 죽지 않았다.

- <u>Some</u> of the fresh water / was sent to the poor.
  그 신선한 물의 일부가   가난한 사람들에게 보내졌다.

4) all

(1) 형용사 역할

- <u>All the people</u>[25] loved the baby.
  모든 사람들이 그 아기를 사랑했다.

- <u>All the water</u> was polluted.
  모든 물이 오염되었다.

(2) 대명사 역할★

사람과 사물 모두 대신하는 대명사로 '주어 역할'을 할 수 있습니다. 특히 형용사절(관계대명사)의 수식을 받아 주어가 길어지는 경우 해석에 주의하세요.

- <u>All</u> loved the baby.
  모두가 그 아기를 사랑했다.

- <u>All</u> that is important / is to love one another.
  중요한 모든 것은   서로 사랑하는 것이다.
  * one another 서로서로

  (해설) 주어 : all, that is important : all을 수식하는 주격 관계대명사절, 본동사 : is

- <u>All</u> that I want / is to eat something.
  내가 원하는 모든 것은   무언가를 먹는 것이다.

  (해설) 주어 : all, that I want : all을 수식하는 목적격 관계대명사절, 본동사 : is

- <u>All</u> you have to do / is just to focus on your work.
  네가 해야만 하는 모든 것은   그저 너의 일에 집중하는 것이다.

  (해설) 주어 : all, you have to do : all을 수식하는 목적격 관계대명사가 생략된 절, 본동사 : is

(3) 부사 역할 - 강조의 의미가 됩니다.

- We <u>all</u> loved the baby.
  우리는 모두 그 아기를 사랑했다.

- We are <u>all</u> exhausted.
  우리는 모두 지쳤다.
  * exhausted 지친, 소진된

---

25) all the people이라는 순서가 좀 낯설지요? 원래 순서는 '관사 + 형용사 + 명사'이기 때문에 the all people이라 생각하기 쉽습니다. 'a pretty girl' 이나 'the clever boy' 등과 같이요. 그러나 all은 특이하게도 형용사(all) + 관사 + 명사 순서입니다. 따라서 all the people이 됩니다.

5) these / those

> these : this의 복수
> those : that의 복수

▲ this, that처럼 형용사와 대명사 역할을 모두 합니다.
다만 these, those는 복수이므로 복수 명사를 수식하고, 복수 주어 역할을 합니다.

(1) 복수 명사를 수식하는 '형용사'

> this pen → these pens   이 펜 → 이 펜들
> that girl → those girls   저 소녀 → 저 소녀들

(2) '복수 대명사'

> these – 이것들, 이 사람들
> those – 저것들, 저 사람들

- These are people / who can read the minds of animals.
  이들은 사람들이다   동물들의 마음을 읽을 수 있는

- These are animals / that only live in rain forests.
  이들은 동물들이다   단지 열대우림에만 사는

- Those / who can read the minds of animals /
  그 사람들은   동물들의 마음을 읽을 수 있는
  are called animal communicators.
         애니멀 커뮤니케이터라고 불린다.

- I respect those / who can sympathize with animals.
  나는 그런 사람들을 존중한다   동물들과 교감할 수 있는

  * sympathize with ~와 공감하다

4. 문장이 3개일 때 → 접속사 2개가 필요하다

문장이 2개일 때 접속사 하나가 있어야 한다고 했지요. 문장이 3개일 때는 접속사 2개가 필요합니다. 독해에 종종 나오는 실용문으로 어법보다는 해석만 이해하면 됩니다.

Exercise. 다음 문장을 해석하시오.

Food researchers say that when humans searched for food, they learned to avoid toxic objects. (모의)

* search for ~을 찾다 toxic 독성의 object 물건, 대상

해석 및 해설

Food researchers say / that (when humans searched for food),
　음식 연구가들은 말한다　　　　(인간들이 음식을 찾을 때),

they learned to avoid toxic objects.
그들이 독성의 물질을 피하는 것을 배웠다고.

(해설) 위 문장은 동사 뒤 접속사 that 절에 접속사 while로 연결된 문장이 하나 더 끼어든 경우입니다. 끼어든 문장을 괄호로 표시하면 메인 문장 that~ they learned to avoid toxic objects가 보입니다.
이와 같이 문장이 3개인 경우는 접속사 that절 안에 또 다른 접속사로 연결된 문장이 끼어 있는 경우가 대부분입니다.

Exercise. 아래 예문들을 해석하시오.

1. The teacher told his students that when they do something, they need to do their best.

2. He often tells his students that while he loves teaching, a part of him would love to be a builder. (모의)

3. He told me that even if he loved me, he couldn't pick up the stars in the sky.

2. while ~하는 동안, ~인 반면에 3. even if 비록 ~일지라도 (=though, although) pick up the stars 별을 따다

정답과 해설은 다음 페이지에 →

해석 및 해설

1. The teacher told <u>his students</u> / <u>that (when they do something)</u>,
                              간목   직목
   그 선생님은 그의 학생들에게 말했다.   (그들이 무언가를 할 때),

   <u>they need to do their best.</u>
   그들이 최선을 다할 필요가 있다고.

   (해설) 위 지문은 4형식 문장으로 직접목적어가 접속사 that절인 문장입니다.
   그런데 접속사 that절 안에 접속사 when이 이끄는 문장이 끼어들었어요. 이 when 절을 괄호로 묶으면, 접속사 that이 they need to do their best로 연결되는 것을 알 수 있습니다.

2. He often tells <u>his students</u> / <u>that (while he loves teaching), a part of him</u>
                         간목   직목
   그는 종종 그의 학생들에게 말한다   (그가 가르치는 것을 사랑하지만), 그의 일부는

   would love to be a builder.
   건축가가 되고 싶었다고.

   (해설) 역시 4형식 문장으로 직접목적어인 접속사 that절에 접속사 while로 연결된 문장이 끼어든 경우입니다.
   주문장은 that a part of him would love to be a builder입니다.

3. He told <u>me</u> / <u>that (even if he loved me), he couldn't pick up the stars</u> in the sky.
          간목   직목
   그는 나에게 말했다   (비록 그가 나를 사랑할지라도), 그가 하늘에 별을 따줄 수는 없다고.

   (해설) 직접목적어인 접속사 that절에 접속사 even if로 연결된 문장이 끼어들었어요.
   주문장은 that he couldn't pick up the stars입니다.

3장 to부정사와 동명사

to부정사와 동명사는 동사에서 파생되어 다양한 역할들을 합니다.
to부정사는 명사, 형용사, 부사 역할을 모두 하고 동명사는 명사 역할을 하지요.
1부의 2장 핵심문법에서는 이들 각각의 역할을 독해와 연결하여 공부했어요.

이번 장에서는 이들의 문법적 특징을 총정리합니다.
이 장은 '핵심'과 '심화' part로 구성되어 있습니다.

'핵심'은 기초 및 주요 문법들로, 어법 문제로 직결되는 가장 중요한 Part입니다.
'심화'는 핵심을 충분히 익히고 나서 공부할 것을 권합니다.
기초가 부족하다고 느끼는 학생들은 심화를 건너뛰고 이 책을 여러 번 읽으면서 나중에 보는 것이 좋습니다.

1. to부정사와 동명사 핵심 Part

1) to부정사와 동명사의 부정 : 앞에 not을 붙인다

> not + to – v
> not + ing

- I promised not to tell a lie.
  나는 거짓말 하지 않기로 약속했다.　　　　　　　　　* promised to ~하기로 약속하다

- I tried not to make a mistake.
  나는 실수를 하지 않기 위해 노력했다.　　　　　　　　* try to ~하기 위해 시도(노력)하다

- She scolded the patient / for not following her advice.
  그녀는 그 환자를 꾸짖었다　　　그녀의 충고를 따르지 않은 것에 대해서
  　　　　　　　　　　　　　　　　　　　　　　　　　　* scold 꾸짖다
  　　　　　　　　　　　　　　　　　　　　　　　　　　* patient 환자

2) 의미상의 주어

(1) to부정사의 의미상의 주어 : for + 목적격*

to – v 행동의 주체로, to – v 앞에 'for + 목적격'으로 표시합니다.
의미상 주어이므로 '~가'라고 주어로 해석합니다.

> - It is strange / to say such a thing.
>   이상하다　　　　그런 것을 말하는 것이.
> → It is strange / for him / to say such a thing.
>   이상하다　　　　그가　　　그런 것을 말하는 것이.

(해설) 위 예문은 it ~ to (가주어 – 진주어) 문장에 의미상의 주어가 끼어서 'it – for – to-v' 형태가 된 것입니다. 의미상 주어로 가장 많이 나오는 문장 형태이니 숙지합시다.

■ to부정사 의미상 주어가 나오는 문장 형태 3가지

① It – for – to-v

가주어 의미상주어 진주어

- It is easy / for her to do the work.
  쉽다   그녀가   그 일을 하는 것이.

- It is impossible / for us to do the work.
  불가능하다   우리가   그 일을 하는 것이.

- It is difficult / for people to get a job.
  어렵다   사람들이   직업을 얻는 것이.

자, 이제 좀 더 다양한 상황에서 의미상의 주어를 살펴볼까요?

의미상 주어는 to-v의 주체를 밝히고 싶은 경우 언제든지 앞에 붙을 수 있습니다.

② 명사를 수식하는 to부정사(형용사적 용법) 앞에 의미상의 주어가 붙은 경우

문장이 복잡하면 의미상의 주어를 빼보세요. 그러면 주문장 구조가 확실히 보입니다.

- This is a good way / (for us) to help him.
  이것은 좋은 방법이다   (우리가)   그를 도울.

- This is the best way / (for young children) to learn English.
  이것은 최고의 방법이다   (어린아이들이)   영어를 배울.

- This park is a good place / (for old people) to walk.
  이 공원은 좋은 장소이다   (노인들이)   산책할.

③ 형용사를 수식하는 to – v (부사적 용법 : ~하기에) 앞에 붙는 경우

- This work is difficult / (for us) to do.
  이 일은 어렵다　　　　　(우리가)　하기에.

- This machine is easy / (for him) to use.
  이 기계는 쉽다　　　　(그가)　　사용하기에.

- This work is impossible / (for 철수[26]) to do.
  이 일은 불가능하다　　　　(철수가)　하기에.

> **참고**
>
> 'for + 목적격'을 '~에게'라고 전치사처럼 해석하는 학생들이 있어요. 그래도 의미가 통하는 경우가 있지만, 좀 더 다양한 상황에서 정확한 이해를 위해 '~가'라고 의미상 주어로 확실히 해석하세요.

---

26) 명사는 주격과 목적격 형태가 같습니다.
　　ex) <u>철수</u> likes me. I like <u>철수</u>.
　　　　주어　　　　　　목적어

(2) 동명사의 의미상의 주어 : 동명사 앞에 명사나 대명사의 '목적격 (소유격)

동명사의 의미상의 주어는 동명사 앞에 명사나 대명사의 목적격(소유격)입니다. 동명사의 의미상 주어는 to-v의 의미상 주어만큼 많이 나오는 형태는 아닙니다. 어법보다 해석만 이해하면 됩니다.

> I am afraid of crying.
>   나는 울까 봐 두렵다.
> → I am afraid of her crying.
>   나는 두렵다   그녀가 울까 봐.

(해설) 위 예제 첫 문장에서는 주어가 crying 하므로 동명사의 의미상의 주어가 필요하지 않습니다. 그러나 주어와 동명사의 주체가 다를 경우 동명사 앞에 의미상의 주어를 써주어야 합니다.

- I am afraid / of him(his) failing in the exam.
  나는 두렵다   그가 그 시험에 실패할까 봐.

- I am worried / about my son playing the game too much.
  나는 걱정스럽다   나의 아들이 게임을 너무 많이 하는 것에 대해서.

- He knows / of his son's using his car secretly.
  그는 안다   그의 아들이 그의 차를 몰래 사용하는 것을.

  * secretly 비밀리에, 몰래

3) '수동태'

to부정사와 ing도 동사처럼 수동의 형태가 있습니다.
의미상 수동이면 수동의 형태로 써줍니다.

(1) to부정사의 수동태 : to be pp

> I want to love people. → I want to be loved.
> 나는 사람들을 사랑하기를 원한다.   나는 사랑받기를 원한다.

(해설) 위 to-v는 동사 뒤에서 목적어 역할을 합니다. 각각 능동과 수동이라는 의미 차이만 있어요.

- I don't want to be punished.
  　　　　　　　　목적어
  나는 벌 받기를 원하지 않는다.

- To be accepted by somebody / was a good experience / for him.
  　주어
  누군가에게 받아들여지는 것은   　　　좋은 경험이었다   　　그에게.

■ to-v는 명사 외에도 다양한 역할들을 하지요. 어떤 역할이건 의미가 수동이면 수동의 형태로 써줍니다.

- She is the first woman / to be loved by the king.
  　　　　　　　　　　　　　형용사
  그녀는 첫 번째 여자다   　그 왕에 의해서 사랑받은.

- This is the food / to be served to special guests.
  　　　　　　　　　　형용사
  이것이 음식이다   　특별한 손님들에게 제공되는.

- He made an every effort / to be accepted by her peers.
  　　　　　　　　　　　　　부사
  그는 모든 노력을 다했다   　그의 또래들에게 수용되기 위해서.

* peer 또래, 친구

(2) 동명사의 수동태 : being pp

- I am afraid / of being punished.
  나는 두렵다   벌 받는 게.   * punish 벌주다

- I am afraid / of being forgotten.
  나는 두렵다   잊혀지는 게.   * forget-forgot-forgotten 잊다

- Instead of being satisfied, most of us want more. (모의)
  만족하는 대신에,   우리의 대부분은 더 많이 원한다.   * satisfy 만족시키다

4) to-v와 동명사는 동사가 취하는 모든 것을 취한다★

목적어(보어)뿐 아니라, 간접목적어와 직접목적어(4형식), 목적어와 목적격 보어(5형식)를 모두 취할 수 있습니다.

앞서 to-v와 동명사는 동사처럼 목적어(주격보어)를 취한다고 배웠어요. 그런데 과연 동사 뒤에 목적어만 올까요? 4형식이나 5형식은 어떤가요? 동사 뒤에 가가 간접목적어와 직접목적어, 목적어와 목적격 보어가 옵니다. 따라서 to부정사와 동명사도 이들을 모두 취할 수 있습니다. 특히, 뒤에 5형식(목적어 + 목적격 보어)이 이어질 경우, 목적격 보어의 올바른 형태를 찾는 것은 동사와 마찬가지로 매우 중요한 어법이므로 확실히 익혀두세요!

처음부터 이 모든 것을 설명하면 너무 어려울 수 있으므로 가장 기본이 되는 목적어부터 설명한 겁니다. 이제 최종 정리합시다.

■ **to부정사와 동명사 뒤에 나올 수 있는 형태들**★

① 목적어(보어)가 오는 경우 – 기본형

- **To study math** / is not easy for me
  수학을 공부하는 것은   나에게 쉽지 않다.

- I don't want / **to study math.**
  나는 원하지 않는다   수학을 공부하기를.

② 간접목적어 + 직접목적어가 오는 경우 (4형식)

- **To teach you English** / is my job.
  너에게 영어를 가르치는 것이   나의 일이다.

- **Making you delicious food** / is my pleasure.
  너에게 맛있는 음식을 만들어주는 것이   나의 기쁨이다.

- I want / **to ask her some questions.**
  나는 원한다   그녀에게 몇개의 질문을 하기를.

- I enjoy / **making people delicious food.**
  나는 즐긴다   사람들에게 맛있는 음식을 만들어주는 것을.

③ 목적어 + 목적격 보어가 오는 경우 (5형식)*

- **To make you a great musician** / is my dream.
  너를 훌륭한 음악가로 만드는 것이   나의 꿈이다.

- **To make her happy** / is not easy.
  그녀를 행복하게 하는 것은   쉽지 않다.

- **To make you study English** / is my duty.   *duty 의무
  네가 영어를 공부하게 하는 것이   나의 의무이다.
  (해설) study는 to make의 목적격 보어로 동사원형

- I want / **to make her a great musician.**
  나는 원한다   그녀를 훌륭한 음악가로 만들기를.

- I want / **to make her happy.**
  나는 원한다   그녀를 행복하게 하기를.

- I want / **to make her study English.**
  나는 원한다   그녀가 영어를 공부하게 하기를.
  (해설) study는 to make의 목적격 보어로 동사원형

- I want / **to help her do her best.**
  나는 원한다   그녀가 그녀의 최선을 다하게 돕기를.
  (해설) do는 to help의 목적격 보어로 동사원형

Exercise. 다음 목적격 보어의 올바른 형태를 선택하고 해석해 보시오.

1. I want to make you (comfortable, comfortably).

2. I want to make you (succeed, to succeed).

3. I want to help your dream (coming true, come true).

4. We found a way to help him (solve, solving) the problem.

5. We are surprised to see him (to solve, solving) the difficult quiz.

6. After hearing the boy (to scream, scream), a man came to save him.

3. come true 실현되다 6. scream 소리치다, 비명 지르다

정답과 해설은 다음 페이지에 →

정답

1. comfortable   2. succeed   3. come true   4. solve   5. solving   6. scream

해석 및 해설

1. I want to make you **comfortable.**
   나는 너를 편안하게 하고 싶다.
   (해설) to make의 목적격 보어이므로 형용사

2. I want to make you **succeed.**
   나는 너를 성공하게 하고 싶다.
   (해설) to make의 목적격 보어이므로 동사원형

3. I want to help your dream **come true.**
   나는 너의 꿈이 실현되게 돕고 싶다.
   (해설) to help의 목적격 보어로 동사원형

4. We found a way / to help him **solve** the problem.
   우리는 방법을 찾았다   그가 그 문제를 해결하게 도울.
   (해설) to help의 목적격 보어로 동사원형

5. We are surprised / to see him **solving** the difficult quiz.
   우리는 놀랐다   그가 그 어려운 퀴즈를 푸는 것을 보고.
   (해설) to see의 목적격 보어로 현재분사, to see는 감정의 원인을 나타내는 부사적 용법(~해서)

6. After hearing the boy **scream**, a man came to save him.
   그 소년이 비명 지르는 것을 들은 후에, 한 남자가 그를 구하기 위해 왔다.
   (해설) hearing의 목적격 보어이므로 동사원형

5) it - to : 가목적어 - 진목적어★

주어가 길면 'it – to' 가주어 – 진주어로 만들어주지요. 목적어가 길어도 'it – to' 가목적어 – 진목적어로 만들어줍니다. 단, 가목 – 진목은 5형식 문장에서만 성립합니다.

> I found it difficult / to get a job.
>   가목 목적격보어   진목
> 나는 그것이 어렵다고 발견했다   직업을 얻는 것이.

♣ 문장 구성은 아래와 같습니다.
   긴 to부정사 목적어를 문장 제일 뒤로 보내고 목적어의 빈자리를 it이 대신합니다.

>   S + V + it + 목적격보어 + to-v
>   가목적어(가목)   진목적어(진목)

아래 지문을 의미 단위로 끊어가며 해석해 봅시다.

- I though it easy / to do that work.
      나는 쉽다고 생각했다   그 일을 하는 것이.

- I found it impossible / to communicate with him.
      나는 불가능하다고 발견했다   그와 의사소통하는 것이.

- We made it easy / to use the machine.
      우리는 쉽도록 했다   그 기계를 사용하는 것이.

> **주의!**
>
> 첫째, 가목적어 – 진목적어는 가주어 – 진주어와 혼동되기 쉬워요. 'it ~to'로 형태가 같으니까요. 그러나 <u>가주어는 동사 앞, 가목적어는 동사 뒤 목적어 자리에 위치합니다.</u>
>
> 둘째, 위 예문에서 가장 먼저 보아야 할 것은 it – to(가목 – 진목)입니다. 그 다음에 보아야할 것은 5형식 문장이므로 목적격 보어의 올바른 형태입니다. 위 문장들에서 easy, difficult, impossible은 모두 '형용사' 목적격 보어로 부사가 올 수 없어요.

■ **의미상의 주어가 붙는 경우 : it ~ for ~ to-v**
　　　　　　　　　　　　　　가목적어　의미상주어　진목적어

to-v의 행위의 주체를 밝히고 싶을 경우, 의미상 주어는 언제든지 붙을 수 있어요. 따라서 위 형태는 가주어 – 진주어뿐 아니라 가목적어 – 진목적어 문장에서도 종종 볼 수 있습니다.

- We though **it** impossible / **for** us / **to communicate** with them.
  우리는 불가능하다고 생각했다　　　우리가　　　그들과 의사소통하는 것이.

- The noise made **it** harder / **for** them / **to focus** on the work.
  그 소음은 더 어렵게 했다　　　그들이　　　그 일에 집중하는 것을.

- The good weather made **it** possible / **for** many people / **to reach** the summit. (모의응용)
  좋은 날씨는 가능하게 했다　　　많은 사람들이　　　정상에 도달하는 것을.

* summit 정상

◆ to부정사와 동명사 핵심 Part 최종 정리 ◆

1. to-v 와 동명사의 부정 → 앞에 not을 붙인다.
   $\begin{bmatrix} \text{not + to-v} \\ \text{not + ing} \end{bmatrix}$

2. 의미상의 주어가 있다.
   $\begin{bmatrix} \text{to부정사의 의미상의 주어 : to-v 앞에 'for + 목적격'} \\ \text{동명사의 의미상의 주어 : 동명사 앞에 '목적격 (소유격)'} \end{bmatrix}$

3. 수동의 형태가 있다.
   $\begin{bmatrix} \text{to부정사의 수동태 : 'to be pp'} \\ \text{ing의 수동태 : 'being pp'} \end{bmatrix}$

4. 동사적 성질이 남아 있어서 동사가 취하는 모든 것을 취할 수 있다.
   : 목적어(보어)뿐 아니라, 간목 + 직목(4형식), 목적어 + 목적격 보어(5형식) 등을 취할 수 있다.

5. it - to : 가목적어 - 진목적어
   주어가 길면 'it - to' 가주어-진주어로 만들어주는 것처럼, 목적어가 길어도 'it - to' 가목적어 - 진목적어 형태가 가능하다. 단, 가목 - 진목은 '5형식' 문장에서만 성립한다.

♣ 핵심 part가 모두 끝났습니다. 다음에 이어질 심화 part는 먼저 핵심을 철저히 습득하고 나서 넘어갈 것을 권합니다. 중요한 모든 것은 핵심에 있으니까요.

2. to부정사와 동명사 심화 Part

1) to부정사와 동명사의 시제 변화

(1) 기본 형태

> to + 동사원형 / 동사원형 + ing

동사와 시제 일치 → 한 문장에서 시제는 일치하는 것이 기본입니다.

- She seems to be beautiful.
  현재   현재
  그녀는 아름다워 보인다.

- The child is afraid of being alone.
  현재   현재
  그 아이는 혼자 있는 것을 두려워한다.

(2) 동사보다 먼저 일어난 형태[27]: 동사보다 한 시제 앞선 경우

> to-v → **to have pp** / ing → **having pp**

동사보다 한 시제 앞서므로 동사보다 먼저 일어난 일입니다.
이때 시제는 눈으로만 확인하고 실제 뜻은 pp가 지니므로, 해석은 pp를 보고 빠르게 넘어가면 됩니다.

---

27) to + v, ing는 〈기본형〉, to have pp, having pp를 〈완료형〉이라고 합니다. 그런데 완료형이라는 명칭과 형태가 앞으로 배우게 될 현재완료 동사 'have pp'와 흡사해서 학생들이 무척 혼동합니다. 따라서 필자는 완료형이라는 단어를 쓰지 않고, '동사보다 먼저 일어난 형태'라고 풀어서 설명하였습니다.

- The old woman <u>seems</u> <u>to have been</u> beautiful / when she was young.
        현재   과거
      그 노부인은 아름다웠던 것 같다   그녀가 젊었을 때.

  (해설) 추측은 현재 (seems), 아름다웠던 것은 과거의 일

- Herman Hesse <u>is thought</u> / <u>to have written</u> many great works.
         현재   과거
     헤르만 헤세는 생각되어진다   많은 훌륭한 작품들을 썼던 것으로.

                      * work 작품, 일(하다)

  (해설) 헤세가 작품을 썼던 것은 과거의 일이므로 현재시제인 동사보다 앞섭니다.

- I <u>am shameful</u> / of <u>having made</u> a mistake last night.
    현재   과거
     나는 부끄럽다   어젯밤 실수를 했던 게

                 * be shameful of ~를 부끄러워하다

- I <u>thanked him</u> / for <u>having helped</u> me.
    나는 그에게 감사했다 나를 도와줬던 것에 대해.

  (해설) 도와주었던 일이 감사한 것보다 앞섭니다.[28]

---

28) 동사과거(thanked)보다 앞선 일이니 이때 having helped의 시제는 대과거가 됩니다.
대과거는 과거보다 먼저 일어난 시제로서 뒤의 완료동사 part에서 배웁니다.
여기서는 구체적인 시점을 따지는 것보다 동사보다 먼저 일어난 일이라는 핵심 개념만 잡으면 됩니다.

(3) 동사보다 먼저 일어난 수동태 형태

> to have pp → **to have been pp**
>
> having pp → **having been pp**

기본형태의 수동태는 to be pp, being pp라고 앞서 배웠지요.
위는 시간적으로 앞선 to have pp와 having pp의 수동태입니다.

- The boy is recovering / from having been hurt.
  그 소년은 회복하고 있다   다쳤던 것으로부터.

  (해설) 다친 것이 회복되는 것보다 먼저 일어난 일입니다.

- The boy seemed / to have already been murdered.
  그 소년은 보였다   이미 살해당한 것처럼.

  (해설) 살해당한 일이 먼저 일어난 일입니다. 'already(이미)'라는 단서가 있어요.

2) 부사의 수식을 받는다

부사는 명사를 제외한 모든 것을 수식합니다. 따라서 동사에서 파생되어 동사적 성질이 있는 to-v, ing(동명사), 또 분사(ing, pp)도 동사처럼 부사의 수식을 받습니다. 분사도 동사에서 파생된 형용사니까요.[29] 특히 분사가 부사의 수식을 받을 경우, 간혹 모의고사 어법에 출제되므로 기억하세요!

Exercise. 다음 괄호 안의 적절한 단어를 고르시오.

1. Eleven languages were (official, officially) recognized. (모의)

2. During (regular, regularly) scheduled meetings, members share their stories.

정답

1. officially   2. regularly

해석 및 해설

ing, pp는 부사가 수식

1. Eleven languages / were **officially** recognized.
   열한 개의 언어가   공식적으로 인정되었다.

2. During **regularly** scheduled meetings, members share their stories.
   정기적으로 스케줄 잡힌 만남 동안,   구성원들은 그들의 이야기를 공유한다.

---

[29] 이번 장에서는 to부정사와 동명사를 중심으로 공부했어요. 분사는 뒤의 분사구문 편에서 다룹니다. 분사는 동명사와 형태가 같아서 동명사의 변화 형태들이 동일하게 적용됩니다.

3) 가목적어 - 진목적어 '심화'

가목적어 진목적어는 'it ~ to' 형태가 대부분입니다.

그러나 가주어 진주어처럼 가목 – 진목도 총 3가지 형태가 있습니다.

> it ~ to부정사
>
> it ~ ing (동명사)
>
> it ~ 접속사 that절

(1) it - to

가장 많이 나오는 형태로 앞서 공부했어요.

- I found **it** difficult / **to understand** others.
  나는 어렵다고 발견했다   다른 사람들을 이해하는 것이.

(2) it - 동명사

- She found **it** easy / **understanding** others.
  그녀는 쉽다고 발견했다   다른 사람들을 이해하는 것이.

- We thought **it** impossible / **communicating** with animals.
  우리는 불가능하다고 생각했다   동물과 대화하는 것이.

(3) it - that

- I thought **it** wrong / **that** she gave up her career.
  나는 잘못이라고 생각했다   그녀가 그녀의 경력을 포기한 것이.

  * give up 포기하다

- We think **it** strange / **that** she behaves like a child.
  우리는 이상하다고 생각한다   그녀가 아이처럼 행동하는 것이.

◆ to부정사와 동명사 심화 Part 최종 정리 ◆

1. 시제에 따른 형태변화가 있다.

   1) 기본 형태 → 동사와 시제 일치
     (1) 능동 : to + v / ing
     (2) 수동 : to be pp / being pp

   2) 동사보다 앞선 형태
     (1) 능동 : to have pp / having pp
     (2) 수동 : to have been pp / having been pp

2. 동사처럼 부사의 수식을 받는다.

3. 가목적어 진목적어도 가주어, 진주어처럼 3가지 형태가 있다.
   1) it ~ to★
   2) it ~ ing (동명사)
   3) it ~ 접속사 that절

| 알아두기 | '준동사'인 **to부정사와 ing** |

to부정사와 ing 는 문법 용어로 '준동사'라고 합니다.
준동사는 동사에서 파생되어 동사에 준하는 특징을 지니는 것을 말합니다.
앞서 배운 to부정사와 ing의 특징들은 이러한 준동사로서의 특징들이라 할 수 있어요.
이 점을 염두에 두고 지금까지 배운 문법 특징들을 다시 정리해 봅시다.

■ 핵심 Part

1. 동사처럼 부정 (not)이 있다.

2. 동사처럼 (의미상) 주어를 갖는다.

3. 동사처럼 수동태 형태가 있다.

4. 동사처럼 목적어(보어)뿐 아니라, 동사가 취하는 모든 것을 취할 수 있다.

■ 심화 Part

5. 동사처럼 시제에 따른 변화가 있다.

6. 동사처럼 부사의 수식을 받는다.

4장 병렬 완성

병렬은 대단히 중요한 part입니다. 병렬은 총 4가지 경우가 있어요.
이 중 아래 1, 2번이 핵심입니다.
이 두 가지 병렬은 실전 독해에 들어가면 가장 먼저 알아야 할
주요 기초 문법이라 앞서 콕 찍어! 수능 기초 어법에서 설명했습니다.

이 장에서는 병렬 1, 2 종합문제와 추가설명을 하고
나머지 3, 4번 병렬까지 최종 마무리합니다.

아래 두 가지 병렬이 잘 기억나지 않으면 다시 앞으로 돌아가 공부하고 오세요!

1. 등위 접속사 and, or, but 앞뒤로 병렬*

2. 병렬의 콤마(,)*

---

30) 콕 찍어! 수능 기초어법 : 〈병렬기초〉 - and, or, but 앞뒤로 병렬
  〈콤마의 두 가지 용법〉 중 '병렬의 콤마'

■ 병렬 1, 2 종합문제

병렬은 동사끼리의 병렬이 가장 흔하지만 다양한 형태들이 있으니 문제를 통해 익혀 봅시다.

Exercise. 괄호 안 적절한 단어를 고르시오.

1. I liked a man and (present, presented) him chocolates.

2. He stayed in his room and never (goes, went) out of it.

3. My baby touches, smells and (taste, tastes) everything around him.

4. I responded to his comments by bending my knees more and (run, running) faster. (모의)

5. Young children develop math skills by counting, matching and (add, adding) blocks. (모의)

6. These days Kids are not building tree houses, catching frogs, or (play, playing) outside. (모의변형)

7. Flowers are often presented and (give, given) to moms on Mother's Day by children. (모의변형)

8. The seeds of the cacao tree are dried, toasted, and then (mash, mashed) into paste. (모의변형)

4. respond to ~에 반응(응답)하다 comment 논평, 조언 bend 구부리다 7. present 선물, 주다 (제시하다) 8. seed 씨 toast 굽다 mash 으깨다 paste 풀, 반죽

정답과 해설은 다음 페이지에 →

정답

1. presented   2. went   3. tastes   4. running   5. adding
6. playing   7. given   8. mashed

해석 및 해설

1. I liked a man and **presented** him chocolates.
   나는 한 남자를 좋아했다 그리고 그에게 초콜릿을 주었다.

(해설) 주어 I 에 걸려 동사 과거끼리 병렬.

2. He stayed in his room and never **went** out of it.
   그는 그의 방에 머물렀다   그리고 결코 그곳으로부터 나가지 않았다.

(해설) he에 걸려 동사 과거끼리 병렬

3. My baby touches, smells and **tastes** everything / around him.
   나의 아기는 모든 것을 만지고, 냄새 맡고, 그리고 맛본다   그 주변의.

4. I responded to his comments / by bending my knees more and **running** faster.
   나는 그의 조언에 응답했다   나의 무릎을 더 많이 구부림으로써 그리고 더 빨리 달림으로써.

(해설) 전치사 by에 걸려 동명사끼리 병렬.

5. Young children develop math skills / by counting, matching and **adding** blocks.
   어린 아이들은 수학 기술을 발전시킨다   블록을 세고, 맞추고 그리고 추가함으로써.

(해설) 전치사 by에 걸려 동명사끼리 병렬.

6. These days / Kids are not building tree houses, catching frogs, or **playing** outside.
　　요즘　　　　　　　아이들은 나무집을 짓거나, 개구리를 잡거나, 또는 밖에서 놀지 않는다.

(해설) 진행형(be ing)에서 ing 형태끼리 병렬.

7. Flowers are often presented and **given** / to moms / on Mother's Day / by children.
　　꽃들은 종종 선물되고 주어진다　　　　어머니들에게　Mother's Day에　　아이들에 의해.

(해설) 앞의 be pp(presented)에서 pp끼리 병렬

8. The seeds of the cacao tree / are dried, toasted, and then **mashed** / into paste.
　　카카오나무의 씨앗들은　　　　말려지고, 구워지고, 그리고 으깨어졌다　　반죽으로.

(해설) be pp에서 pp끼리 병렬

- **주의 – 5형식 목적격 보어끼리의 병렬** *

앞서 살펴본 바와 같이 동사 병렬뿐 아니라 다양한 형태의 병렬 구조가 존재합니다. 그중에서도 5형식 목적격 보어끼리의 병렬은 특히 주의해야 합니다. 목적격 보어의 형태가 동사와 비슷해서 동사 병렬로 착각할 수 있기 때문이에요.

Exercise. 다음 괄호 안 적절한 단어를 고르시오.

- She had me study English and (did, do) my homework.

   괄호 안 정답이 무엇일까요?
   즉 and 앞에 had와 study 중 무엇과 병렬되어야 할까요? 형태만 보면 혼동됩니다.
   이 경우 누가 나의 숙제를 하는지 '행동의 주체'를 생각해보세요. she일까요? me일까요?
   당연히 내(me)가 나의 숙제를 합니다. 주어(she)가 아닌 목적어(me)가 주체가 되므로 동사가 아닌 목적격 보어(study)와 병렬됩니다.

   정답
   do

   해석
   그녀는 내가 영어를 공부하고 나의 숙제를 하게 했다.

Exercise. 다음 괄호 안 적절한 단어를 고르시오.

1. My mother had me sit at the table and (eat, ate) breakfast.

2. He told me to drive to school and (pick up, picked up) his daughter.

3. My mother asked me to leave school and (help, helped) her.

4. He wanted to encourage his son to take the class and (study, studied) more.

5. This program helps children to solve problems, get along with other people, and (control, controls) their bodies.

2. pick up 태우자, 마중하다 5. get along with ~와 잘 지내다

정답

1. eat   2. pick up   3. help   4. study   5. control

해석 및 해설

1. My mother had me sit at the table and **eat** breakfast.
   나의 엄마는 내가 테이블에 앉아 아침을 먹게 했다.

   (해설) me가 아침을 먹는 것이므로 목적격 보어인 동사원형끼리 병렬

2. He told me to drive to school and **pick up** his daughter.
   그는 나에게 학교로 운전해서 그의 딸을 태워달라고 말했다.

   (해설) me가 운전해서 그의 딸을 마중하는 것이므로 목적격 보어 to drive와 병렬.
   그런데 to는 앞에 있으므로 반복을 피해 생략하고 동사원형만 쓰는 경우가 많습니다. → (to) 동사원형

3. My mother asked me to leave school and **help** her.
   나의 엄마는 내가 학교를 떠나서 그녀를 돕기를 요청했다.

   (해설) 목적어인 me가 her를 돕는 것이므로 목적격 보어 (to) leave와 병렬.

4. He wanted to encourage / his son to take the class and **study** more.
   그는 격려하기를 원했다   그의 아들이 그 수업을 듣고 더 많이 공부하게.

   (해설) to encourage의 목적격 보어인 to take와 병렬.

5. This program helps / children to solve problems, get along with other people,
   이 프로그램은 돕는다   아이들이 문제를 풀고,   다른 사람들과 잘 지내고,

   and **control** their bodies.
   그리고 그들의 몸을 조절하게.

   (해설) helps의 목적격 보어끼리 병렬 : to solve, (to) get along with, (to) control

3. 대칭 구조인 A와 B는 병렬

아래는 숙어처럼 암기하는 표현들인데요,[31] 이때 A와 B는 마치 거울을 마주 보듯 대칭 구조로 되어있습니다. 당연히 똑같은 형태로 맞추어 주어야 합니다.

not only A but (also) B	A뿐만 아니라 B ※ also는 생략될 수 있어요.
= B as well as A	
both A and B	A와 B 둘 다
either A or B	A 또는 B
neither A nor B	A도 아니고 B도 아니고
not A but B	A가 아니라 B
from A to B	A부터 B까지

Exercise. 다음 괄호 안 적절한 단어를 고르시오.

1. This medicine not only helps you but also (saves, saving) us.

2. They not only got some money but (satisfy, satisfied) their hunger.

3. Its purpose is not only to entertain people, but (to teach, teaching) them about other cultures.

4. The focus of her excitement shifted from enjoying learning to (please, pleasing) you. (모의변형)

2. satisfy 만족시키다 hunger 배고픔 3. purpose 목적 4. shift 변하다, 바꾸다 please 기쁘게 하다

정답과 해설은 다음 페이지에 →

---

31) 문법적으로는 상관접속사라고 합니다. 앞과 뒤를 서로 연결(상관)하여 의미를 만들어내기 때문이에요.
단, 마지막 'from A to B'는 상관접속사가 아닌 전치사 대칭 구조입니다.

정답

1. saves   2. satisfied   3. to teach   4. pleasing

해석 및 해설

1. This medicine not only helps you but also **saves** us.
   이 약은 너를 도울 뿐만 아니라 우리를 구한다.

 (해설) 앞의 help와 병렬

2. They not only got some money, but **satisfied** their hunger.
   그들은 약간의 돈을 얻었을 뿐만 아니라, 그들의 배고픔도 만족시켰다.

 (해설) but 뒤에 also가 생략, 동사 과거 got과 병렬

3. Its purpose / is not only to entertain people, but to **teach** them / about other cultures.
   그것의 목적은   사람들을 즐겁게 하는 것일 뿐 아니라,   그들을 가르치는 것이다.   다른 문화들에 대해서.

 (해설) to entertain과 병렬

4. The focus of her excitement shifted / from enjoying learning / to **pleasing** you.
   그녀의 흥미의 초점은 변했다   배움을 즐기는 것에서   당신을 기쁘게 하는 것으로.

 (해설) enjoying과 병렬

4. 비교 대상은 병렬

비교는 서로 대등한 것끼리 이루어지므로 비교 대상 역시 동일한 형태로 맞추어 줍니다. 병렬 문제 중에서는 출제율이 가장 낮습니다.

Exercise. 다음 괄호 안 적절한 단어를 고르시오.

1. Enjoying music is different from (make, making) it.

    * be different from ~와 다르다

2. Playing with friends is more fun than (learn, learning) about math. (모의변형)

정답

1. making 2. learning

해석 및 해설

1. Enjoying music / is different from / **making** it.
   음악을 즐기는 것은   다르다   그것을 만드는 것과.

   (해설) 'enjoying music'과 'making it'이 비교 대상

2. Playing with friends / is more fun / than **learning** about math.
   친구들과 노는 것은   더 재미있다   수학에 대해 배우는 것보다.

   (해설) 'playing with friends'와 'learning about math'가 비교 대상

◆ 병렬 최종 정리 ◆

- **핵심***
    1. and or but 앞뒤로 병렬
    2. 병렬의 콤마(,)

- **심화**
    3. A와 B 대칭 구조로 이루어진 표현들에서 A와 B는 병렬
    4. 비교 대상은 병렬

5장 영어의 보충설명 장치들

1. 콤마와 대시
2. 삽입절 및 단어와 단어를 연결하는 하이픈

1. 콤마(,)와 대시(-)

과감히 건너뛰어라! 주문장이 보인다!

영어에서는 주문장을 짧게 말하는 것을 선호합니다. 대신 보충 설명 장치들이 발달되어 있어요. 콤마는 앞서 설명했지요.[32] 콤마와 대시는 기능이 서로 비슷한데, 앞말에 대한 보충 설명을 하며 보통 수식으로 해석합니다. 중요한 것은 문장에서 필수가 아니므로 건너뛸 수 있다는 거예요. 보충 설명을 건너뛰면 주문장이 한눈에 보이므로 복잡한 독해나 어법 문제를 해결하는 데 유용합니다.

---

[32] 1장 콕 집에! 수능 기초어법 – 〈콤마의 두 가지 용법〉 중 '앞말에 대한 보충 설명의 콤마'

Exercise. 괄호 안 적절한 단어를 고르시오.

1. A teenager, a boy who had met me last summer, recently (called, calling) me.

2. These things, by reducing household choirs, (allowing, allowed) women to enter the labor market. (모의변형)

3. The wrong color — slightly gray or very pale — (is, are) a sign of illness. (모의변형)

4. The desire to have a fulfilling job — a career that provides purpose and reflects our values — (is, are) a modern concept. (모의변형)

5. The organization, known as Doctors Without Borders, (was, were) founded in 1971. (모의변형)

6. The lords of his country, only interested in their own personal gain, (was, were) responsible for the problem. (모의)

2. household choirs 가사일 labor 노동 3. slightly 약간 pale 창백한 4. desire 욕망, 바램 fulfilling 만족스런 purpose 목적 reflect 반영(반사)하다 5. organization 조직 Doctors Without Borders 국경없는의사회 found (-founded-founded) 설립하다 6. lord 영주 gain 얻다, 이득 be responsible for ~에 책임이 있다

정답과 해설은 다음 페이지에 →

정답과 해설

정답

1. called 2. allowed 3. is 4. is 5. was 6. were

해석 및 해설

1. A teenager, a boy who had met me last summer, recently **called** me.
   한 10대가   작년 여름에 나를 만났던 소년인   최근에 나에게 전화했다.
   (해설) 주문장은 A teenager~recently로 이어짐. 동사가 필요.

2. These things, by reducing household choirs, **allowed** women to enter the labor market.
   이것들은   가사 노동의 양을 줄임으로써   여성들이 노동시장에 진입하게 했다.
   (해설) 주어 These things에 이어지는 동사가 필요.

3. The wrong color — slightly gray or very pale — **is** a sign of illness.
   나쁜 색깔은   약간 회색이거나 매우 창백한   병의 신호일지도 모른다.
   (해설) 주어 The wrong color에 수일치.

4. The desire to have a fulfilling job — a career / that provides purpose
   만족스런 직업을 갖는 소망은   직업인   목적을 부여하고
   and reflects our values — **is** a modern concept.
   우리의 가치를 반영하는   현대적 개념이다. (현대에 만들어진 개념이라는 의미)
   (해설) 주문장은 The desire to have a fulfilling job ~ is a modern concept.
   주어 The desire에 수일치.

5. The organization, known as Doctors Without Borders, **was** founded in 1971.
   그 조직은   국경없는의사회로써 알려진   1971년에 설립되었다
   (해설) 주어 : The organization, 동사 : was, known : 수동(pp)의 뜻으로 앞말을 수식하면서 보충설명.

6. The lords of his country, only interested in their own personal gain,
   그의 나라의 영주들은   단지 그들 자신의 개인적 이득에만 관심이 있었던
   were responsible for the problem.
   그 문제에 책임이 있었다.
   (해설) ① 주어 : The lords, 동사 were, only interested : 수동의 뜻으로 앞말을 수식.
   ② 보충설명은 1 – 4번과 같이 동격의 명사가 오는 경우가 많지만, 5 – 6번과 같이 형용사(ing,pp) 등 다양한 형태가 올 수 있습니다.

2. 삽입절 및 단어와 단어를 연결하는 하이픈

1) 삽입절

문장 중간에 짧게 삽입되는 문장을 말합니다. 역시 보충 설명이므로 건너뛰면 됩니다.

- She is a girl who, we think, is the prettiest in our class.
  그녀는 소녀이다 우리가 생각하기에 우리 반에서 가장 예쁜

(해설) 삽입절 'we think'를 건너뛰면 'who is the prettiest'로 연결됩니다.
who는 주격 관계대명사.

Exercise. 다음 괄호 안의 적절한 말을 고르시오.

He is a great pianist (who, whom), we believe, is the most famous in Korea.

정답

who

해석 및 해설

He is a great pianist **who**, we believe, is the most famous in Korea.
그는 훌륭한 피아니스트이다 우리가 믿기에 한국에서 가장 유명한.
(해설) we believe가 삽입 문장이므로, 주문장은 who is로 연결되어 주격 관계대명사가 필요함.

2) 단어와 단어를 연결 (-)[33]

하이픈은 주로 단어와 단어 사이를 연결합니다. 연결된 부분을 끊지 말고 이어서 해석하세요.

- Black is / the third-most popular color. (모의)
  블랙은   세 번째로 가장 인기 있는 색깔이다.

- He tried / to make a high-speed turn.
  그는 시도했다   고속 회전을 하기 위해.

- A fever increases / disease-fighting white blood cells. (모의)
  열은 증가시킨다   병과 싸우는 백혈구를.

  * white blood cell 백혈구

- By the 1970s, these computer-generated voices / were widely used. (모의)
  1970년대까지,   이 컴퓨터로 발생될 목소리가   널리 사용되었다.

  * generate 낳다, 발생시키다

---

[33] 하이픈은 대시와 비슷하지만, 대시보다 1/2 정도 짧습니다.

6장 도치

문장의 순서는 주어 + 동사지요.
도치는 주어 + 동사 → 동사 + 주어로 순서가 바뀌는 것을 말합니다.

의문문도 아닌데 왜 이런 변화가 생길까요?
그 이유는 부사나 부정어구 등이 강조되어 문장 제일 앞(문두)으로 나가면서
주어가 동사 뒤로 가게 되었기 때문이에요.

<u>즉, 도치란 부사나 부정어구 등이 강조되어 문장 제일 앞으로 나가면서
'주어 + 동사 → 동사 + 주어'로 어순이 바뀌는 것</u>을 말합니다.

♣ 도치는 크게 4가지 경우가 있는데 '부사와 부정어구 도치'가 가장 중요합니다.

1. 부사가 강조되어 문장 제일 앞으로 나올 때*

1) 부사 도치 3가지 유형

(1) 장소부사 here, there[34]

Exercise. 다음 올바른 동사 형태를 고르시오.

※ 명사에서 끊으면 주어를 찾기가 쉽습니다.

- There (is, are) only one who trusts me in this world.

- There (is, are) many people living in big cities in japan.

- Here (is, are) a recipe to make pasta.

  * recipe 요리법

- Here (is, are) many books to consult.

  * consult 조언을 구하다, 참고하다

정답과 해설은 다음 페이지에 →

---

34) 'there is + 단수 주어, there are + 복수 주어'는 앞서 특수 표현으로 배웠어요.

정답

is, are, is, are

해석 및 해설

주어는 아래 밑줄 친 명사입니다. 명사 뒤는 수식하는 형용사들이에요.

- There **is** <u>only one</u> / who trusts me / in this world.
       단지 한 사람이 있다   나를 신뢰하는   이 세상에.

- There **are** <u>many people</u> / living in big cities / in Japan.
       많은 사람들이 있다   대도시에 살고 있는   일본에.

- Here **is** <u>a recipe</u> / to make pasta.
      여기에 요리법이 있다   파스타를 만드는.

- Here **are** <u>many books</u> / to consult.
      여기에 많은 책들이 있다   참고할.

(2) 전치사 + 명사 - (장소 및 시간부사)

- On the mountain / **are** old cafes.
  산 위에   오래된 카페들이 있다.

- Inside the car / **were** two little boys.
  차 안에   두 작은 소년들이 있었다.

- On the island of New Guinea / **live** some colorful birds.
  New Guinea의 섬에   몇몇의 화려한 새들이 산다.

(해설) 주어는 밑줄 친 단어들입니다.

(3) only가 강조를 위해 문두에 올 때

- Only after dark / **could we** finish the work.
  단지 어두워진 후에야   우리는 그 일을 끝낼 수 있었다.

- Only by the third date / **can people** truly relax. (모의변형)
  단지 세 번째 데이트가 되어서야   사람들은 진실로 편해질 수 있다.

- Only then / **did she** start to say something.
  단지 그때에서야   그녀는 무언가를 말하기 시작했다.

(해설) 일반 동사의 경우, do(does, did)가 대신 앞으로 나오는 경우가 많습니다.

주의!

부사가 문장 제일 앞에 온다고 무조건 도치가 되는 건 아닙니다. 부사는 위치가 자유로운 편이어서 문장 제일 앞이나 뒤, 중간 등 어디에도 위치할 수 있으니까요.
다만 '강조'를 위해 문두에 오는 경우 도치가 일어납니다. 그것을 어떻게 아냐고요?
먼저 위 부사 도치의 3가지 유형을 확실히 익혀야 보입니다. ^^

2. 부정어구(not, never 등)가 강조되어 문장 제일 앞으로 나올 때★

- Not only is he gentle, but also handsome.
  그는 신사적일 뿐 아니라   또한 잘생겼다.

- No longer is she beautiful.
  더 이상 그녀는 아름답지 않다.

  * no longer 더 이상 ~하지 않는

- Not only does he understand you, but also believes in you.
  그는 너를 이해할 뿐만 아니라,   또한 너를 믿는다.

- Never did I forget / what you did last summer.
  결코 나는 잊지 않았다   네가 지난여름에 한 것을.

3. '주격보어 형용사'가 문장 제일 앞으로 나올 때

이때는 주격보어 형용사를 강조하는 의미도 있고, 또 주어가 너무 길고 서술어인 주격보어 형용사가 짧아서 긴 주어를 뒤에 놓은 경우일 수도 있습니다.

- Happy would be the person / who has a dream.
  그 사람은 행복할 것이다   꿈을 가진.
  (해설) 주어는 the person

- Important is the fact / that we are here together.
  그 사실이 중요하다   우리가 여기 함께 있다는.
  (해설) 주어는 the fact

Exercise. 다음 괄호 안의 적절한 단어를 고르시오.

- Rare (is, are) the companies that can afford to hire all unemployed people.
  (모의변형)   * rare 드문(형) can afford to ~할 능력이 있다 unemployed 고용되지 않은

정답.
are

해설 및 해석
Rare **are** the companies / that can afford to hire all unemployed people.
    회사들은 드물다   모든 실업자들을 고용할 능력이 있는.
(해설) 주어 : the companies

---

4. 가정법에서 if가 생략되면 도치

가정법은 뒤에서 배우는데, 가정법 도치는 현재 수능에서는 볼 수 없는 형태입니다.

◆ 도치 최종 정리 ◆

- **핵심 part**

    1. 부사가 강조되어 문두에 나갈 때 (3가지 경우)*

    > ① here, there (장소부사)
    > ② 전치사 + 명사 (장소, 시간부사)
    > ③ only

    2. 부정어구 not, never 등이 강조되어 문두에 나갈 때*

- **심화 part**

    3. 주격보어 형용사가 강조되어 문두에 나갈 때

    4. 가정법에서 if가 생략될 때 (수능에서 사라진 유형)

7장 분사구문

'핵심'과 '심화'로 구성됩니다.

분사구문 관련 주요 어법은 모두 '핵심'에 있습니다.

1. 분사구문 핵심 Part

1) 분사구문이란

분사구문은 주절의 '주어'를 보충 설명하는 부사구[35]입니다.

분사구문을 본격적으로 설명하기에 앞서 분사와 분사구문의 차이를 살펴볼게요. 이들은 형태가 같지만 다른 문법이기 때문입니다.

- 분사 (ing, pp) : 형용사 → 앞뒤 명사를 수식
- 분사구문 (ing, pp, 형용사) : 부사 → 주절의 주어를 보충설명

2) 분사구문의 기본 형태 3가지

분사구문의 기본 형태는 ing, pp, 형용사의 3가지입니다.
문장에서 자주 나오는 형태는 아래와 같습니다.

> ing ~,
>
> pp ~,   S + V (주절)
>
> 형용사 ~,

---

35) 구는 두 단어 이상을 말합니다. 문장인 경우 '절'이라 하고, 절이 아닌 두 단어 이상의 조합을 '구'라고 합니다.
분사구문은 두 단어 이상의 긴 부사이기 때문에 '부사구'라고 합니다.

3) 해석과 어법

분사구문은 주절의 주어를 보충 설명하므로, 주절의 주어와의 관계가 중요합니다.

(1) ing~, S + V

- 해석 : ~하면서 (~해서)
- 어법 : 주절의 주어의 '능동'적 동작 설명

- **Eating** popcorn, we watched a movie.
  팝콘을 먹으면서, 우리는 영화를 보았다.

- **Dancing** with her, he felt happy.
  그녀와 춤추면서, 그는 행복하다고 느꼈다.

- **Using** computers, they were able to do many creative works.
  컴퓨터를 사용하면서(사용해서), 그들은 많은 창조적인 일들을 할 수 있었다.

(2) pp~, S + V

- 해석 : ~되어서 (당해서)
- 어법 : 주절의 주어의 '수동'적 동작 설명

- **Punished** by his father, the boy cried.
  그의 아버지에게 혼나서, 그 소년은 울었다.   * punish 벌주다

- **Amazed** at the news, he couldn't say anything.
  그 뉴스에 놀라서, 그는 아무 말도 할 수 없었다.

- **Praised** by an english teacher, he became to like the subject.
  영어 선생님에게 칭찬받아서, 그는 그 과목을 좋아하게 되었다.
  * praise 칭찬하다

- **Adopted** by a good family, the cat lived happily.
  좋은 가정에 입양되어서, 그 고양이는 행복하게 살았다.   * adopt 입양하다

(3) 형용사, S + V

- 해석 : ~해서 (~한 상태로)
- 어법 : 주절의 주어의 '상태'설명

- <u>Angry</u> at him, she left him.
  그에게 화나서,   그녀는 그를 떠났다.

- <u>Afraid</u> of a strange man, the child hid in the closet.
  낯선 남자가 두려워서,   그 아이는 벽장 안에 숨었다.
  * strange 이상한, 낯선 hide – hid – hidden 숨다 closet 벽장

- <u>Unable</u> to find her baby, she bursted into crying.
  그녀의 아이를 찾을 수 없어서,   그녀는 울음을 터뜨렸다.
  * unable to ~ 할 수 없는
  * burst into 갑자기 ~하다

4) 기타 사항들

(1) 분사구문 해석은 주절의 주어를 수식해도 됩니다

분사구문의 가장 보편적인 해석은 '~하면서'입니다. 그러나 간혹 이와 같은 해석으로 어색할 경우 '주절의 주어를 수식'하면 됩니다. 분사구문은 주절의 주어를 보충 설명하니까요. 두 가지 해석법으로 모두 알아두면 유용합니다.

- Dancing with her, he felt happy.
  그녀와 춤추는 그는 행복하다고 느꼈다.

- Adopted by a good family, the cat lived happily.
  좋은 가족에게 입양된 그 고양이는 행복하게 살았다.

- Angry at me, she left me.
  나에게 화난 그녀는 나를 떠났다.

(2) 분사구문은 부사라서 위치가 자유로운 편입니다[36]

문장 제일 앞이 가장 보편적이지만, 문장 제일 뒤나 심지어 중간에 올 수도 있어요.

- I was standing, waiting for my friend.
  나는 서 있었다, 나의 친구를 기다리면서.

- He takes a rest, sitting on the sofa.
  그는 휴식을 취한다, 소파에 앉아서.

- He felt happy, recognized by his father.
  그는 행복하다고 느꼈다, 그의 아버지에게 인정받아서.

* recognize 인정하다

---

[36] 부사는 다른 주인공들 — 명사, 동사, 형용사 등 — 에 비해 중요성이 떨어지는 만큼 자기 자리가 확고하지 않습니다. 문장 제일 앞이나 제일 뒤 심지어 중간에도 올 수 있어요.

(3) 분사구문은 콤마(,)로 주절과 구별을 해주지만 콤마 없이 올 수도 있습니다

이 경우 형용사인 분사와 구별되지 않으므로 해석으로만 구별해야 합니다. '~인, ~한'이라는 뜻으로 앞뒤 명사를 수식하면 형용사인 분사이고, ~하면서(~해서)'로 해석되면 분사구문입니다.

- He lived alone helping poor people.
  그는 홀로 살았다   가난한 사람들을 도우면서.

- The monster approached us showing his teeth.
  그 괴물은 우리에게 다가왔다   이빨을 드러내면서(보이면서).

  * approach 다가오다 * show 보여주다

요약하면, 분사구문은 주절의 주어를 수식으로 해석해도 되고, 문장 제일 앞이나 뒤에도 올 수 있으며, 주절과 구별해주는 콤마가 없을 수도 있습니다.

Exercise. 분사구문의 올바른 형태를 고르고 해석하시오.

1. (Searched for, Searching for) a parking space, he drove slowly.

2. He stopped, (waving, waved) his hand.

3. A deadly disease hit Asian nations hard, (causing, caused) several hundred deaths. (수능기출)

4. (Locating at, Located at) an elevation of 1,350m, the city enjoys a warm climate. (수능변형)

1. search for ~을 찾다 3. several 몇몇의 several hundred 수백(의) 4. be located ~에 위치하다 elevation 고도 (높이)

정답과 해설은 다음 페이지에 →

정답과 해설

정답

1. Searching for   2. waving   3. causing   4. located at

해석 및 해설

1. **Searching for** a parking space, he drove slowly.
   　　　　주차할 공간을 찾으면서,　　　그는 천천히 운전했다.
   (해설) ① 주절의 주어 he와 능동관계이므로 ing.
   　　　② 분사 뒤에 목적어가 있는 경우 대부분 '목적어를 ~하면서'의 '능동'으로 해석됩니다.

2. He stopped, **waving** his hand.
   　　그는 멈추었다,　그의 손을 흔들면서.
   (해설) 주절의 주어인 he와 능동관계

3. A deadly disease hit Asian nations hard, **causing** several hundred deaths.
   　　치명적인 질병이 아시아의 나라들을 심하게 강타했다,　　수백 명의 죽음을 유발하면서.
   (해설) a deadly disease가 수많은 죽음을 유발했으므로 능동

4. **Located at** an elevation of 1,350m, the city enjoys a warm climate.
   　　　　1350m의 고도에 위치해서,　　　　　그 도시는 따뜻한 기후를 즐긴다.
   (해설) '~에 위치하다'라는 표현은 그 자체가 수동입니다.

5) 분사구문 형태 2 - 분사구문 앞에 '접속사'가 붙는 경우

분사구문은 기본형태 3가지 외에도 아래와 같이 앞에 접속사가 붙는 경우도 있습니다.

```
접속사 ing,
                S + V
접속사 pp,
```

- **해석** : '~하면서'가 아니라 접속사에 맞추어 해석합니다. 접속사가 있음으로써 해석이 좀 더 분명해지고 주절과의 연결도 자연스러워집니다.

- **어법** : 접속사의 유무와 상관없이 분사구문의 어법은 동일합니다.
    → 접속사 ing : 주절의 주어와 '능동' 관계인가!
    → 접속사 pp : 주절의 주어와 '수동' 관계인가!

■ 분사구문 앞에 접속사가 붙는 문법적 맥락

바로 뒷장 원리에서 설명하겠지만, 분사구문은 원래 접속사로 연결된 두 문장이었는데 반복되는 말들을 생략하고 간단히 만든 형태입니다. 그런데 말을 너무 많이 생략했더니 해석하는 데 어려움을 느끼는 경우가 생겼어요. 따라서 의미를 명확히 해주기 위해 생략된 접속사를 다시 써 주기도 하는 겁니다. 자세한 원리는 뒤에서 보기로 하고 일단 접속사가 붙는 분사구문을 익혀봅시다.

- While climbing high mountains, he felt alive.
  높은 산을 오르는 동안, 그는 살아있다고 느꼈다.

- After finishing house chores, she cooked special dishes.
  집안일을 끝낸 후에, 그녀는 특별 요리를 했다.
  * house chores 집안일

- Because raised in a poor family, she understood the suffering of hunger. (모의변형)
  가난한 가정에서 자랐기 때문에, 그녀는 배고픔의 고통을 이해했다
  * hunger 배고픔

- Although born in a poor family, he became a great president in Korea.
  가난한 가정에서 태어났다 할지라도, 그는 한국에 훌륭한 대통령이 되었다.

- He felt happy, while dancing with her.
  그는 행복하다고 느꼈다, 그녀와 춤추는 동안.

- He enjoyed dinner while watching a movie.
  그는 저녁을 즐겼다 영화를 보면서.

- He felt satisfied after receiving good grades.
  그는 만족스럽게 느꼈다 좋은 성적을 받은 후에.

6) 분사구문 원리 설명

분사구문은 원래 접속사로 연결된 두 개의 문장이었어요. 그런데 두 문장의 주어가 같아서 반복되는 주어를 생략하고 간단히 만든 것입니다. 말이 반복되면 문장이 어색해질 수 있기 때문이에요. 자, 이제 분사구문이 왜 주절의 주어를 보충 설명하는지 짐작할 수 있겠어요? 분사구문은 주절의 주어와 같은 주어를 가진 문장이었으니까요!

(1) 주어가 같은 두 문장 → 분사구문으로 고치기

> 접속사 주어 + 동사, 주어 + 동사

① 부사절의 주어를 생략

주어가 같은 두 문장에서 반복되는 주어를 하나 지워줍니다. 이때 주절 (주인공 문장)은 건드리지 않는 법이니 접속사가 있는 부사절의 주어를 지워줍니다.[37]

② 접속사 생략

주어가 없으니 더 이상 문장이 성립되지 않죠. 따라서 문장과 문장을 연결하는 접속사도 지워줍니다.

③ 남은 동사 → 동사원형 + ing

그리고, 해석은 마치 생략된 접속사가 있는 것처럼 자연스럽게 주절에 연결합니다.

---

[37] 접속사가 있는 문장이 부사절, 없는 문장이 주절이라는 것 기억합시다.

그런데 많은 학생들이 이 부분에서 난감해합니다. 수많은 접속사 중 무엇을 선택해야 주절과 자연스럽게 연결될지 선뜻 떠오르지 않는 것이죠. 그래서 보통 무난하게 해석되는 접속사 'while(~하면서)'로 통일하거나, 주절의 주어를 간단히 수식하도록 하는 것입니다.

▶ 분사구문 만들기 총정리

① 주어가 같은 두 문장 중, 부사절의 주어를 지운다.

② 접속사도 지운다.

③ 동사 → 동사 + ing 로 고친다.

(2) 분사구문 만들어 보기

① 능동인 경우 : ing ~ s+v

(아래 기호는 삭제하는 순서입니다.)

- ⓛ ~~While~~ ⓣ ~~we~~ eat popcorn, we watch a movie.
  → Eating popcorn, we watch a movie.
  　　팝콘을 먹으면서,　　　우리는 영화를 본다.

- ⓛ ~~While~~ ⓣ ~~he~~ climbs a mountain, he feels alive.
  → Climbing a mountain, he feels alive.
  　　산을 오르면서,　　　그는 살아있다고 느낀다.

- ⓛ ~~After~~ ⓣ ~~she~~ finished house chores, she took care of her baby.
  → Finishing house chores, she took care of her baby.
  　　집안일을 끝내고,　　　그녀는 그녀의 아기를 돌봤다.

② 수동인 경우 : (being) pp, s + v

▲ pp는 실은 being pp의 약자입니다.

수동의 분사구문은 수동태 문장 'be pp'에서 파생되었어요. be pp를 분사구문으로 고치면 being pp가 됩니다. 그런데 분사의 경우 being은 대부분 생략해서 pp로 씁니다. 능동(ing)과 수동(pp)을 확실히 구별하기 위해서예요.[38]

- ⓛ ~~As~~ ⓣ ~~he~~ was punished by his father, the boy cried.
  → (Being) punished by his father, the boy cried.
  　　아빠에게 벌 받고,　　　그 소년은 울었다.

- ⓛ ~~As~~ ⓣ ~~he~~ was born in a poor family, he suffered from hunger.
  → (Being) born in a poor family, he suffered from hunger.
  　　가난한 가족에 태어나서,　　　그는 배고픔으로 고통받았다.

* hunger 배고픔

---

[38] 분사는 동명사와 형태가 같아서 수동의 형태(being pp)도 같습니다. 다만, 동명사의 경우 being pp를 그대로 쓰지만, 분사의 경우는 being을 종종 생략해서 pp만 쓴다는 차이가 있어요. 분사만 being을 생략하는 이유는 분사의 경우 능동(ing)과 수동(pp)의 구별이 중요하기 때문에 한눈에 쉽게 파악하기 위해서입니다.

③ 상태인 경우 : (being) 형용사

분사구문의 세 번째 형태인 형용사도 실은 앞에 being이 생략된 것입니다. 원래의 문장은 '접속사 주어 + be동사 + 형용사'이기 때문에 분사구문으로 고치면 'being 형용사'가 됩니다. 그리고 의미에 큰 영향을 주지 않는 being은 대부분 생략됩니다.

- ⓛ As ㉠ she was angry at me, she left me.
  → (Being) angry at me, she left me.
  　　　나에게 화나서,　　　　그녀는 나를 떠났다.

- ⓛ As ㉠ he was afraid of strangers, the boy bursted into crying.
  → (Being) afraid of strangers, The boy bursted into crying.
  　　　낯선 이들이 두려워서,　　　　그 소년은 울음을 터뜨렸다.

♣ 분사구문 원리가 어렵게 느껴진다면, 아래 예를 들어볼게요.

손님이 집에 방문해서 아버지가 어디 계신지 묻습니다.
다음 중 어떤 대답이 자연스러울까요?
1. 아버지는 지금 거실에 계시고, 아버지는 신문을 읽고 계십니다.
2. 아버지는 지금 거실에서 신문을 읽고 계십니다.

당연히 2번이죠. 말이 반복되면 어린아이가 말하듯이 부자연스럽습니다.
따라서 반복되는 주어를 생략하고 간단하게 만드는 겁니다.
이러한 원리는 이해만 하면 되고 중요한 것은 실전 독해와 어법이라는 것 기억하세요!

◆ 분사구문 핵심 최종 정리 ◆

1. 분사구문 : 주절의 주어를 보충 설명하는 부사구

2. 기본 형태 3가지

    <u>ing</u>　　　　　　～하면서
    (being) <u>pp</u>　　　～되어서　　　+　　S + V
    (being) <u>형용사</u>　　～인 상태로

3. 의미를 명확히 하기 위해 생략된 접속사를 다시 써주기도 한다.

    <u>접속사 ing</u>

    　　　　　　　　S + V

    <u>접속사 (being) pp</u>

♣ 어법은 주절의 주어와의 관계가 능동인가, 수동인가!

참고

분사구문과 분사의 차이

분사는 형용사이므로 앞뒤 명사를 수식하고 수식받는 명사와의 능동(ing) / 수동(pp) 관계가 핵심. 분사구문은 주절의 주어를 보충 설명하므로 주절의 주어와의 능동(ing) / 수동(pp)관계가 핵심. 콤마로 구별해주지 않을 경우 형태가 같으므로 차이는 해석으로 구별한다.

2. 분사구문 심화 Part[39]

1) 분사구문의 시제와 주절의 시제가 다를 경우[40]

기본형(ing, pp)은 주절과 시제가 일치합니다. 아래 형태는 분사구문이 주절의 동사보다 한 시제 앞선 것으로, 분사구문이 먼저 일어난 경우입니다.

```
능동        having pp,            S + V
            기본시제 'ing'의 앞선 형태

수동        (Having been) pp,     S + V
            기본시제 수동 'being pp'의 앞선 형태

※ 수동의 경우 Having been은 종종 생략되어 pp로 씁니다.
```

– 해석 : 기본형과 같이 '~하면서' 혹은 먼저 일어난 일이므로 '~후에'라고 하면 됩니다. having은 시제 관련 표시일 뿐, 뜻이 없어요.

- **Having finished** my homework, I went to bed.
  나의 숙제를 끝내서(끝낸 후에),   나는 자러 갔다.

- **Having watched** the scene, I felt thrilled.
  그 장면을 보고서(본 후에),   나는 전율을 느꼈다.

- **(Having been) bitten** by a mosquito,
  모기에 물려서(물린 후에),
  the man was infected by a fatal virus.
  그 남자는 치명적인 바이러스에 감염되었다.

- **(Having been) told** the rumors, he was shocked.
  그 소문을 듣고 (들은 후에),   그는 충격받았다.

---

[39] 심화 파트는 현재 수능 어법 문제로 출제되지 않습니다.
[40] 동명사가 주절의 동사보다 한 시제 앞선 형태와 같습니다. 다만 분사의 경우 수동은 being이나 having been이 종종 생략되어 'pp'로만 쓰인다는 차이점이 있어요.

2) 분사구문의 주어가 주절의 주어와 다를 경우

분사 앞에 분사의 주어(명사)를 써줍니다.

명사 + ing,
명사가 ~해서

$\qquad\qquad$ S + V

명사 + pp,
명사가 ~되어서

분사구문의 주어는 주절의 주어와 같아서 생략된 것입니다. 분사구문의 주어가 주절의 주어와 다를 경우는 위와 같이 분사구문의 주어를 분사 앞에 써줍니다. 해석은 '주절의 주어가 ~하면서'가 아니라, 분사의 주어인 '<u>명사가 ~하면서</u>'가 됩니다.

- <u>영희 smiling,</u> 철수 is happy.
  <u>영희가 웃어서,</u>　철수는 행복하다.

- <u>The movie being over,</u> we ate dinner.
  <u>영화가 끝나고,</u>　　우리는 저녁을 먹었다.

  * be over 끝나다

- <u>My son entering the university,</u> we were very happy.
  <u>나의 아들이 그 대학에 들어가서,</u>　우리는 매우 기뻤다.

  * enter 들어가다, 입력하다

◆ 심화 최종 정리 ◆

1. 분사의 시제가 주절의 동사보다 한 시제 앞설 때

⎡ having pp (능동)
⎢ ~하면서, ~한 후에
⎢   +   S + V
⎢ (having been) pp (수동)
⎣ ~되어서, ~된 후에

　　▲ 수동인 경우 having been은 종종 생략되고 pp만 쓴다.

2. 분사구문의 주어와 주절의 주어가 다른 경우 → 분사 앞에 분사의 주어를 써준다.

⎡ 명사 ing,
⎢ 명사가 ~해서
⎢   +   S + V
⎢ 명사 pp,
⎣ 명사가 ~되어서

8장 with 구문

with 구문은 분사구문에서 파생되었지만, 독립적인 part로 공부해도 좋습니다.

- **'with 구문'에서 with는 전치사가 아니라, '동시 동작'을 나타내는 표현입니다. 동시 동작이란 말 그대로 '어떤 일을 하면서 동시에 하는 동작'을 말합니다.**

  with가 전치사인지 with 구문인지는 해석으로 판단합니다.

> 〈 with + 명사 + ing 〉 명사가 ~한 채로 (하면서)
>
> 〈 with + 명사 + pp 〉 명사가 ~된 채로 (되면서)

- **해석** : with가 전치사일 때는 '전치사 + 명사'이므로 명사에서 끝지만, 'with 구문'일 때는 그 뒤의 명사와 'ing / pp'를 마치 5형식의 목적어와 목적격 보어처럼 '설명' 관계로 해석합니다. 즉 with 구문의 해석은 수식이 아니라 설명입니다.

- **어법** : 앞의 명사와 'ing / pp'의 관계가 능동인지 수동인지 묻는 형태로 출제됩니다.

> ing → 앞의 명사와 관계가 능동인가!
>
> pp → 앞의 명사와 관계가 수동인가!

- She takes a rest / with her cat **sitting** on her lap.
  그녀는 휴식을 취한다   그녀의 고양이가 무릎위에 앉아 있는 채로.
  (해설) her cat과 sitting이 능동관계

- A man sits on the chair / with his eyes **closed.**
  한 남자가 의자에 앉아 있다   그의 눈을 감은 채로.
  (해설) 눈의 입장에서는 감겨진 것이므로 '수동'

- The man remained silent, with his eyes **glued** to the TV.
  그 남자는 조용히 있었다,   눈이 TV에 못 박힌 채.

  * remain ~인 채로 남아있다 be glued to ~에 열중하다

- The owner approached me / with his head **bowed.** (모의)
  그 주인은 나에게 다가왔다   그의 머리를 숙인 채로.

  * approach 다가오다
  * bow 절하다 (숙이다)

- He ran down the street / with his heart **beating.**
  그는 거리를 달렸다   그의 심장이 뛰는 채로.
  (해설) 심장박동은 자율신경이라서 의지로 조절할 수 없어요. 따라서 능동입니다.

> 참고
> with 뒤에는 ing / pp뿐 아니라, 형용사나 부사 등 좀 더 다양한 형태들이 올 수 있어요. 이 경우는 어법이 아니라 해석만 하면 됩니다.

- He fell into sleep / with the TV on.
  그는 잠에 빠졌다   TV를 켠 채로.

- The boy stood / with his head higher / than other boys.
  그 소년은 섰다   그의 머리를 더 높이 한 채로   다른 소년들보다.

9장 what절

1. What절이란
2. What절 / That절 비교어법

1. What절[41]이란?

<u>것 (~인 것), 불완전 명사절 (주어나, 목적어가 없음)</u>
<u>명사절이므로 문장에서 주어, 목적어, 보어 역할</u>

위 정리사항이 what절에 관한 모든 것입니다. 간단하지요?
그런데 여태까지 배운 것과 좀 다르다고요?[42] 그 이유는 조금 뒤에 살펴보기로 하고 먼저 불완전 명사절로서 주어, 목적어, 보어 역할을 하는 what절을 익혀봅시다.

(1) 주어 역할

① <u>What is important</u> / is to meet you.
  중요한 것은   너를 만나는 것이다.

② <u>What makes me happy</u> / is delicious foods / in the world.
  나를 행복하게 하는 것은   맛있는 음식들이다   세상에 있는.

③ <u>What I want is</u> / to meet you.
  내가 원하는 것은   너를 만나는 것이다.

④ <u>What I learned from my parents</u> / was to respect others.
  내가 나의 부모님으로부터 배운 것은   다른 사람들을 존중하라는 것이었다.

(해설) ①, ②번 what 절은 주어가 없고, ③, ④번 what 절은 목적어가 없는 불완전 명사절

---

41) what은 두 가지 뜻이 있어요. → 무엇, 것
전자로 해석될 경우 의문사절, 후자로 해석될 경우 what절이라고 합니다. 둘 다 명사절이므로 둘의 차이는 중요하지 않고 문맥상 자연스러운 뜻으로 해석하면 됩니다.

42) 기존의 문법에서는 what절을 관계대명사절이라고 합니다.

(2) 목적어 역할

① I'll do what is important / in life.
　　나는 중요한 것을 할 것이다　　삶에서.

② I'll do what you want.
　　나는 네가 원하는 것을 할 것이다.

③ I will practice what I learned.
　　나는 내가 배운 것을 실천할 것이다.

　　　　　　　　　　　　　　　　＊ practice 연습하다, 실행하다

(해설) ①번은 주어가 없고, ②, ③번은 목적어가 없는 불완전 명사절

(3) 보어 역할

- You are what you eat. (인용문)
　당신은 당신이 먹는 것이다. (당신이 먹는 것이 바로 당신 자신(건강)을 구성한다는 의미)

(해설) what절 – 목적어가 없는 불완전 명사절

♣ **what절이 '관계대명사절'이라고요? ▶ what절은 '불완전명사절'입니다.**

기존의 문법에서는 what절을 '관계대명사절'이라고 합니다.
왜 명사절인 what절을 관계대명사절이라 할까요?
what절은 원래 관계대명사 'that'이었어요. 그런데 앞의 명사인 선행사 thing(s)과 결합되어 지금의 what절(명사절)이 되었어요. 즉, 형용사인 관계대명사(that)가 명사인 선행사(thing)를 삼켜서 명사(what)로 변화된 것입니다. 따라서 what절을 선행사 thing(s)을 삼켜서 명사가 된 '관계대명사절'이라고 합니다. 정리하면 아래와 같습니다.
This is **the thing that** I want → This is **what** I want
즉, '**the thing that**' = '**what**'입니다.

문제는 호칭입니다. 선행사를 삼켜서 명사가 된 관계대명사절이라니요?
명사라는 겁니까 관계대명사라는 겁니까, 참 복잡하고 혼동되지요?

밀가루(that)가 불(선행사)과 만나 빵(what)이 되면, 불을 삼켜 빵이 된 밀가루 (=선행사를 삼켜 명사가 된 관계대명사)라고 하나요, 빵(명사)이라고 하나요? 빵이라고 해야지요. 마찬가지로 우리는 to부정사나 동명사를 '형태를 바꾸어 명사가 된 동사'라고 부르지 않습니다. 그냥 명사라고 하지요.

성질이 바뀌면 바뀐 성질대로 불러야 혼동이 없습니다. 명명(이름)은 무언가에 대한 정의에요. 이름만 들어도 한번에 그 정체를 알 수 있어야 합니다.
이름이 계속해서 오해를 불러일으키고 또다시 설명이나 해명을 요구한다면 그것은 좋은 이름이 아닙니다. 개명해야지요. 오래된 문법 설명이 경전처럼 내려올 필요는 없습니다.
시간이 흐르면서 수정되고 보완되는 것이 바람직합니다.
what절은 한마디로 불완전 명사절입니다. 과거에는 관계대명사 that이었지만 선행사인 명사를 삼켜서 명사절이 되었어요. 문장이 불완전한 이유는 선행사(thing)를 삼켜서 what 자체가 '것'이라는 명사 뜻을 지니고 문장 내에서 명사 역할을 하기 때문이라고 이해하면 됩니다.

2. what절 / that절 비교 어법*

what절을 관계대명사절이라고 배우니 혼돈이 생기고 결국 what절과 that절을 비교하는 어법이 중요해집니다. 맥락이야 어찌되었던 what절과 관련해서 매우 중요한 어법이므로 확실히 익혀두세요!

> what절 : 불완전 명사절
> that절 : 형용사절 (관계사 that), 명사절 (접속사 that)

1) what절과 that절의 비교

what절은 한 가지 역할만 하지만, that절은 위 두 가지 역할을 합니다. 따라서 이들을 교차 구별하는 것이 관건인데 아래 사항만 익히면 됩니다.

(1) 앞에 명사가 있는지 확인하라!*

명사 뒤는 수식하는 형용사절 (관계사 that절)이 옵니다. 명사 뒤에는 what이 올 수 없어요.

Exercise. 다음 괄호 안 적절한 단어를 고르시오.

- This is the book (that, what) I read.

- I could find another job (what, that) was a better match. (모의응용)

정답

that, that

해석 및 해설

명사 뒤이므로 형용사인 관계대명사가 필요함.

- This is the book / **that** I read.
  이것은 책이다   내가 읽는.

- I could find another job / **that** was a better match.
  나는 또 다른 직업을 찾을 수 있었다   더 잘 맞는.

(2) 앞에 명사가 없을 경우!★

둘 다 명사절인 경우이며, 이때는 문장이 완전한지, 불완전한지로 판단합니다.

> what절　　　 – 불완전명사절
>
> that절 (접속사) – 완전명사절

명사절일 때 what과 that은 의미가 상당히 유사합니다 (what : 것 / that : ~라고, ~라는 것). 따라서 해석의 차이만으로는 비교가 쉽지 않고 문장이 불완전한가, 완전한가의 문법적 판단이 필요합니다. 앞서 언급했듯이 what절은 불완전 명사절이에요. 반면, 접속사 that은 문장과 문장을 연결만 할 뿐이어서 뒤의 문장은 그 자체로 완벽해야 합니다.

Exercise. 다음 괄호 안 적절한 단어를 고르시오.

- I know (that, what) he likes me.

- I know (that, what) he likes.

정답

that, what

해석 및 해설

that (완전문장), what (목적어가 없는 불완전문장)

- I know / **that** he likes me.
  나는 안다   그가 나를 좋아한다는 것을.

- I know / **what** he likes.
  나는 안다   그가 좋아하는 것을.

> **주의!**
> 꼭 앞에 명사(선행사)가 있는지부터 확인해야 합니다.
> 문장의 완전성 여부를 먼저 보아서는 안돼요. 관계대명사 that절도 불완전문장이니까요.

Exercise. 다음 괄호 안 적절한 단어를 고르시오.

1. The scene reminded him of the news (what, that) he had heard on the radio. (모의변형)

2. He gathered a group of intelligent followers (what, that) he trained. (모의)

3. Hypnosis is a state (what, that) we frequently go into and out of. (모의)

4. They can immediately see (what, that) has been accomplished. (모의변형)

5. This American concept of (what, that) is beauty has spread throughout the world. (모의)

6. If you have a weakness in a certain area, do (what, that) you should do. (모의변형)

7. One cool thing about my uncle was (what, that) he could always pick the best places to camp. (모의변형)

1. reminded A of B A에게 B를 상기시키다 (생각나게 하다) 3. hypnosis 최면 state 상태 5. concept 개념 throughout ~을 통틀어 6. certain 어떤 area 지역, 분야

정답과 해설은 다음 페이지에 →

정답과 해설

정답

1. that   2. that   3. that   4. what   5. what   6. what   7. that

해석 및 해설

1. The scene reminded him of the news / **that** he had heard on the radio.
   그 장면은 그에게 그 뉴스를 생각나게 했다   그가 라디오에서 들었었던.

2. He gathered / a group of intelligent followers / **that** he trained.
   그는 모았다   한 그룹의 지적인 추종자들을   그가 훈련시킨.

3. Hypnosis is a state / **that** we frequently go into and out of.
   최면은 상태이다   우리가 빈번하게 들어갔다 나왔다 하는.

4. They can immediately see / **what** has been accomplished.
   그들은 즉시 볼 수 있다   성취되어진 것을.

5. This American concept / of **what** is beauty / has spread / throughout the world.
   이 미국의 개념은   아름다운 것에 대한   퍼져나갔다   전 세계적으로.

6. If you have a weakness / in a certain area, do / **what** you should do.
   만약 네가 약점을 갖고 있다면   어떤 분야에,   해라   네가 해야 하는 것을.

7. One cool thing / about my uncle / was **that** he could always pick the best places
   한 가지 멋진 것은   나의 삼촌에 대해   그가 항상 최고의 장소를 고를 수 있다는 것이었다
   / to camp.
   캠핑할.

   (해설) ① 1~3번 : 명사 뒤이므로 형용사 that (관계대명사)
   ② 4, 5번 : 주어가 없는 불완전 명사절
   ③ 6번 : 목적어가 없는 불완전 명사절
   ④ 7번 : 명사 the best places에서 문장이 끝났으므로 완전문장
       to camp는 앞의 명사를 수식하는 형용사적 용법

2) 문장의 완전성 여부를 판단하는 기준★

문장이 완전한지, 불완전한지 어떻게 구별할까요?!
문장의 완전성 유무는 what절과 that절을 비교할 때 중요한 문제가 됩니다.

아래 두 가지 tip들은 모든 문장에 해당되는 것은 아니지만, 어법 문제를 푸는 결정적인 역할을 하므로 반드시 익혀두어야 합니다. 다른 문법책에는 없어요. ^^*

(1) 완전문장

문장이 명사에서 끝나면 대부분 완전문장입니다. 명사 뒤는 형용사나 부사의 수식인 경우가 많아요.

(2) 불완전문장

주어나 목적어가 없는 경우인데 주어가 없는 경우는 간단해요. 그러나 <u>목적어가 없는 경우는 3가지 형태</u>가 있으므로 정리해 두세요!

① <u>동사 뒤 목적어가 없는 경우</u> (기본 형태)

- This is / what I want.
  이것은   내가 원하는 것이다.

- This book is / what I read.
  이 책은   내가 읽은 것이다.

② to-v, ing 뒤에 목적어가 없는 경우 ★

: to-v, ing도 동사처럼 목적어를 취합니다.

- This is / what I want to do.
  이것이   내가 하기를 원하는 것이다. (하고 싶은 것이다)
  (해설) to do 뒤에 목적어 없음

- This is / what we plan to buy.
  이것이   우리가 사려고 계획하는 것이다.
  (해설) to buy 뒤에 목적어 없음

- We know / what you are trying to say.
  우리는 안다   네가 말하려고 하는 것을.
  (해설) to say 뒤에 목적어 없음

③ 전치사 뒤에 목적어가 없는 경우

: 전치사 뒤에는 명사나 대명사의 '목적격'이 옵니다.

- This is / what I am worried about.
  이것이   내가 걱정하는 것이다.

- This is / what I want to talk about.
  이것은   내가 말하고 싶은 것이다.

- This is / what he is afraid of.
  이것이   그가 두려워하는 것이다.

◆ what 절 최종 정리 ◆

1. what절 : <u>것 (~인 것)</u>, <u>주어나 목적어가 없는 불완전 명사절</u>

2. what절과 that절 비교 어법!

   1) what절과 that절의 비교

       ⎡ what절 : 불완전 명사절
       ⎣ that절 : 형용사절 (관계사), 명사절 (접속사 that)

      ★(1) 앞에 명사가 있는지 확인하라

          : <u>명사 뒤 + that절 → 명사 뒤에는 what절이 올 수 없다!</u>

      ★(2) 앞에 명사가 없을 때: 둘 다 명사절인 경우

          <u>문장이 완전한가, 불완전한가로 판단하라!</u>

        ⎡ what절 : 불완전명사절
        ⎣ that절 (접속사) : 완전명사절

   2) 문장의 완전성 여부를 판단하는 기준

     (1) 문장이 명사에서 끝나면 대부분 완전 문장이다.

     (2) 불완전문장은 주어나 목적어가 없는데, 목적어가 없는 경우 3가지 형태 → 동사, to-v (ing), 전치사에서 끝난 경우, 대부분 뒤에 목적어가 없는 불완전문장이다.

10장 완료 동사 - 시제가 특이한 동사들

영어의 기본 동사는 be동사, 일반 동사, 조동사입니다.
완료 동사란 무엇일까요, 그리고 기본 동사와 무엇이 다를까요?

동사를 보면 시제, 즉 시간을 알 수 있지요.

기본 동사들은 시제가 과거, 현재, 미래로 단순합니다.
그러나 <u>완료 동사는 시간적 개념이 특이한 동사로서</u>
<u>'어느 시점부터 언제까지'라는 '기간'의 개념이 추가됩니다.</u>

이 장에서는 꼭 알아야 할 '현재완료'와 '과거완료'를 공부합니다.

1. 현재완료

1) 현재완료란?

시제 : 과거 ~ 현재까지

동사 표현 : have + pp (과거부터 현재까지) ~해왔다 (했다)

(1) 현재완료

현재완료에서 have는 '가지다'라는 뜻의 일반 동사가 아니며 'have pp' 자체가 하나의 현재완료 동사입니다. 여기서 have는 현재완료임을 알리는 상징적 표식이며 실제 뜻은 pp가 지니고 있어요. 따라서 독해는 pp를 보고 빠르게 넘어가면 됩니다.

- I have loved him.
  나는 그를 사랑해왔다. (사랑했다)

- She has taught English / for 10 years.
  그녀는 영어를 가르쳐왔다   10년 동안.

- She has suffered from sleeping disorder / for a long time.
  그녀는 수면장애를 앓아왔다   오랜 시간동안.
  * suffer from ~을 앓다, 고통받다
  * disorder 무질서, 장애

♣ 아직 완료 동사가 확실히 이해되지 않는다고요?

자, 그럼 아래 예문을 통해 현재완료 시제의 의미를 느껴봅시다.

지금, 여러분이 오랫동안 좋아해 온 사람에게 마음을 고백하려 합니다.
다음 중 어떤 것이 여러분의 마음을 가장 잘 전달할까요?

- I love you.
  현재
  나는 너를 사랑해.

- I loved you.
  과거
  나는 너를 사랑했어.

- I have loved you.
  과거~현재
  나는 너를 사랑해왔어.

당연히 세 번째겠죠? 현재는 현재만, 과거는 과거만을 이야기하지만, 현재완료는 과거 언젠가부터 현재까지의 의미를 모두 전달합니다.

(2) 현재완료의 세부적 의미

현재완료의 의미를 좀 더 세부적으로 들어가면 과거부터 현재까지의 '경험', '완료', '결과', '계속'의 4가지를 나타냅니다. 사실 현재완료의 경우 시제의 특이성을 이해하는 것이 중요하기 때문에 의미를 너무 세세하게 구분 짓는 것은 좀 인위적이라는 생각이 들어요. 하지만 간단히 정리는 하고 넘어갑시다.

① 경험 : 과거부터 현재까지 '경험'을 의미

보통 'ever' (여태까지 ~해 본적이 있다), 'never' (전혀 ~해 본 적이 없다)가 붙습니다.

- I have ever seen a blue bird.
  나는 여태까지 파랑새를 본 적이 있다.

- We have never skydived.
  우리는 스카이다이빙을 해본 적이 없다.

- I have ever been to North Korea.
  나는 북한에 가본 적이 있다.

* have been to ~ 에 가본 적이 있다

> **참고** **be 동사의 pp : been**
>
> 현재 : am, are, is
> 과거 : was, were
> 과거분사 : been

② 완료 : 과거 ~ 현재까지 행동의 '완료'를 의미

just (막 ~했다)⁴³⁾, finally (마침내 ~했다), yet (아직 ~하지 못했다) 등이 붙습니다.

- I have just finished the project.
  나는 방금 그 프로젝트를 끝마쳤다.

- We have just arrived at my grandmother's.
  우리는 막(방금) 할머니의 집에 도착했다.

- We have finally done the work.
  우리는 마침내 그 일을 해냈다.

- She has not finished her shopping yet.
  그녀는 아직 쇼핑을 끝내지 못했다.

③ 계속 : 과거 ~ 현재까지 '계속'되는 일들을 의미

보통 'for + 숫자 (~동안)' 또는 'since (~이래로)'가 붙습니다.

- My family has lived in this apartment / for ten years.
  나의 가족은 이 아파트에 살아왔다   십년 동안.

- I have respected him / since I first met him.
  나는 그를 존경해왔다   내가 그를 처음 만난 이래로.

④ 결과 : 과거~현재까지의 결과를 의미

---

43) just의 기본 의미는 '단지'이지만 완료시제에서는 '막, 방금'이라는 뜻으로 행위의 완료를 의미합니다.

2) 현재완료 의문문과 부정문

(1) 현재완료 의문문

> Have (has) + s + pp ? → Yes, S have (has)
> No, S have (has) not

현재완료 동사는 'have pp'지요. 의문문은 동사가 문장 제일 앞에 나가므로 have pp가 문장 앞으로 갈 것 같지만 영어는 길고 무거운 것이 앞에 있는 것을 좋아하지 않습니다. 따라서 현재완료의 상징적 표식인 Have(has)만 동사 대표로 문장 앞으로 나갑니다.

또한, 현재완료 의문문은 Have로 묻고 Have로 답한다는 것도 함께 알아두세요. 이때 have는 아무런 뜻이 없는 현재완료 동사 표식입니다.[44]

- **Have you ever seen a rainbow?**
  너는 무지개를 본 적 있니?
  → Yes, I have. 응, 그래.
  → No, I have not. 아니, 보지 못했어.

- **Has she missed him?**
  그녀는 그를 그리워했니?
  → Yes, she has. 응, 그래.
  → No, she has not. 아니, 그렇지 않았어.

---

[44] 일반 동사 의문문이 Do, Does, Did로 묻고 → do, does, did로 대답하는 것과 유사합니다. 이때 do 역시 아무런 뜻이 없었어요.

(2) 현재완료 부정문 : S + have(has) + not + pp

not은 동사 역할을 하는 have(has) 뒤에 붙습니다. 간혹 not 대신 never가 붙기도 합니다.

- I have not seen a rainbow.
  나는 무지개를 본 적이 없다.

- We have not read the novel Demian yet.
  우리는 아직 소설 데미안을 읽지 못했다.

- I have never been to North Korea.
  나는 결코 북한에 가본 적이 없다.

> have not → 줄임말 haven't
> has not → 줄임말 hasn't

3) 현재완료 진행형과 수동태

(1) 현재완료 진행형

진행형은 수능에서는 중요한 어법이 아니므로 간단히 해석만 하면 됩니다.

> **have (has) been 동사원형 ing**
> ~ 해오고 있는 중이다(하는 중이다)
> 과거부터 현재까지 '능동'과 '진행'을 의미
>
> ※ have는 뜻이 없으니 'been + ~ing'를 기본 동사의 'be – ing'처럼 생각하면 됩니다.

- I have been exercising / since 8 o'clock am.
  나는 운동하고 있는 중이다   아침 8시 이래로.

- She has been writing her essay / for 3 hours.
  그녀는 그녀의 에세이를 쓰고 있는 중이다   3시간 동안.

(2) 현재완료 수동태

모든 수동태 형태는 중요합니다.

> **have (has) been pp**
> ~되어왔다(되었다)
> 과거부터 현재까지 '수동'을 의미
>
> ※ have는 뜻이 없으니 'been pp'를 기본 동사의 'be pp'처럼 생각하면 됩니다.

- English has been spoken / all over the world.
  영어는 말해져 왔다   전 세계적으로.

- The actress has been steadily loved / for a long time.
  그 여배우는 꾸준히 사랑받았다   오랜 시간 동안.

  * steadily 꾸준히

- The artworks have been finally displayed.
  그 예술작품들이 마침내 전시되었다.

4) 현재완료 어법

현재완료는 시제가 특이한 동사이므로 시제 관련 어법이 출제되어왔습니다.[45] 크게 현재완료 시제와 함께 쓸 수 없는 것, 함께 쓰이는 것으로 구분할 수 있어요.

(1) 현재완료는 명백한 과거와 공존할 수 없다

– 명백한 과거를 나타내는 말들 : yesterday, ago, last, 특정연도 등

현재완료는 과거부터 ~ 현재까지이며, 특히 현재에 강조점을 둔 동사 시제입니다. 따라서 명백한 과거와는 공존할 수 없어요. 과거는 그냥 과거시제로 씁니다.

---

[45] 시대가 변하면서 문법의 중요성도 조금씩 변합니다. 동사의 수일치 문제는 여전히 중요하지만, 동사 시제 문제는 수능에서는 중요성이 많이 떨어졌습니다.

Exercise. 다음 괄호 안 적절한 단어를 고르시오.

- Last night I (met, have met) my friends.

- In the summer of 2001, the American president (visited, has visited) Korea to participate in a house-building project. (수능변형)

　　　　　　　　　　　　　　　　　　　　　　　　* participate in ~에 참석하다

정답

met, visited

해석 및 해설

- Last night I **met** my friends.
  어젯밤 나는 나의 친구들을 만났다.
  (해설) last night 은 과거시제

- In the summer of 2001, the American president **visited** Korea
  　2001년 여름에,　　　　　　미국의 대통령이 한국을 방문했다
  to participate in a house - building project.
  　　집짓기 프로젝트에 참석하기 위해서.
  (해설) 특정년도(2001)는 과거시제

(2) 현재완료 시제는 기간을 나타내므로 '기간'을 나타내는 전치사 '<u>since</u>'(~이래로), '<u>for + 숫자</u>'(~동안)와 종종 함께 쓰인다

Exercise. 다음 괄호 안 적절한 단어를 고르시오.

• He (toured, has toured) various countries since 2010.

정답
has toured

해석 및 해설

• He **has toured** various countries since 2010.
　　그는 2010년 이래로 다양한 나라들을 순회했다.
　(해설) 특정년도 2010이 있지만, since가 있음으로써 2010년 이래로 주~욱 이라는 '기간'의 의미를 갖게 됩니다.
　　　　since가 있으면 뒤에 과거가 와도 현재완료로 씁니다.

◆ 현재완료 최종 정리 ◆

1. 현재완료 동사

    1) 과거 ~ 현재까지

    2) have (has) + pp

       : have는 현재완료임을 알리는 표식이며 pp가 실제 뜻을 지님

2. 의문문과 부정문

    1) 현재완료 의문문

       have가 동사 대표로 문장 제일 앞으로 나가서 Have로 묻고 have로 답한다.

       Have (has) + s + pp?

       → Yes, s + have (has)

          No, s + have (has) not

    2) 현재완료 부정문

       have 뒤에 not (never)을 붙인다. → have (has) + not + pp

       ⎡ have not → 줄임말 haven't
       ⎣ has not → 줄임말 hasn't

3. 현재완료 진행형과 수동태

    1) 진행형 : have (has) been ~ing

    2) 수동태 : have (has) been pp

4. 현재완료 어법: 시제가 특이한 동사이므로 시제 관련 어법

    1) 명백한 과거 즉, yesterday, age, last, 특정연도 등과 함께 쓰지 않는다.

    2) 과거~현재까지 기간을 나타내는 전치사 'since', 'for + 숫자'와 종종 함께 쓰인다.

2. 과거완료

1) 개념과 어법

(1) 개념

- 시제 : 대과거 ~ 과거까지
- 동사 형태 : had pp
- 해석 : had는 대과거 표식이며 실제 뜻은 pp가 지니고 있어요.
  따라서 독해는 pp를 보고 '~했었다'로 해석하면 됩니다.

■ **대과거란?**

과거보다 더 먼 과거를 말합니다. 예를 들어, 여러분이 중학생 시절을 과거로 말하고 있다면 초등학생 시절은 대과거가 됩니다. 또 어제를 과거로 말한다면 그제는 대과거가 됩니다. 즉, 상대적으로 과거보다 먼저 일어난 일을 '대과거'라고 합니다.

(2) 어법★

한 문장에서 동사 '과거'보다 먼저 일어난 일은 had pp로 표현합니다. 따라서 had pp 자체를 대과거로 받아들여도 됩니다.

- I met a student / I had taught before.
  나는 한 학생을 만났다   내가 전에 가르쳤던.

- He remembered the story / that I had said 10 years ago
  그는 그 이야기를 기억했다   내가 10년 전에 말했던.

- The police realized / that they had made a terrible mistake. (모의)
  경찰은 깨달았다   그들이 끔찍한 실수를 저질렀다는 것을.

  * realize 깨닫다

- After the hunters had gone, the little rabbit came out of the hut.
  사냥꾼들이 간 후에,   그 작은 토끼가 오두막에서 나왔다.   (모의변형)

2) 과거완료 진행형과 수동태

현재완료와 과거완료의 진행형과 수동태는 각각 앞에 have와 had라는 것만 빼면 같습니다.

(1) 진행형 : had been 동사원형 ing (~하는 중이었다)

had는 뜻이 없으니 'been~ing'를 기본 동사의 'be ing'처럼 생각하면 됩니다.

(2) 수동태 : had been pp (~되었다)

had는 뜻이 없으니 'been pp'기본 동사의 'be pp'처럼 생각하면 됩니다.

- When the police arrived at the scene, they had already been murdered.
  경찰이 그 현장에 도착했을 때,   그들은 이미 살해당했다.
  * murder 살해하다
  (해설) arrived보다 먼저 일어난 일이며 수동태

- My son was hurt, because he had been attacked by somebody.
  나의 아들이 다쳤다,   왜냐하면 그가 누군가에게 공격받기 때문에.
  * attack 공격하다
  (해설) was hurt보다 먼저 일어난 일이며 수동태

◆ 과거완료 최종 정리 ◆

1. 개념과 어법

   1) 시제 : 대과거 ~ 과거

   2) 형태 : had + pp

   3) 어법 : 한 문장에서 동사과거 보다 앞선 시제를 표시

2. 과거완료 진행형과 수동태

   1) 진행형

      : had been 동사원형 ing (~하는 중이었다)

   2) 수동태

      : had been pp (~되었다)

11장 to부정사와 동명사 목적어

동사 뒤는 다양한 목적어 '명사들'이 오지요.
그런데 to부정사와 동명사 목적어의 경우 동사에 따라 달라집니다.

즉 to부정사만을 목적어로 취하는 동사들이 있고,
동명사만을 목적어로 취하는 동사들이 있어요.

또 둘 다 취하고 뜻이 변하지 않는 동사들과 둘 다 취하면서 뜻이 변하는 동사들도 있어요.
복잡한 것 같지만 암기만 하면 되는 단순 어법입니다. 각 정리사항을 암기합시다.

1. to부정사만을 목적어로 취하는 동사들

> **want**(원하다), **hope**(희망하다), **decide**(결정하다), **learn**(배우다), **plan**(계획하다), **promise**(약속하다) 등 미래지향적 동사들

- I want to have some food.
  나는 약간의 음식을 먹기를 원한다.

- She plans to go abroad.
  그녀는 외국에 가기를 계획한다.

- We decided to learn Japanese.
  우리는 일본어를 배우기로 결정했다.

2. 동명사만을 목적어로 취하는 동사들

> **enjoy**(즐기다), **give up**(포기하다), **avoid**(피하다), **deny**(부인하다), **mind**(꺼리다), **finish**(끝내다) 등 과거지향적 동사들

- I enjoy exercising at night.
  나는 밤에 운동하는 것을 즐긴다.

- I gave up eating fast food / for my health.
  나는 패스트푸드를 먹는 것을 포기했다   나의 건강을 위해서

- We should avoid destroying the environment.
  우리는 환경을 파괴하는 것을 피해야한다.

* destroy 파괴하다.

3. 둘 다 취하고 뜻이 변하지 않는 동사들[46]

> **like**(좋아하다), **love**(사랑하다), **begin**(시작하다), **start**(시작하다) 등

- She loves learning something.
  그녀는 무언가를 배우는 것을 사랑한다.

- He began to eat everything / on the table.
  그는 모든 것을 먹기 시작했다   테이블에 있는.

4. 둘 다 취하고 뜻이 달라지는 동사들

① **try to** : ~하기 위해 시도하다 (노력의 의미)
   try ing : (시험 삼아) 한번 해 보다

- I tried to memorize many words.
  나는 많은 단어들을 암기하기 위해 노력했다.

- He tried to correct bad habits.
  그는 나쁜 습관을 고치기 위해 노력했다.

  * correct 올바른, 고치다

- I tried wearing a new coat.
  나는 새로운 코트를 한번 입어보았다.

---

46) 무난한 느낌의 동사들이에요. 둘 다 좋고(like), 둘 다 사랑하며(love), 시작하는(start, begin) 동사들입니다. 이와 같이 나름의 암기 패턴을 만들면 오래 기억할 수 있어요.

② **stop to** : ~ 하기 위해 멈추다
stop ing : ~ 하는 것을 멈추다 (그만두다)

- He stopped to talk with friends.
  그는 친구들과 말하기 위해 멈추었다.

- He stopped talking with friends.
  그는 친구들과 말하는 것을 그만두었다.

- You should stop playing the game all day.
  너는 하루 종일 그 게임을 하는 것을 그만두어야 한다.

- You should stop blaming others.
  너는 다른 사람들 탓하는 것을 멈춰야 한다.

* blame 비난하다(탓하다)

③ 아래 동사들은 to-v와 결합되면 '미래', ing와 결합되면 '과거'의 의미가 됩니다.

remember to	~ 할 것을 기억하다. (미래)
remember ing	~ 했던 것을 기억하다. (과거)
forget to	~ 할 것을 잊다. (미래)
forget ing	~ 했던 것을 잊다. (과거)
regret to	~ 할 것을 후회하다. (미래)
regret ing	~ 했던 것을 후회하다. (과거)

- Remember to turn off the TV, when you go out.
  TV를 끌 것을 기억해라   네가 외출할 때.

- I forgot to check the front door.
  나는 앞문을 확인할 것을 잊었다.

- I forgot to thank him / for helping me.
  나는 그에게 감사해야 할 것을 잊었다   나를 도와준 데 대해서.

- I forget meeting her a few years ago.
  나는 몇 년 전에 그녀를 만났던 것을 잊었다.

- She regretted leaving her baby in the car.
  그녀는 그녀의 아기를 차에 내버려 둔 것을 후회했다.

12장 2형식 불완전동사 + 주격보어 형용사 (부사X)

동사 뒤는 대부분 목적어 명사가 오지요. 그러나 2형식은 다릅니다.
2형식은 불완전동사 + '주격보어 형용사'가 옵니다.
물론 명사도 보어 역할을 하지만,
형용사 보어의 경우 해석이 부사와 유사한 경우가 많아서 형용사인지,
부사인지 비교하는 어법이 출제됩니다.

주인공인 보어 자리에는 부사가 올 수 없다는 것 기억하세요!

1. 2형식 불완전 동사들 익히기

2형식 동사들은 불완전동사로서 의미가 완전하지 못합니다.
크게 두 그룹으로 나누어서 암기하세요.

1) 2형식 일반 동사들

▲ 암기하기 쉽게 유사한 의미끼리 분류했어요.

be, become (=get[47])
~이다, ~되다

seem, appear[48]   + 주격보어 형용사
~인 것처럼 보이다 (~인 것 같다)

remain, stay, lie
~인 채로 남아있다 (remain)
~인 상태로 있다 (stay)
~인 상태로 누워있다 (lie)

---

47) get은 '얻다' (3형식)가 기본 뜻이지만, '~되다'라는 의미도 있어요. 이때는 become과 같이 2형식 동사로서 뒤에 주격보어 형용사가 옵니다. ex) get sick 아파지다. get excited 흥분하다.

48) appear는 '나타나다'가 기본 뜻이며 이때는 의미가 완전한 1형식입니다. ex) he appeared 그가 나타났다. 그러나 '~인 것 같다'라는 제2의 뜻일 경우 seem과 같이 의미가 불안전한 2형식 동사로서 뒤에 주격보어 형용사가 옵니다.

Exercise. 다음 괄호 안의 적절한 단어를 고르시오.

1. He became (angry, angrily).

2. This work seems (important, importantly).

3. Exercising in the morning seems more (beneficial, beneficially).

4. He remained (silent, silently).

5. I make an effort to stay (healthy, healthily).

3. beneficial 이로운 유익한 5. make an effort 노력하다

정답과 해설은 다음 페이지에 →

정답

1. angry   2. important   3. beneficial   4. silent   5. healthy

해석

1. He became **angry**.
   그는 화가 났다.

2. This work seems **important**.
   이 일은 중요한 것 같다.

3. Exercising in the morning seems more **beneficial**.
   아침에 운동하는 것은 더 도움이 되는 것 같다.

4. He remained **silent**.
   그는 조용하게 남아있었다.

5. I make an effort / to stay **healthy**.
   나는 노력한다   건강하게 유지하기 위해서.

2) 2형식 감각동사들 : 오감을 의미합니다.

look	~ 하게 보이다.	
sound	~ 하게 들리다.	
smell	~ 한 냄새가 나다.	**+ 주격보어 형용사**
taste	~ 한 맛이 나다.	
feel	~ 하게 느껴지다(느끼다).	

Exercise. 다음 괄호 안의 적절한 단어를 고르시오.

1. You look (happy, happily).

2. The baby looks (cute, cutely).

3. It feels (soft, softly).

4. The story sounds (strange, strangely).

5. It tastes (spicy, spicily).

* spicy 매운

정답과 해설은 다음 페이지에 →

정답

1. happy   2. cute   3. soft   4. strange   5. spicy

해석

1. You look **happy**.
   너는 행복하게 보인다.

2. The baby looks **cute**.
   그 아기는 귀여워 보인다.

3. It feels **soft**.
   그것은 부드럽게 느껴진다.

4. The story sounds **strange**.
   그 이야기는 이상하게 들린다.

5. It tastes **spicy**.
   그것은 매운 맛이 난다.

> **주의!**
>
> 감각동사는 지각동사와 혼동될 수 있으니 주의하세요.[49]
> 문법적으로 감각동사는 2형식 주격보어 형용사와 연결되고,
> 지각동사는 5형식이므로 목적격 보어의 올바른 형태 찾기와 관련됩니다.
> 단, feel은 2형식과 5형식 모두에 쓰입니다.

---

[49] 굳이 의미를 구별하자면, 감각동사는 의식하지 않아도 느껴지는 오감, 지각동사는 의식적으로 지각하는 인지적 감각을 말합니다.

2. 2형식 응용문제

2형식 불완전동사 뒤에 이미 형용사가 있다면 부사가 온다.

2형식 불완전동사 뒤에는 주격보어 형용사가 오지요. 그러나 이미 형용사 보어가 있다면 그때는 부사가 와야 합니다. 이미 문장이 완성되어 있기 때문이에요.

Exercise. 다음 괄호 안의 적절한 단어를 고르시오.

1. It is (clear, clearly) useful.

2. These days, our lives are (complete, completely) different.

3. It is (bitter, bitterly) cold in the winter.

4. No two people in the world can be (exact, exactly) alike. (모의)

3. bitterly 심하게, 몹시 4. alike 똑같은

정답과 해설은 다음 페이지에 →

정답

1. clearly   2. completely   3. bitterly   4. exactly

해석 및 해설

be 동사 뒤에 형용사 보어들 — useful, different, cold, alike — 이 있으므로 부사가 와야 합니다.

1. It is **clearly** useful.
    그것은 분명히 유용하다.

2. These days, our lives are **completely** different.
    오늘날,   우리의 삶은 완전히 다르다.

3. It is **bitterly** cold in the winter.
        겨울에 몹시 춥다.

4. No two people in the world can be **exactly** alike.
        세상에 어떤 두 사람도 정확하게 같지는 않다.

◆ 2형식 최종 정리 ◆

1. 2형식 : 불완전동사 + <u>주격보어 형용사 (부사x)</u>

2. 암기해야 할 2형식 동사들

   1) be, become (= get), seem, appear, remain, stay, lie

   2) 감각동사 (오감) : look, sound, smell, taste, feel

3. 응용문제 – 2형식 동사 뒤에 형용사 보어가 있다면 부사가 온다.

13장 5형식 추가사항

앞의 5형식 part에서 다루지 않고 추가 설명하는 이유는
5형식에서 익혀야 할 주요 내용들이 무척 많기 때문입니다.
또한 추가사항은 어법 후반부에 공부하는 것이 좋습니다.

> ■ 사역동사, 지각동사도 목적어와 목적격 보어의 관계가 '수동'일 때는 목적격 보어로 pp를 취한다.

사역동사와 지각동사는 목적격 보어로 동사원형을 취하지요. 그러나 동사에 따른 목적격 보어의 형태변화는 '능동'일 때만 성립합니다. <u>수동일 때는 그대로 'pp'를 취합니다.</u> 이때 사역동사의 뜻은 '시키다'외에도 '당하다(되다)'라는 의미가 추가됩니다.

- I helped the boy saved.
  나는 그 소년이 구해지게 도왔다.

- I had my bicycle stolen.
  나는 나의 자전거를 도난당했다.

  * steal-stole-stolen 훔치다

- I had the spot removed.
  나는 그 얼룩이 지워지게 했다(=얼룩을 지웠다).

  * spot 점, 얼룩, remove 지우다 제거하다

- We made the table arranged.
  우리는 그 테이블이 정돈되게 했다(=테이블을 정돈했다).

  * arrange 배열하다 정돈하다

- We heard some beautiful music played.
  우리는 몇몇 아름다운 음악이 연주되는 것을 들었다.

- to부정사를 목적격 보어로 취하는 동사들의 경우, 목적어와 목적격 보어의 관계가 수동일 때 목적격 보어는 <u>to be pp와 pp 둘 다 취한다.</u>

- He <u>wanted</u> some tables <u>to be reserved</u>.
  그는 몇 개의 테이블이 예약되기를 원했다.

  * reserve 예약하다

- We <u>wished</u> our suggestion <u>accepted</u>.
  우리는 우리의 제안이 수용되기를 소망했다.

  * suggestion 제안
  * accept 수용하다

- 특이한 5형식 동사 'get'

  get은 '얻다, 받다'가 기본 뜻이지만 3가지 뜻으로 3가지 문장 형식에 속합니다.
  ① 얻다, 받다 (+ 목적어) (3형식)
  ② ~되다 (= become) (+ 주격보어 형용사) (2형식)
  ③ 시키다, ~하게 하다 (5형식)

5형식에서 get은 '시키다, ~하게 하다'라는 사역동사의 뜻이 됩니다.
다만 사역동사와 달리 to부정사를 목적격 보어로 취하며, 목적어와 목적격 보어의 관계가 수동일 때는 다른 동사들과 마찬가지로 pp를 취합니다.

요약하면, get은 5형식일 때 사역동사와 의미가 같지만, to부정사를 목적격 보어로 취하며, 수동일 때는 pp를 취합니다.

- I got him to study English.
  나는 그가 영어를 공부하게 했다.

- My parents got me to take part in the meeting.
  나의 부모님들은 내가 그 모임에 참석하게 했다.

  * take part in ~에 참석하다

- I will get him to take responsibility for the problem.
  나는 그가 그 문제에 책임을 지게 할 것이다.

  * responsibility 책임

- I got the problem solved.
  나는 그 문제가 해결되게 했다. (=문제를 해결했다)

- I got my computer recovered.
  나는 나의 컴퓨터가 복구되게 했다. (=컴퓨터를 복구시켰다)

  * recover 회복하다, 복구하다

- I got the work done.
  나는 그 일이 행해지도록 했다. (=그 일을 마쳤다)

14장 수동태 2

앞서 1부 1장 기초 문법 편에서
가장 기본적인 동사 수동태 'be pp'를 배웠어요.
그러나 수동태는 꾸준히 출제되는 문법이고 응용문제도 다양하므로
좀 더 살펴볼 필요가 있습니다.

이 장에서는 수동태 관련 표현들 및 종합 모의고사 기출문제를 다룹니다.

1. 수동태 관련 표현들

1) 수동태 기본 표현

수동태 표현은 'be pp'가 가장 기본이지만, 아래 형태들도 종종 쓰입니다.

> be pp
> become pp   ~ 되다
> get(=become) pp

- Wild birds <u>were infected</u> with the disease.
  야생의 새들이 그 질병에 감염되었다.

  * infect-infected-infected 감염시키다

- They <u>got excited.</u>
  그들은 흥분되었다.

- The soldiers <u>got wounded.</u>
  그 군인들은 부상당했다

- They <u>got buried</u> alive.
  그들은 살아있는 채 매장되었다.

  * bury-buried-buried 묻다

2) It is pp ~ that절

독해에 자주 나오는 실용문장입니다.

해석은 '~되다, that 절 이하가' 혹은 한 번에 'that절 이하가 ~되다'라고 합니다.

이 문장은 it – that, 가주어 – 진주어 문장입니다. 'It is pp'에서 말이 다 끝나고 긴 주어인 접속사 that절이 문장 제일 뒤로 간 형태입니다.

왜 'it is pp'에서 말이 다 끝나냐고요?

<u>수동태(be pp)</u>는 기본적으로 완벽문장[50]이기 때문입니다.

- It was thought / that they all died in the accident.
  생각되어졌다   그들이 모두 사고로 죽었다고.
  = 그들이 모두 사고로 죽었다고 생각 되어졌다.

- It is said / that people never forget their first love.
  말해진다   사람들은 결코 그들의 첫사랑을 잊지 못한다는 것이.
  = 사람들은 결코 그들의 첫사랑을 잊지 못한다고 말해진다.

- It is estimated / that more than 20% of the people died of the disease.
  추산된다   그 사람들 가운데 20% 이상이 그 질병으로 죽었다는 것이.
  = 그 사람들 가운데 20% 이상이 그 질병으로 죽었다고 추산된다.

  * estimate 추산하다, 추정하다

---

50) 예외는 있어요. 다음에 배우게 될 'be told', 'be given'은 수동의 표현이지만 '~을 듣다.', '~을 받다.'라는 능동의 뜻으로 해석되므로 뒤에 목적어가 붙습니다. 이러한 경우들은 해석만 이해하면 됩니다.

3) 특이한 수동태 표현들

(1) be given : 주어지다 (=받다)

- Much attention was given to the little baby.
  많은 관심이 그 작은 아기에게 주어졌다.

- The handsome boy was given many chocolates.
  그 잘생긴 소년은 많은 초콜릿을 받았다.

(2) be told : 듣다

- We were told a good speech.
  우리는 좋은 연설을 들었다.

(3) be taught : 가르쳐지다 (=배우다)

- All the classes were taught in English.
  모든 수업들이 영어로 가르쳐졌다.

- All children were taught in English.
  모든 아이들이 영어로 배웠다.

2. 수동태 기출문제 유형 파악

고등학교 모의고사 수준에서 수동태는 기본 동사 수동태 be pp 뿐 아니라, 완료 동사 수동태 'have(had) been pp', 준동사 수동태 'to be pp, being pp'에 이르기까지 종합적으로 출제됩니다. 또 수동태가 완벽문장이라는 것을 알아야만 풀 수 있는 응용문제도 출제됩니다. 간단하게나마 실전 문제를 풀며 기출문제 유형을 익혀봅시다.

Exercise. 다음 괄호 안의 적절한 단어를 고르시오.

1. Before I graduated, I (offered, was offered) a good job.

2. Not everything (taught, is taught) at school. (모의변형)

3. The word is (derived, deriving) from two root words.

4. The old man was (giving, given) only a stick against the gangsters.

5. We use many natural materials and they are (dug, digging) from the ground. (모의)

6. Although the language (has spoken, has been spoken) for hundreds of years, few people use it. (모의변형)

3. be derived from ~로부터 연유하다 (파생되다) 4. be given 주어지다, 받다
5. dig-dug-dug 파다 6. few 별로(거의) 없는

7. I hated (to tell, to be told) what to do by my mother. (모의변형)

8. Go to a fairly quiet place where you are not likely (to disturb, to be disturbed). (수능기출)

9. Let's say a product that is not (advertising, advertised). (모의변형)

10. This is the place (which, where) the missing boys were found.

11. It is updated more (regular, regularly). (모의)

12. We like to watch people in situations (which, where) we ourselves might be pressured. (모의변형)

13. Children like fast food that (contains, is contained) a lot of trans fat. (모의변형)

14. People like the news that (reports, is reported) many important stories.

15. My little feet (carried, were carried) me up the stairs. (수능기출)

7. be told 듣다 8. fairly 꽤, 상당히 disturb 방해하다 10. missing 사라진, 실종된

정답

1. was offered	2. is taught	3. derived	4. given
5. dug	6. has been spoken	7. to be told	8. to be disturbed
9. advertised	10. where	11. regularly	12. where
13. contains	14. reports	15. carried	

해석 및 해설

1. Before I graduated, I **was offered** a good job.
   내가 졸업하기 전, 나는 좋은 직업을 제안 받았다.

2. Not everything **is taught** at school.
   모든 것이 학교에서 가르쳐지는 건 아니다.

3. The word is **derived** from two root words.
   그 단어는 두 개의 근본이 되는 단어들에서 유래되었다.

4. The old man was **given** only a stick / against the gangsters.
   그 노인은 단지 하나의 막대기만 받았다 / 갱스터들에 대항해서.

5. We use many natural materials / and they are **dug** from the ground.
   우리는 많은 천연 재료들을 사용한다 / 그리고 그것들은 땅에서 채굴된다.

6. Although the language **has been spoken** / for hundreds of years,
   비록 그 언어가 말해졌을지라도, / 수백 년 동안,
   / few people use it.
   사람들은 별로 그것을 사용하지 않는다.

7. I hated **to be told** what to do / by my mother.
   나는 무엇을 해야 할지 듣는 것을 싫어했다 / 나의 엄마에 의해.

8. Go to a fairly quiet place / where you are not likely **to be disturbed.**
   매우 조용한 장소로 가라 / 네가 방해받지 않을 것 같은.
   (해설) to be disturbed라는 수동태로 끝난 완전 문장 : 관계부사가 필요.

9. Let's say a product / that is not **advertised.**
   한 상품을 말해보자 / 광고되지 않는.
   (해설) that is~가 '주격 관계대명사 + 동사'이므로 선행사 product와의 관계를 봐야 합니다 → 의미상 수동관계.

(10~12번) 수동태가 완전 문장이라는 것을 아는지 묻는 응용문제입니다.

10. This is the place / **where** the missing boys were found.
　　　이곳이 장소이다　　　　　그 실종된 소년들이 발견된.
(해설) 수동태는 완전문장이므로 관계부사가 필요.

11. It is updated more **regularly.**
　　　그것은 더 정기적으로 갱신된다.
(해설) 수동태는 완벽문장이므로 부사가 필요.

12. We like to watch people / in situations / **where** we ourselves might be pressured
　　　우리는 사람들을 지켜보고 싶어한다　상황에 처한　　　우리 스스로가 압박을 느낄 수 있는.
　　　(=우리와 같은 스트레스 상황에 놓인 사람들을 지켜보고 싶어 한다는 의미)
(해설) 수동태는 완전문장이므로 관계부사가 필요.

(13~15번) 주체가 사람이 아닌 사물이라 수동이라고 생각할 수 있어요. 그러나 의미상 능동입니다.
　　　　　혼동될 경우 뒤에 목적어가 있는지 확인해 보세요. 뒤에 명사 목적어가 있으면 능동입니다.

13. Children like fast food / that **contains** a lot of trans fat.
　　　아이들은 패스트푸드를 좋아한다　많은 트랜스 지방을 포함하는.
(해설) 음식이 트랜스 지방을 포함하고 있는 것이므로 능동, 뒤에 목적어가 있으면 능동입니다. 수동태는 기본적으로
　　　목적어를 취하지 않아요.

14. People like the news / that **reports** many important stories.
　　　사람들은 뉴스를 좋아한다　　많은 중요한 이야기를 보도하는.
(해설) 뉴스가 많은 중요한 이야기를 보도하는 것이므로 능동, 뒤에 목적어가 있습니다.

15. My little feet **carried** me up the stairs.
　　　나의 작은 발은 나를 위층으로 옮겼다.
(해설) 나의 발이 옮겨진 것이 아니라 나를 옮긴 것이므로 능동, 뒤에 목적어 me가 있습니다.

2부
14장

15장 가정법

가정법은 '만약 ~라면 어떨까'라고 가정해 보는 겁니다.
가정법에서는 '동사 시제'가 중요합니다.
동사 시제가 내용과 불일치하기 때문이에요.[51]

---

51) 동사 시제의 중요성은 떨어지고 있으므로 가정법의 어법 출제율도 과거에 비해 상당히 낮아졌습니다.

1. 가정법 과거★

'현재' 사실에 대한 반대나 이루기 힘든 소망을 나타냅니다.

내용은 '현재'이지만, 시제는 '동사 과거'로 표현합니다.

▲ 시제가 불일치하는 이유는 가정법이 현실과 반대되는 내용이기 때문에 이러한 모순을 시제 불일치를 통해 표현하는 것이라 이해하면 됩니다.

> If + 주어 + 동사 과거, 주어 + 조동사 과거 + 동사원형
> 만약 ~ 라면,   …할 텐데
>
> 단, be 동사의 경우 was를 쓸 수 없다는 예외가 있어요. → were만 가능

- If I were rich, I could buy that beautiful house.
  만약 내가 부자라면, 나는 저 아름다운 집을 살 수 있을 텐데.

- If I had a flying car, I could fly freely.
  만약 내가 나는 차를 갖고 있다면, 나는 자유롭게 날 수 있을 텐데.

- If we ran out of fresh water, we would die out.
  만약 우리가 신선한 물을 다 쓴다면, 우리는 멸종할 텐데.

  * run out of ~을 다 쓰다, 고갈하다

2. 가정법 과거완료

과거 사실에 대한 반대나 이루기 힘든 소망. <u>내용은 과거지만 동사 시제는 과거완료 (대과거)로 표현합니다. 즉, 가정법의 시제는 실제 내용보다 한 단계씩 앞섭니다.</u>

> If + 주어 had pp,　주어 + 조동사 과거 + have pp
> 　만약 ~ 했었더라면,　　　　… 했을 텐데

- If you had seen her yesterday, you would have fallen in love at first sight.
  만약 네가 어제 그녀를 보았더라면,　　　너는 첫눈에 사랑에 빠졌을 텐데.
  * fall in love at first sight 첫눈에 사랑에 빠지다

- If he had not gotten drunk last night, he would not have made a big mistake.
  만약 그가 어젯밤 술에 취하지 않았더라면,　　　그는 큰 실수를 하지 않았을 텐데.
  * get drunk 술에 취하다

- If the decision had not been made, the entire team would have been killed.
  만약 그 결정이 만들어지지 않았더라면,　　　전체 팀은 죽었을 텐데.

> **참고** **if절은 언제가 단순 조건이고 언제가 가정법일까요?**
> 우리는 대부분 가정이 아니라 현실에 기반을 두고 이야기합니다. 그러므로 if 절도 대부분 단순 조건문입니다. 가끔 가정으로 말하는 경우 가정법이 되는 것이죠.
> 예를 들어, "너 몇 천원만 있으면 빌려줄래?"는 단순 조건문이지만, "너 몇 억이 있다면 무엇을 할래?"라고 말한다면 가정법이 되는 겁니다. 즉 가정법인가의 유무는 내용으로 판단합니다.

3. 가정법과 종종 쓰이는 3인방★

가정법은 대부분 if절의 형태를 취하지만, if가 없더라도 내용상 가정이면 가정법 문장이 성립됩니다. 아래는 내용상 가정법과 결합되기 쉬운 단어들입니다.

① **wish** 　 이루기 힘든 소망을 의미하는 경우

② **without** 　 ~가 없다면　　　　　　　　　　+ 동사 (or 조동사) 과거

③ **as if** 　 마치 ~인 것처럼

- I wish I could swim like a fish.
  나는 내가 물고기처럼 수영할 수 있기를 소망한다.

- I wish I had a younger sister.
  나는 여동생이 있었으면 좋겠다.

- Without skin, we could not feel anything.
  피부가 없다면,　　우리는 어떤 것도 느낄 수 없을 텐데.

- He behaves as if he were a big man.
  그는 마치 대단한 남자인 것처럼 행동한다.

4. 가정법 숙어

가정법 숙어는 현재는 잘 나오지 않습니다. 참고만 하세요.

> 가정법 과거 숙어 : If It were not for ~
> 　　　　　　　　만약 ~가 없다면
>
> 가정법 과거완료 숙어 : If It had not been for ~
> 　　　　　　　　　　만약 ~가 없었더라면

- If it were not for fresh air, we would not live.
  만약 신선한 공기가 없다면,　　　우리는 살지 못할 텐데.

- If It had not been for your help, I could not have made it.
  만약 너의 도움이 없었다면,　　　나는 그것을 해내지 못했을 것이다.

　　　　　　　　　　　　　　　　　　　* make it 해내다 성공하다

16장 관계사 2

1. 계속적 용법의 해석 및 원리 설명

2. 수능 어법 총정리

1. 계속적 용법의 해석 및 원리 설명

1) 관계대명사 계속적 용법 ', 관계대명사'

관계사 해석법은 두 가지가 있습니다. 앞서 1부 관계사[52]에서는 명사에서 끊고 수식하는 방법을 배웠어요. 이때 관계사는 아무런 뜻이 없었지요.

지금 배울 두 번째 해석법은 관계사의 '계속적 용법'이라 하며 앞에 콤마를 찍어서 ', 관계대명사'로 표시합니다. 이때 관계사는 뜻을 지니고 있어요. 계속적 용법을 이해하기 위해서는 관계사 문장이 만들어지는 원리에 대한 이해가 필요합니다.

먼저 예문을 보기 전에 말로 풀어서 설명해 볼게요.

관계대명사절은 원래 접속사로 연결된 2개의 문장이었어요. 그런데 하나의 관계대명사절로 압축된 것입니다. 압축되었으니 무언가가 줄어들었겠지요. 맞아요.

두 문장을 연결하는 '접속사'와 앞 문장의 명사(선행사)를 대신하는 '대명사'를 관계대명사가 꿀꺽 삼켰어요.[53] 따라서 관계대명사는 그 안에 '접속사'와 앞의 명사(선행사)를 대신하는 '대명사'를 품고 있습니다.

즉, '관계대명사 = 접속사 + 선행사를 대신하는 대명사'입니다.

수식으로 해석하는 방법이 압축된 하나의 문장을 해석하는 것이었다면, 계속적 용법은 관계대명사가 삼킨 것을 뱉어내어 다시 원래의 두 문장으로 만들어주는 해석 방법입니다.

---

52) 1부 2장 핵심 독해 문법 – 2) 형용사 ⑤ 관계대명사절, ⑥ 관계부사절
53) 하나의 절로 압축되었으니 접속사는 필요 없고, 영어에서는 반복을 싫어하니 두 문장 중 앞의 명사(선행사)를 반복하는 대명사를 삼킨 것입니다.

수식으로 해석할 경우 관계대명사의 뜻이 없으니 대명사의 격이 상관없지만, 풀어서 해석할 경우 관계사가 삼킨 대명사의 격에 맞추어 주어야 합니다. 앞서 주격 관계대명사는 주어를 삼켰고, 목적격 관계대명사는 목적어를 삼켰다는 말 기억하지요?

풀어서 해석하면 다음과 같습니다.

> 주격 : 접속사 + 선행사를 대신하는 대명사의 주격 → 그런데 그 선행사는
>
> 목적격 : 접속사 + 선행사를 대신하는 대명사의 목적격 → 그런데 그 선행사를
>
> 소유격 : 접속사 + 선행사를 대신하는 대명사의 소유격 → 그런데 그 선행사의

■ 관계대명사 문장이 만들어지는 원리를 실례를 통해 살펴봅시다.

(1) 주격 관계대명사

: 접속사 + 선행사를 대신하는 대명사 (주격)

접속사는 연결한다는 의미로 '+'로 처리하였어요. 구체적으로 어떤 접속사인지는 중요하지 않으므로 해석은 '그런데' 혹은 '그리고' 정도로 간단히 통일합니다.

- I met a man + he was very kind.
  → I met a man, who was very kind.
  나는 한 남자를 만났다, 그런데 그는(a man) 매우 친절했다.

- I had some friends + they have gone to China.
  → I had some friends, who have gone to China.
  나는 몇몇 친구들이 있었다, 그런데 그들은(some friends) 중국으로 갔다.

- We watched a movie + It was very exciting.
  → We watched a movie, which was very exciting.
  우리는 영화를 보았다, 그런데 그것은(the movie) 매우 흥미진진했다.

- I read some books + they were very impressing.
  → I read some books, which were very impressing.
  나는 몇몇 책들을 읽었다, 그런데 그것들은(some books) 매우 감동적이었다.

* impressing 감동적인

■ 원리를 알았으니 이제 주격 관계대명사 문장을 바로 해석해 볼까요?

- I have a lot of friends, who are all talented.
  나는 많은 친구들이 있다,   그런데 그들은 모두 재능이 있다.

- I met a man, who said that he achieved a lot of success.
  나는 한 남자를 만났다, 그런데 그는 그가 많은 성공을 성취했다고 말했다.

- I met a girl, who told me that she had been suffering from deep depression.
  나는 한 소녀를 만났다, 그런데 그녀는 나에게 그녀가 깊은 우울증을 앓아 왔다고 말했다.

  * depression 우울(증)

♣ 주격 관계대명사절은 주어가 없는 자리에 선행사를 넣어주면 완전문장이 됩니다.
  주격 관계대명사는 선행사 주격을 삼켰으니까요.

(2) 목적격 관계대명사

: 접속사 + 선행사를 대신하는 대명사 (목적격)

- I saw a girl + I could not forget her.
  → I saw a girl, whom I could not forget.
  　　　　　　　　and her
  　나는 한 소녀를 보았다,　그런데 그녀를 나는 잊을 수 없었다.

- I missed my old friend + I met him by chance.
  → I missed my old friend, whom I met by chance.
  　　　　　　　　　　　　　and him
  　나는 나의 옛 친구를 그리워했다,　그런데 그를 나는 우연히 만났다.
  　　　　　　　　　　　　　　　　* miss 그리워하다, by chance 우연히

- I bought an expensive pen + I lost it.
  → I bought an expensive pen, which I lost.
  　　　　　　　　　　　　　　　and it
  　나는 비싼 펜 하나를 샀다,　　그런데 그것을 나는 잃어버렸다.

♣ 목적격 관계대명사절은 목적어가 없는 자리에 선행사를 넣어주면 완전문장이 됩니다.

> **참고** 계속적 용법 해석, 좀 더 자연스럽게 할 수 없나요?
>
> 목적격 관계대명사를 '그런데 ~을' 이라고 해석하면 좀 어색하지요? 아래와 같이 접속사를 자연스럽게 연결하고 목적어를 목적어 자리에 넣어 해석하면 좀 더 듣기 좋은 해석이 됩니다.
>
> - I saw a girl, whom I could not forget.
>   　나는 한 소녀를 보았는데 그녀를 잊을 수 없었다.
>
> - I bought a expensive pen, which I lost.
>   　나는 비싼 펜 하나를 샀는데 그것을 잃어버렸다.
>
> 그러나 공부하는 과정에서는 문법 그대로 직역하는 것이 좋습니다.
> 관계대명사가 그 안에 '접속사와 대명사'를 포함하고 있다는 것을 잊지 않기 위해서예요. 이후 어법 문제에서 중요하게 다루어지므로 꼭 기억하세요!

(3) 소유격 관계대명사(whose)[54]

: 접속사 + 선행사를 대신하는 대명사의 '소유격'

- I have a son + his dream is to be a famous singer.
  → I have a son, **whose** dream is to be a famous singer.
  나는 아들이 있다.   그런데 그의 꿈은 유명한 가수가 되는 것이다.

- I know a boy + his father is a famous actor
  → I know a boy, **whose** father is a famous actor
  나는 한 소년을 안다.   그런데 그의 아빠는 유명한 배우이다.

- I read some books + their stories were so impressing.
  → I read some books, **whose** stories were so impressing.
  나는 몇몇 책들을 읽었다.   그리고 그것들(책들)의 스토리는 너무 감동적이었다.

  * impressing 감동적인

---

54) whose는 사람과 사물, 즉 who와 which 둘 다의 소유격 형태입니다 (that : 소유격x).
그런데 which의 경우 소유격 형태는 whose 외에도 of which가 있어요.

whose는 그 자체로 선행사 소유격을 삼킨 것이고, of which는 which 자리에 선행사를 넣어서 → 'of + 선행사' = '선행사의'라는 소유격 의미가 된 경우입니다.
그러나 of which는 소유격보다 이후 공부하게 될 전치사 + which의 맥락으로 공부하는 것이 더 효율적입니다.
소유격은 대표적으로 whose만 알아도 됩니다.

■ 이제 원리를 보았으니 소유격 문장을 바로 해석해 볼까요?!

- We know a girl, whose face is very beautiful.
  우리는 한 소녀를 안다, 그런데 그녀의 얼굴은 매우 아름답다.

- I saw a man, whose behavior was very polite.
  나는 한 남자를 보았다, 그런데 그의 행동은 매우 공손했다.

  * behavior 행동

- I watched a movie, whose plot was so exciting.
  나는 영화를 보았다. 그런데 그 영화의 줄거리는 매우 흥미진진했다.

  * plot 줄거리

참고 | 계속적 용법은 꼭 풀어서 해석해야만 하나요?

계속적 용법이라고 무조건 풀어서 해석해야 하는 건 아닙니다. 풀어서 해석해야만 자연스러운 경우가 있지만, 대부분의 현실 독해에서는 두 가지 방법 모두 가능합니다.
즉, 편리한 대로 해석하되 두 가지 방법 모두 알고 있어야 합니다.

- I know a girl, whose face is very beautiful.
  나는 한 소녀를 안다.   얼굴이 매우 아름다운. (수식)
  나는 한 소녀를 안다 그런데 그녀의 얼굴은 매우 아름답다. (풀어서 해석 = 계속적 용법)

2) 관계부사 계속적 용법 : ', 관계부사'

관계부사절 역시 원래는 두 문장이었던 것이 하나의 관계부사절로 압축된 것입니다. 다만, 관계대명사가 접속사 + 대명사를 삼켰다면, 관계부사는 접속사 + 부사를 삼켰어요. 따라서 관계부사 = '접속사 + 부사'로 풀어서 해석하면 됩니다. 계속적 용법으로 가장 많이 나오는 관계부사 where, when을 중심으로 공부해 봅시다.

> , where = 접속사 + 장소부사 (there 거기)
> , when = 접속사 + 시간부사 (then 그때)[55]

여기서 there와 then은 어떤 시간이나 장소라도 지칭할 수 있는 대표적인 부사인데요, 구체적으로는 앞의 선행사의 때와 장소를 가리킵니다. 따라서 선행사를 장소, 시간부사로 만들어주면 there, then에 대한 보다 구체적인 의미가 되겠지요. 명사인 선행사를 부사로 만들면 '전치사 + 선행사'의 형태가 됩니다.[56]
즉, 'there, then = 전치사 + 선행사'입니다.

따라서 최종적으로 관계부사 해석은 아래 두 가지입니다.

> , where   = and there   그런데 거기에서
>   = and 전치사 + 선행사   그런데 그 선행사에서
> , when   = and then   그런데 그때
>   = and 전치사 + 선행사   그런데 그 선행사 때

즉, 관계대명사가 접속사 + 선행사를 대신하는 '대명사'라면, 관계부사는 접속사 + 부사 (= 선행사의 부사화)라고 정리할 수 있습니다.

---

55) then : 그리고 나서, 그러면, 그때
56) '전치사 + 명사'는 부사 역할을 한다고 앞서 부사 part에서 배웠어요.
where와 when은 선행사로 각각 장소 명사, 시간 명사를 취하지요. 이들 장소 명사, 시간 명사 앞에 전치사를 붙이면 장소부사, 시간부사가 됩니다.

■ 관계부사 해석*

- We built a beautiful house, <u>where</u> our family lived happily.
  우리는 아름다운 집을 지었다.   그리고 거기에서(그 집에서) 우리의 가족은 행복하게 살았다.

- The volunteers went to Africa, <u>where</u> they built a hospital.
  그 자원봉사자들은 Africa로 갔다.   그리고 거기에(아프리카에) 그들은 병원을 지었다.

  * volunteer 자원봉사자

- I went to a meeting, <u>where</u> people shared their particular problems.
  나는 한 모임에 갔다.   그런데 거기에서(그 모임에서) 사람들은 그들의 특별한 문제들을 나누었다.

  * particular 특별한

- Humans lived near the lake, <u>where</u> they grew many crops.
  인간들은 호수 근처에서 살았다.   그리고 거기에서(그 호수에서) 그들은 많은 농작물들을 재배했다.

  * lake 호수
  * crop 농작물

- They want to meet me tomorrow, <u>when</u> I have an important meeting.
  그들은 내일 나를 만나고 싶어 한다.   그런데 그때(내일) 나는 중요한 회의가 있다.

- I had a special reason, <u>why</u> I became a lawyer.
  나는 특별한 이유가 있었다.   그리고 그 이유로 나는 변호사가 되었다.

> **참고**
>
> 관계부사 why와 how는 각각 선행사가 하나이므로 해당 선행사를 부사로 해석하면 됩니다
> 즉, why는 그런데 그 이유로, how는 그런데 그 방법으로.

■ 관계부사가 만들어지는 원리를 실례를 통해 살펴봅시다.

  * 원리는 이해만 하면 됩니다.

> 관계부사 where = 접속사 + there (= 전치사 + 선행사)

- They built a house. + Their family lived there (=in the house).
  → They built a house, **where** their family lived.
            and there(=in the house)
    그들은 집을 지었다.   그리고 거기에서(그 집에서) 그들의 가족은 살았다.

- They went to Africa. + They built a hospital there (=in Africa).
  → They went to Africa, **where** they built a hospital.
            and there(=in Africa)
    그들은 아프리카로 갔다.   그리고 거기에(아프리카에) 그들은 병원을 지었다.

> 관계부사 when = 접속사 + there (= 전치사 + 선행사)

- They want to meet me at noon + I have an important meeting then (=at noon).
  → They want to meet me at noon, **when** I have an important meeting.
            and then(=at noon)
    그들은 정오에 나를 만나기를 원한다.   그런데 그때(정오에) 나는 중요한 회의가 있다.

2. 수능 어법 총정리

1) 관계사 주요 핵심 어법

(1) 주격 관계대명사 + 동사 → 동사의 수일치는 선행사에 맞춘다.

1부에서 충분히 설명하고 문제로 다루었기 때문에 추가 설명은 생략합니다.

(2) 관계대명사와 부사의 차이

> 관계대명사 : which + 불완전문장
> 관계부사 : where, when + 완전문장

관계대명사와 부사를 구별하는 핵심은 뒤 문장의 완전성 여부입니다. 관계대명사절은 주어나 목적어가 없는 불완전문장이고, 관계 부사절은 완전문장입니다. 관계대명사와 부사의 비교 문제는 which와 where, when의 비교 문제로 집중됩니다. who는 선행사가 사람이므로 다른 관계사와 확실히 구별되고, that은 관계대명사와 관계부사 역할을 모두 하기 때문에 비교 문제로서 출제율이 낮은 편이기 때문입니다 (명사 뒤의 that은 무조건 맞는 어법입니다).

which와 관계부사의 비교 시 주의할 점은 앞의 선행사로 판단할 수 없다는 점입니다. 보통 선행사와 관계사를 짝지어 공부하기 때문에 학생들은 일차적으로 선행사를 보려고 하죠. 그러나 which의 경우 사람이 아닌 거의 모든 것, 즉 사물을 비롯하여 장소나 시간 명사도 선행사로 취할 수 있어요. 또 관계부사 where, when도 각각 장소나 시간명사를 기본으로 하지만 때에 따라 상황이나 특징 등 좀 더 다양한 선행사를 취합니다.

따라서 이들은 선행사로 구별되지 않고 반드시 뒤 문장의 완전성 여부로 판단해야 합니다.

고등학교 모의고사 수준에서 선행사와 관계사를 짝짓는 기초문제는 출제되지 않습니다.

<u>명사 뒤 which에 밑줄이 그어져 있다면 뒤 문장이 불완전한지, 명사 뒤 where, when에 밑줄이 그어져 있다면 뒤 문장이 완전한지 묻는 어법이라는 것 꼭 기억하세요!</u>

Exercise. 다음 괄호 안에 적절한 것을 고르시오.

1. This is a place (which, where) is environmentally friendly.

2. This is the building (which, where) was constructed by my farther.

3. There are special occasions (when, that) need beautiful flowers.

4. This is the house (which, where) my father built a few years ago.

5. This is the shop (which, where) I usually buy food.

6. My father established a system, (which, where) I got points whenever I played less game. (모의변형)

1. environmentally friendly 친환경적인 2. construct 짓다, 건설하다 3. occasion 경우, 때
6. establish 설립하다

정답과 해설은 다음 페이지에 →

정답

1. which 2. which 3. that 4. which 5. where 6. where

해석 및 해설

1. This is a place / **which** is environmentally friendly.
    이곳은 장소이다   친환경적인.
   (해설) 주어가 없으니 주격 관계대명사 which

2. This is the building / **which** was constructed / by my farther.
    이곳은 건물이다   건축된   나의 아빠에 의해.
   (해설) 주어가 없으니 주격 관계대명사 which

3. There are special occasions / **that** need beautiful flowers.
    특별한 경우들이 있다   아름다운 꽃을 필요로 하는.
   (해설) 주어가 없으니 주격 관계대명사 역할을 할 수 있는 that

4. This is the house / **which** my father built a few years ago.
    이것은 집이다   나의 아빠가 몇 년 전에 지은.
   (해설) ① 동사 built 뒤에 목적어가 없으니 목적격 관계대명사 which
          ② 동사 뒤 목적어 자리에 선행사 the house를 넣으면 문장이 완성됩니다.

5. This is the shop / **where** I usually buy food.
    이것은 가게이다   내가 평상시에 음식을 사는.
   (해설) 뒷 문장이 명사에서 끝나는 완벽문장이므로 관계부사 where

6. My father established a system, **where** I got points / whenever I played less game.
    나의 아버지는 하나의 체계를 설립했다, 그리고 거기에서(그 체계 하에서) 나는 점수를 얻었다 / 내가 게임을 덜 할 때마다.
   (해설) 관계사가 이끄는 문장이 명사 point에서 끝났으므로 완전문장.

■ **문장의 완전성 판단기준**

관계대명사와 부사를 구별하는 데 있어 문장의 완전성 여부를 어떻게 판단할까요?

– 완전문장 : 명사에서 끝나거나, 수동태(be pp)로 끝난 문장입니다. 명사 뒤는 대부분 수식이고, 수동태는 그 자체로 완전문장이라고 앞서 설명했어요.

– 불완전문장 : 주어나 목적어가 없는 경우입니다. 주어가 없는 경우는 간단하지만, 목적어가 없는 경우는 3가지 형태가 있습니다.

앞서 불완전 명사절 what절에서 설명했는데, 내용은 같지만 what절은 불완전 명사절이고, 관계대명사절은 불완전 형용사절이므로 혼동되지 않도록 다시 한번 정리합니다.

※ 목적격 관계대명사의 목적어가 없는 3가지 형태

① <u>동사 뒤 목적어가 없는 경우</u> (기본 형태)

아래 문장들에서 ' / '는 목적격 관계대명사가 생략된 곳입니다.

- This is the job / I want.
  이것은 직업이다   내가 원하는.

- This is the sport / I enjoy.
  이것은 스포츠이다   내가 즐기는.

- This is the book / I read.
  이것은 책이다   내가 읽는.

▼ 위 예문에서 목적어가 없는 자리에 선행사를 넣으면 완전문장이 됩니다.

- I want <u>the job.</u>
- I enjoy <u>the sport.</u>
- I read <u>the book.</u>

② to-v, ing 뒤 목적어가 없는 경우

to부정사와 ing도 대부분 동사처럼 목적어를 취합니다.

- This is the job / I want to get.
      이것은 직업이다   내가 얻기를 원하는.
  (해설) to get의 목적어가 없는 불완전문장

- This is the book / I want to read.
      이것은 책이다   내가 읽기를 원하는.
  (해설) to read의 목적어가 없는 불완전문장

- This is the sport / I enjoy doing.
      이것은 스포츠이다   내가 하기를 즐기는. (즐겨 하는)
  (해설) doing의 목적어가 없는 불완전문장

▼ 위 예문에서 to-v와 ing의 목적어 자리에 선행사를 넣으면 문장이 완성됩니다.

- I want to get the job.
- I like to read the book.
- I enjoy doing the sport.

> **주의!**
>
> 동사도 목적어를 취하지 않는 1형식 동사가 있는 것처럼, to부정사나 동명사도 마찬가지입니다. 따라서 목적어가 필요한 것인지 아닌지 의심될 경우 뒤에 선행사를 넣어보세요. 말이 되면 목적어가 필요한 것이고, 그렇지 않으면 to부정사나 동명사 자체로 문장이 끝난 것입니다. 그러나 대부분은 목적어가 필요한 경우가 많습니다.

2부 16장

③ 전치사 뒤 목적어가 없는 경우

전치사 뒤는 명사(대명사)의 목적격이 옵니다.

- I know the thing / he is afraid of.
  나는 그것을 안다   그가 두려워하는.

- This is the toy / my brother is proud of.
  이것이 장난감이다   나의 남동생이 자랑스러워하는.

- I met his girlfriend / he often talked about.
  나는 그의 여자 친구를 만났다   그가 자주 말했던.

▼ 위 전치사 뒤 목적어가 없는 자리에 선행사를 넣으면 문장은 완성됩니다.

- He is afraid of the thing.
- My brother is proud of the toy.
- He often talked about his girlfriend.

Exercise. 다음 괄호 안 적절한 단어를 고르시오.

1. This is the land (which, where) we want to purchase.

2. This is the problem (which, where) you avoid facing.

3. This is the house (which, where) my family wants to live in.

4. We should even accept the history (which, where) we are ashamed of.

5. This is the house (which, where) we want to live.

1. purchase 구입하다 4. be ashamed of ~을 부끄러워하다

정답과 해설은 다음 페이지에 →

정답

1. which   2. which   3. which   4. which   5. where

해석 및 해설

1. This is the land / **which** we want to purchase.
   이것은 땅이다   우리가 구입하기를 원하는.

2. This is the problem / **which** you avoid facing.
   이것은 문제이다   네가 직면하기를 피하는.

3. This is the house / **which** my family wants to live in.
   이것은 집이다   나의 가족이 살기를 원하는.

4. We should even accept the history / **which** we are ashamed of.
   우리는 심지어 역사도 받아들여야 한다   우리가 부끄러워하는.

5. This is the house / **where** we want to live.
   이곳은 집이다   우리가 살기를 원하는.

(해설)

1~4번 모두 'to-v, 동명사, 전치사' 뒤에 목적어가 없으므로 목적격 관계대명사 역할을 할 수 있는 which가 맞습니다. 목적어가 없는 자리에 선행사를 넣으면 문장은 완성됩니다.

그러나 5번의 경우 to부정사 뒤에 선행사 목적어를 넣으면 어색합니다. 우리가 '그 집을' 살고 싶은 것이 아니라, '그 집에서' 살고 싶은 것이므로 목적어가 아닌 장소부사가 필요합니다.

즉, 여기서 live는 목적어가 필요 없이 그 자체로 완전한 1형식 동사인 겁니다.

(3) 전치사 which

= 관계부사 where, when + '완전문장'

① 개념

'전치사 which'는 무엇일까요, 이것이 왜 관계부사와 같은 걸까요?
앞서 배웠던 관계부사의 원리를 기억해 봅시다.

> 관계부사 where, when = 접속사 + <u>there, then</u>
>   = 접속사 + <u>전치사 + 선행사</u>

여기서 where, when은 그냥 부사(there, then)를 삼킨 형태이고 전치사 which는 명사인 선행사를 부사로 만든 형태입니다.
which는 선행사를 그 안에 포함하고 있으므로 전치사 which는 전치사 + 선행사이기 때문이에요.
잘 이해되지 않는다면 앞의 관계부사 계속적 용법을 다시 공부하세요!

② 해석

수식으로 해석하는 방법과 풀어서 해석하는 방법 (계속적 용법) 두 가지가 있어요.

– 수식 : 명사에서 끊고 '전치사 which'전체를 아무 뜻 없이 수식합니다.
– 풀어서 해석 (계속적 용법) : 아래와 같이 which 자리에 선행사를 넣어줍니다.

in (at) which	그런데 그 선행사에
during which	그런데 그 선행사 동안
of which	그런데 그 선행사의(중의)
by which	그런데 그 선행사에 의해
for which	그런데 그 선행사 동안(or 그 선행사를 위하여, 선행사에게)[57]
to which	그런데 그 선행사에(로) (전치사 to : ~에, ~로)
by whom	그런데 그 선행사(사람)에 의해
of whom	그런데 그 선행사(사람)의

※ '전치사 whom'은 사람이 선행사라는 것만 달라요. 전치사 다음에는 명사(대명사)의 목적격이 오기 때문에 who의 목적격 형태인 whom이 온 겁니다.

- I have a house / in which my family live together.
  (수식) 나는 집을 가지고 있다   나의 가족이 함께 사는.
  (풀어서) 나는 집을 가지고 있다, 그런데 그 집에서 나의 가족은 함께 산다.

- We spent 4 months together, during which we became to know each other a lot more.
  (풀어서) 우리는 4달을 함께 보냈다,   그리고 그 4달 동안 우리는 서로를 훨씬 더 많이 알게 되었다.

  (해설) 이때는 수식으로 해석하면 어색해요. 계속적 용법으로 풀어서 해석하는 것이 자연스럽습니다.

- The coach came up with wonderful ways, by which children were trained.
  (수식) 그 코치는 훌륭한 방법들을 고안해 냈다,   아이들이 훈련받는.
  (풀어서) 그 코치는 훌륭한 방법들을 고안해 냈다, 그리고 그 방법들에 의해 아이들은 훈련받았다.
  * come up with ~를 생각해내다, 고안해내다

- I have many friends, some of whom are foreigners.
  (수식) 나는 많은 친구들이 있다   몇몇은 외국인인.
  (풀어서) 나는 많은 친구들이 있다, 그런데 그들(친구들) 중의 몇몇은 외국인들이다.

---

57) for는 '~동안, ~를 위하여, ~에게'라는 뜻이 있어요.

③ 어법 : 전치사 which는 관계부사이므로 뒤의 문장이 완전한가를 봐야 합니다. 최종정리하면 다음과 같습니다.

> which + 불완전문장
> 전치사 which = when = when + 완전문장

Exercise. 다음 괄호 안에서 적절한 단어를 고르고 해석하시오.

1. She conducted a study, (which, in which) she used animals.

2. We have wonderful gardens, (which, in which) we cultivate sweet potatoes and vegetables.

3. Skiing is a highly skilled sport (which, in which) experts can slide down mountain trails at more than 60 miles an hour.

4. This meeting (in which, which) people share a particular problem is often conducted without a counselor. (모의변형)

5. This is the place (which, to which) we usually go.

6. This is the shop (which, at which) my father works.

7. This is the house (which, in which) my family has lived for more than 20 years.

2. sweet potato 고구마 4. particular 특별한(특정한) conduct 수행하다

정답과 해설은 다음 페이지에 →

정답

1. in which
2. in which
3. in which
4. in which
5. to which
6. at which
7. in which

해석 및 해설

해석은 수식과 풀어서(계속적 용법) 두 가지로 합니다.

1. She conducted a study, / **in which** she used animals.
   (수식) 그녀는 한 연구를 수행했다,   그녀가 동물을 이용하는.
   (풀어서) 그녀는 한 연구를 수행했다, 그런데 그 연구에서 그녀는 동물들을 이용했다.
   (해설) 뒷 문장이 명사에서 끝난 완전문장이므로 in which

2. we have wonderful gardens, **in which** we cultivate sweet potatoes and vegetables.
   (수식) 우리는 훌륭한 정원들을 가지고 있다,   우리가 고구마와 채소들을 재배하는.
   (풀어서) 우리는 훌륭한 정원들을 가지고 있다, 그리고 그 정원들에서 우리는 고구마와 채소들을 재배한다.

3. Skiing is a highly skilled sport / **in which** experts can slide down mountain trails
   (수식) 스키는 고도로 숙련된 스포츠이다   전문가들이 산길을 미끄러져 내려오는
   / at more than 60 miles an hour.
       시간당 60마일 이상의 속도로.
   (풀어서) in which → 그런데 그 스포츠에서 전문가들은 산길을 미끄러져 내려온다~.
   (해설) 관계사가 이끄는 문장이 명사 mountain trails에서 끝났으므로 완전문장.

4. This meeting/ **in which** people share a particular problem / is often conducted
   (수식) 이 모임은   사람들이 특별한 문제를 공유하는   종종 수행된다
   / without a counselor.
        상담자 없이.
   (풀어서) 이 모임은 거기에서 사람들이 특별한 문제를 공유하는 데 종종 수행된다~.
   (해설) 관계사 뒤의 문장이 명사 a particular problem에서 끝났으므로 완전문장

5. This is the place / **to which** we usually go.
   (수식) 이곳은 그 장소이다   우리가 보통 가는.
   (풀어서) 이곳은 그 장소이다. 그런데 그 장소에 우리는 보통 간다.
   (해설) 관계사가 이끄는 문장이 동사(go)에서 끝났지만, 뒤에 목적어가 필요 없는 완벽문장. (1형식)
         우리는 그 '장소를' 가는 것이 아니라 그 장소에 (to which) 가는 것이기 때문입니다.

6. This is the shop / **at which** my father works.
   (수식) 이곳은 가게이다   나의 아빠가 일하시는.
   (풀어서) 이곳은 가게이다. 그런데 그 가게에서 나의 아빠가 일하신다.
   (해설) 나의 아빠가 그 가게를 일하는 것이 아니라 '그 가게에서' 일하는 것이므로 장소부사가 필요함.

7. This is the house / **in which** my family has lived for more than 20 years.
   (수식) 이곳은 그 집이다   나의 가족이 20년 이상 살아온.
   (풀어서) 이곳은 그 집이다. 그리고 그 집에서 나의 가족은 20년 이상 살아왔다.
   (해설) 역시 그 '집을' 살아온 게 아니라 '그 집에서' 살아온 것이므로 장소부사가 필요함.

(4) 심화단계 : 주절 + 관계사절*

문장이 2개일 때는 연결하는 접속사가 있어야 합니다. 그러나 접속사가 없다면 어떻게 될까요? 접속사를 포함하고 있는 관계사 문장이 와야 합니다.

Exercise.

I have many friends, (some of them, some of whom) are foreigners.

정답

some of whom

해석 및 해설

I have many friends, **some of whom** are foreigners.
나는 많은 친구들이 있다. 그런데 그들 중의 몇몇은 외국인들이다.

(해설) them은 대명사이지만, 관계대명사 whom은 접속사 + 대명사(and them)입니다.

Exercise. 괄호 안에 적절한 답을 고르시오.

1. I got lots of gifts, (some of them, some of which) were very impressive.

2. The peaks of the mountain slowly emerged, (all of them, all of which) were very fantastic. (모의변형)

3. Each cosmetic contains 30~40 chemicals, some of (which, them) cause allergic reactions. (모의변형)

4. A complex hormonal process directs the growth of hair and nails, (none of them, none of which) is possible, once a person dies.

5. The doctor prescribed some medicine, (what, which) contained a natural form of Aspirin. (모의변형)

6. The groom usually wears a tuxedo, (what, which) is commonly rented just for his wedding day. (모의)

7. He took on the difficult task of treating patients, many of (them, whom) had not responded well to traditional pain-management therapy. (모의변형)

---

1. impressive 인상적인 3. cosmetic 화장품 reaction 반응 4. direct 직접적인, 이끌다, 감독하다 once (접) 일단 ~하면 5. prescribe 설명하다. *처방하다(의학용어) Aspirin 아스피린 6. groom 신랑 tuxedo 턱시도 7. respond 반응하다 therapy 치료

정답과 해설은 다음 페이지에 →

정답

1. some of which   2. all of which   3. which
4. none of which   5. which   6. which
7. whom

해석 및 해설

지문이 어렵다고 겁먹지 마세요. 두 문장에 접속사가 있는지 문장구조만 확인하면 됩니다.

1. I got lots of gifts, **some of which** were very impressive.
   나는 많은 선물들을 받았다. 그런데 그것들 중의 몇 개는 매우 인상적이었다.

2. The peaks of the mountain slowly emerged, **all of which** were very fantastic.
   그 산의 봉우리들이 서서히 드러났다. 그리고 그것들(peaks)의 모두가 매우 환상적이었다.

3. Each cosmetic contains 30~40 chemicals, some of **which** cause allergic reactions.
   각각의 화장품은 30 또는 40개의 화학 물질들을 포함한다. 그리고 그것들 중의 일부는 알러지 반응을 유발한다.

4. A complex hormonal process / directs the growth of hair and nails
   복잡한 호르몬 작용은   머리카락과 손톱의 성장을 이끈다

   , **none of which** is possible, once a person dies.
   , 그런데 그것들의 아무것도 가능하지 않다, 일단 사람이 죽으면.

5. The doctor prescribed some medicine, **which** contained a natural form of Aspirin.
　　그 의사는 약간의 약을 처방했다.　　　그런데 그것들은(약) 천연 형태의 아스피린을 포함했다.

(해설) 두 문장이므로 접속사를 포함하고 있는 관계사가 정답.
약간 응용문제에요. 주어가 없는 불완전문장이라고 what을 고르면 안 됩니다. 앞에 명사(선행사)가 있으므로 뒤는 수식, 즉 관계사 문장이 와야 합니다. 관계사는 명사 수식도 할 수 있고, 풀어서 해석할 경우 접속사로 연결도 됩니다. what이 들어갈 경우, 두 문장 다 명사절이므로 수식도 되지 않고 문장 연결도 되지 않습니다.

6. The groom usually wears a tuxedo, **which** is commonly rented just for his wedding day.
　　신랑은 보통 턱시도를 입는다.　　　그리고 그것은 흔히 결혼식 당일에만 대여된다.

(해설) 역시 앞 문장을 수식하거나 접속사로 연결할 수 있는 관계대명사 which가 정답.

7. He took on the difficult task / of treating patients, many of **whom** had not responded well
　그는 어려운 일을 떠맡았다　　　환자들을 치료하는,　　그런데 그들 중의 많은 이들이 잘 반응하지 않았다

/ to traditional pain-management therapy.
　전통적인 통증 관리 치료에.

(해설) 두 문장이므로 접속사를 포함하고 있는 관계사가 정답.

2) 관계사 세부 어법

(1) that은 계속적 용법에 쓰이지 않는다

: , that (×) → , which (○)

that은 모든 관계사를 대신할 수 있지만, 계속적 용법에 쓰이지 않아서 계속적 용법을 나타내는 콤마가 앞에 붙지 않습니다.[58]

(2) 관계사는 선행사와 떨어져 있을 수 있다

선행사와 관계사는 나란히 붙어 있지만, 간혹 떨어져 있는 경우도 있어요. 관계사의 수식을 받아 앞 문장이 너무 길어지는 경우 긴 관계사절을 선행사와 떨어뜨려 놓기도 하기 때문입니다. 이때 올바른 선행사가 무엇인지는 해석으로 판단합니다.

Exercise. 다음 괄호 안의 적절한 단어를 고르고 해석하시오.

1. You are the only one in this world (who, where) I love.

2. She is the only artist in the world (who, which) can draw in such a way.
   * such 그런

3. There are a few things about him that (is, are) important to know.

4. A new medicine was developed that (cure, cures) the disease.

정답과 해설은 다음 페이지에 →

---

58) 그 외 참고로 that은 전치사와 함께 쓰일 수 없고, 소유격 형태도 없어요.

정답

1. who   2. who   3. are   4. cures

해석 및 해설

1. You are the only one / in this world / **who** I love.
    너는 유일한 사람이다   이 세상에서   내가 사랑하는.
   (해설) 선행사는 the only one

2. She is the only artist / in the world / **who** can draw in such a way.
    그녀는 유일한 미술가이다   세상에서   그런 식으로 그릴 수 있는
   (해설) 선행사는 the only artist

3. There are a few things / about him / that **are** important to know.
    몇 가지 것들이 있다   그에 대해   중요하게 알아야 할.
   (해설) 선행사는 a few things

4. A new medicine was developed / that **cures** the disease.
    새로운 약이 개발되었다   그 병을 치료할 수 있는.
   (해설) 여기서 that절은 접속사가 아니라 주어가 없는 주격 관계대명사절로 선행사는 A new medicine입니다. 주어가 수식을 받아서 너무 길어지는 것을 피하기 위해 관계대명사절을 뒤에 떼어 놓은 경우예요. that이 접속사라면 뒤 문장이 주어 동사로 이어지는 완벽문장이어야 합니다.

(3) 소유격 관계대명사 whose는 관계대명사절 중에서 유일하게 '완전문장'을 이끈다

관계대명사절은 불완전문장이죠 (주격은 주어가 없고, 목적격은 목적어가 없음). 그러나 소유격 관계대명사 whose는 유일하게 완전 문장입니다.

'~의'라는 소유격은 형용사와 같이 뒤의 명사를 수식할 뿐이어서 문장 내에서 주인공 역할을 하지 않기 때문입니다. 따라서 소유격 관계대명사가 삼켜서 없다 해도 뒤 문장에 지장을 주지 않습니다.

Exercise. 다음 괄호 안에 적절한 것을 고르시오.

1. I have a friend (whom, whose) body suffers from a rare disease.

2. He is a famous artist (whose, whom) paintings have an effect on many people around the world.

* have an effect on ~에 영향을 끼치다

정답

1. whose   2. whose

해석 및 해설

1. I have a friend / **whose** body suffers from a rare disease.
   (수식) 나는 친구가 있다   몸이 희귀질환으로 고통 받는.
   (풀어서) 나는 친구가 있다 / 그런데 그의 몸은 희귀질환을 앓고 있다.

2. He is a famous artist / **whose** paintings have an effect on many people around the world.
   (수식) 그는 유명한 미술가이다   그림들이 전 세계 많은 사람들에게 영향을 미치는.
   (풀어서) 그는 유명한 미술가이다 / 그리고 그의 그림들은 전 세계 많은 사람들에게 영향을 미친다.

(4) 관계대명사 which는 유일하게 선행사로 '앞 문장 전체'를 받을 수 있고 문장은 단수 취급한다

Exercise. 아래 적절한 단어를 고르고 해석하시오.

1. She left me, (who, which) makes me sad.

2. I failed in the exams, which (make, makes) me frustrated.

3. A man was crying on the street, which (was, were) a little strange scene.

4. Women are not allowed to play important roles, which (mean, means) that many things that could improve conditions are going to waste. (모의)

2. frustrated 좌절한 3. a little 약간 scene 장면, 광경

정답과 해설은 다음 페이지에 →

정답

1. which   2. makes   3. was   4. means

해석 및 해설

1. She left me, **which** makes me sad.
   그녀는 나를 떠났다, 그리고 그것이 나를 슬프게 한다.
   (해설) 그녀가 나를 떠났다는 앞 문장이 선행사이므로 which.

2. I failed in the exams, which **makes** me frustrated.
   나는 시험들에 떨어졌다, 그리고 그것이 나를 좌절하게 한다.

3. A man was crying on the street, which **was** a little strange scene.
   한 남자가 길거리에서 울고 있었다, 그런데 그것은 약간 이상한 광경이었다.

4. Women are not allowed to play important roles, which **means** /
   여성들은 중요한 역할들을 하도록 허락되지 않는다, 그리고 그것은 의미한다
   that <u>many things</u> / that could improve conditions / <u>are</u> going to waste.
             S   V
   많은 것이   상황을 개선할 수 있는   낭비된다는 것을.
   (해설) which의 선행사는 앞 문장 전체. which means 뒤는 접속사 that절.

17장 동격의 that

- 동격의 that은 명사 뒤에서 '~라는'이라는 뜻으로 앞의 명사를 대등하게 꾸며줍니다. 따라서 동격(同格)이라 합니다.

- We know the fact / that the child is a liar.
  우리는 사실을 알고 있다   그 아이가 거짓말쟁이라는.

- Most people have the idea / that people are all equal.
  대부분의 사람들은 생각을 가지고 있다   사람은 모두 평등하다는.

- The police found evidence / that he is a killer.
  경찰은 증거를 발견했다   그가 살인자라는.

* evidence 증거

참고 | 동격의 that, 관계대명사 that의 차이

이들은 명사 뒤의 that이라는 점과 의미가 유사합니다. 그러나 차이는 있어요.

첫째, 관계대명사는 '~인(~한)'이라는 뜻으로 앞의 명사를 수식하지요. 따라서 앞의 명사가 주인공입니다.
그러나 동격의 that은 '~라는 그 명사'로 앞의 명사와 대등한 내용구조를 이룹니다.

둘째, 관계대명사는 주어나 목적어가 없는 불완전문장이지만 동격의 that은 완전문장입니다.

셋째, 관계대명사 that은 which로 대신할 수 있지만, 동격의 that은 그냥 that입니다.
동격의 that 자리에 which를 두는 형태로 출제된 적이 있어서 차이를 구분해 두는 것이 좋습니다.

사실, 명사 뒤의 that은 대부분 관계사입니다. 동격의 that은 관계사만큼 지문에 나오는 빈도가 높지 않고 어법보다는 해석만 할 수 있으면 됩니다.

Exercise. 다음의 밑줄 친 **that**이 동격인지 관계사인지 구별하고 해석하시오.

1. Your parents know the fact that you are planning a surprise party.

2. We know a story that will make you surprised.

3. We have some evidence that was left on the crime scene.

4. We need some evidence (that, which) he is a criminal.

3. crime scene 범죄 현장

정답

1. 동격의 that   2. 주격 관계대명사   3. 주격 관계대명사   4. 동격의 that

해석

1. Your parents know the fact / **that** you are planning a surprise party.
 너의 부모님들은 그 사실을 안다   네가 깜짝 파티를 계획하고 있다는.

2. We know a story / **that** will make you surprised.
 우리는 이야기를 안다   너를 놀라게 할.

3. We have some evidence / **that** was left on the crime scene.
 우리는 몇몇 증거들을 가지고 있다   범죄 현장에 남겨진.

4. We need some evidence / **that** he is a criminal.
 우리는 약간의 증거가 필요하다   그가 범죄자라는.

18장 기타 문법들

과거와 비교해서 출제 비중이 다소 낮아진 문법들이지만
기본기를 갖추기 위해서 반드시 알고 있어야 합니다.

특히 '강조 구문'이나 '복합관계사'는 어법보다는 해석이 중요한 문법들입니다.

1. 주어 + 동사 수일치의 예외

> most, some, all, a lot of (lots of), 퍼센트(%), 분수 등
> + 셀 수 있는 복수 명사 → 복수 취급
> + 셀 수 없는 단수 명사 → 단수 취급

동사의 수일치는 문장 제일 앞의 명사 주어에 맞추지요. 그러나 예외가 있습니다. most, some, all, a lot of (lots of), 퍼센트(%), 분수 등은 이들이 지칭하는 뒤의 명사에 맞춥니다. 이들은 셀 수 있는 복수 명사와 셀 수 없는 단수 명사 '둘 다' 가리키기 때문이에요.

- Most people were diligent.
  대부분의 사람들이 부지런했다.

- Most water was used up.
  대부분의 물이 소진되었다.
  *be used up 소진되다

- A lot of people were killed.
  많은 사람들이 죽었다.

- A lot of money was given to the poor.
  많은 돈이 가난한 사람들에게 주어졌다.

- Some of the boys are tall.
  그 소년들의 일부는 키가 크다.

- Some of the money is necessary.
  그 돈의 일부가 필요하다.

- 70% of people were infected.
  70%의 사람들이 감염되었다.

- 70% of water was contaminated.
  70%의 물이 오염되었다.
  *contaminate 오염시키다

Exercise. 적절한 단어를 고르고 해석하시오.

1. 91 percent of parents (believe, believes) that a fever is harmful to their children. (모의)

   * fever 열

2. Some of the energy stored in air and water (was, were) used for navigation. (모의변형)

   * store 가게, 저장하다 navigation 항해

정답
believe, was

해석 및 해설
각각 parents, energy에 수일치

1. 91 percent of parents / **believe** / that a fever is harmful / to their children.
   91%의 부모님들은   믿는다   열이 해롭다고   그들의 아이들에게.

2. Some of the energy / stored in air and water / **was** used for navigation.
   약간의 에너지는   공기와 물에 저장된   항해를 위해 사용되었다.

2. It is ~ that … 강조 구문
: '…한 것은 바로 ~다.'

어떤 말을 강조할 때의 표현으로 강조될 말이 it is와 that의 중간(~)에 들어갑니다. 강조 구문은 해석으로 직접 부딪혀보는 것이 가장 좋습니다.

ㄱ) It is **you** that make me happy.
　　　나를 행복하게 하는 건 바로 너다.

ㄴ) It was **the police officer** that found my wallet.
　　　나의 지갑을 찾아준 건 바로 그 경찰관이었다.

ㄷ) It was **just this little poppy** that saved the child.
　　　그 아이의 목숨을 구한 건 단지 이 작은 강아지였다.

ㄹ) It is **intelligence** that makes us different from animals. (모의변형)
　　　우리를 동물과 다르게 하는 건 바로 지성이다.
　　　　　　　　　　　　　　　　　　　　　　　* intelligence 지성

ㅁ) It is **you** that I love.
　　　내가 사랑하는 사람은 바로 너다

ㅂ) It is **my mother** that I respect the most.
　　　내가 가장 존경하는 사람은 바로 나의 어머니이다.

ㅅ) It was **at the book store** that I first met her.
　　　내가 처음 그녀를 만난 건 바로 그 서점에서였다.

ㅇ) It was **last summer** that I fell in love with her.
　　　내가 그녀와 사랑에 빠진 건 작년 여름이었다.

해석은 이해되지요? 그런데 위 that절 형태가 관계대명사와 무척 유사하지 않나요? 네, 맞습니다. 강조 구문의 that은 형태가 관계사와 똑같은 경우가 대부분입니다.

예문에서 ㉠~㉣번은 주어가 없는 주격 관계대명사, ㉤~㉥번은 목적어가 없는 목적격 관계대명사, ㉧~㉨번은 관계부사와도 같습니다. 심지어 강조하는 대상이 사람일 경우 that 대신 who(whom), 사물일 경우 which, 장소일 경우 where, 시간일 경우 when으로도 대신할 수 있습니다.[59]

따라서 <u>강조 구문의 that은 해석을 통해서만 관계사와 구별됩니다. 명사 뒤 that이 수식으로 해석했을 때 어색하다면 강조 구문을 적용해 보세요.</u> 타 문법과 유사한 문법은 많이 접하면서 익숙해지는 수 밖에 없습니다. 다행히 강조 구문은 해석 중심으로 공부하면 되고, 어법 문제로는 출제되지 않습니다.

잠깐 쉬어가기

영어가 쉽지 않죠?
한국어에도 형태가 같아서 해석에 의해서만 차이를 구별할 수 있는 단어들이 꽤 많아요.

- 눈 : [<u>눈</u>이 아파], [밖에 <u>눈</u>이 오니?]
- 밤 : [<u>밤</u>이 깊다], [<u>밤</u>이 먹고 싶다]
- 배 : [<u>배</u>가 불러], [<u>배</u>가 먹고 싶어], [바다 위의 <u>배</u>] 등

외국인들에게는 무척 어렵고 까다롭겠죠? 여러분도 단지 average(평균)에 머물지 않고 상위 실력으로 올라가기 위해서 아는 것들이 늘어나면서 좀 더 복잡해지고 혼란스러워지는 순간들을 잘 극복해야 합니다. 그래야 한 단계 더 업그레이드 할 수 있어요.

여러분 모두 파이팅!

---

[59] 위 강조구문 예문에서 사람을 강조하는 ㉠, ㉡번은 who, ㉣번은 which, ㉤, ㉥번은 whom, ㉧번은 where, ㉨번은 when으로 대신할 수 있습니다. 그러나 대부분의 강조 구문은 that으로 쓰는 편이니 너무 걱정하지 마세요.^^

3. 명령·주장·제안·요구 동사
+ that + s + (should) 동사원형

* insist,　* suggest,　* require, demand, order, propose 등
　주장하다　　제안하다　　　요구하다　　요구하다　명령하다　제안하다

위 명령, 주장, 제안, 요구 동사들은 뒤의 목적어 that절에 s + should + 동사원형의 형태로 쓰이는 경우가 많습니다. 단, should는 생략될 수 있어서 동사원형만 오기도 한다는 것이 핵심입니다.

일부 학생들은 이 문법을 수학 공식처럼 달달 암송하는데 먼저 문법의 맥락을 이해해야 합니다. 명령, 주장, 제안, 요구 동사들은 무언가를 강력하게 호소하므로 의미상 should (~해야 한다)와 종종 함께 쓰이는 겁니다.

Exercise. 아래 적절한 단어를 고르세요.

1. I insisted that he (take, took) a medicine.

2. I suggested that she (go, went) there.

3. The owner required that the table (be, was) arranged.

* arrange 정돈하다 마련하다

정답

1. take   2. go   3. be

해석

1. I insisted / that he (should) **take** a medicine.
   나는 주장했다   그가 약을 복용해야 한다고.

2. I suggested / that she (should) **go** there.
   나는 제안했다   그녀가 거기에 가야 한다고.

3. The owner required / that the table (should) **be** arranged.
   그 사장은 요구했다   테이블이 정돈되어야 한다고.

* 현재 이 문법의 어법 출제율이 낮아져서 문법공부는 여기까지만으로 충분합니다. 아래는 참고만 하세요.

> **참고**
>
> 위 동사들이 제2의 뜻으로 쓰일 경우, 즉, 더 이상 명령, 주장, 제안, 요구 등의 내용이 아닐 경우 should와 의미가 통하지 않게 됩니다. 그러면 that절의 동사를 should + 동사원형이 아니라 그냥 시제에 맞게 쓰면 됩니다. 보통 한 문장의 시제는 일치하는 것이 보편적이기 때문에, 주절의 동사가 현재면 that절의 동사도 현재, 과거면 과거로 씁니다.
>
> 예를 들어, 동사 suggest가 제안하다가 아니라 제2의 뜻인 '암시하다'일 경우 위와 같은 예외가 적용됩니다.
>
> 그러나, 실제 독해에서는 동사 하나의 의미 변화는 잘 보이지 않아요. 그보다 that절의 내용이 should를 써서 말이 되는가의 해석적인 판단을 하세요.
>
> <u>즉, 명령, 주장, 제안 동사들이 나와도 should를 써서 말이 되면 위 문법을 적용하고 그렇지 않으면 주절의 동사에 맞게 시제처리 하면 됩니다. 결국, 문법은 독해와 연결되어 있으니까요.</u>

■ **최종 정리** ■

<u>명령 주장, 제안, 동사들</u> + that + s + <u>(should)</u> + 동사원형
: <u>insist, suggest, require,</u> demand, order, propose 등

단, that절의 내용이 should를 넣어서 말이 되지 않을 경우,
그냥 주절의 동사에 맞게 시제 처리한다.

Exercise. 아래 적절한 단어를 고르고 해석하시오.

A trail of blood on the road suggested that there (be, was) a big accident.

* a trail of ~ : ~의 흔적

정답
was

해석 및 해설
that 절의 내용이 사고가 난 것이므로 내용상 should와 맞지 않습니다.

A trail of blood on the road / suggested / that there **was** a big accident.
　도로 위에 혈흔은(핏자국)　　　　　암시했다　　　큰 사고가 있었다는 것을.

4. 복합관계사절

복합관계사는 해석만 익히면 되는 문법입니다. 문장에서 부사절과 명사절 2가지 역할을 하는데 부사절로의 기능이 좀 더 강합니다.

아래 의미들을 익히고 바로 해석 적용해 봅시다. 의미는 의문사와 같지만, ever가 추가되어서 약간 변화됩니다.

ever는 여기서 although(~한다 할지라도, ~한다 해도)의 의미로 받아들이면 됩니다.

whatever	~하는 무엇이든지 / 무엇을 ~하든지 간에
whichever	~하는 어떤 것이건 / 어떤 것이 ~하든지 간에
wherever	~하는 어디든지 / 어디로 ~하든지 간에
whenever	~하는 언제든지 / 언제 ~하든지 간에
whoever	~하는 누구든지 / 누가 ~하든지
whomever	~하는 누구든지 / 누구를 ~하든지
however	아무리 ~한다 해도 (부사절)

1) 부사절

- **Whatever you want, do your best.**
  네가 무엇을 원하던지, 최선을 다해라.

- **Wherever we go in the world, we can use gestures.** (모의응용)
  우리가 세계 어디를 가든지, 우리는 몸짓을 사용할 수 있다.

- **Whenever my friend watches movies, he sheds tears.**
  나의 친구는 영화를 볼 때마다, 그는 눈물을 흘린다.
  * shed tears 눈물을 흘리다

- **Whenever my dad recalls childhood, he misses his old friends.**
  나의 아빠는 어린 시절을 회상할 때마다, 그는 옛 친구들을 그리워한다.
  * recall 회상하다

- **Whichever food you like, I can make it.**
  네가 어떤 음식을 좋아하든지, 나는 그것을 만들 수 있다.

- **You can not follow me, however you study hard.**
  너는 나를 따라오지 못할 거야, 네가 아무리 열심히 공부한다고 해도.

2) 명사절

- <u>Whatever you do</u> / will succeed.
       주어
    네가 무엇을 하든지   성공할 거야.

- <u>Whatever she wants</u> / will be gained.
       주어
    그녀가 무엇을 원하던지(원하는 무엇이든) 얻게 될 거야.

  * gain 얻다

- You can achieve / <u>whatever you want.</u>
                 목적어
    너는 성취할 수 있을 거야   네가 원하는 무엇이든.

- I don't care / <u>whoever will win in the game.</u>
               목적어
    나는 신경 쓰지 않는다   누가 게임에서 이기든지.

- We should accept / <u>whatever is challenging us.</u>
                  목적어
    우리는 받아들여야만 해   무엇이 우리에게 도전하든지(우리에게 도전하는 무엇이든지).

■ **저자의 제안**

복합관계사절 → '<u>의문사 ever절</u>'로 설명하고 받아들이는 것이 어떨까요?
'관계사 + ever'라 하여 복합관계사라고 하는데, 이와 같은 접근은 이 문법의 설명을 너무 어렵고 복잡하게 합니다. 필자는 복합관계사를 '의문사 ever절'로 이해하고 받아들이는 것이 좋다고 생각해요. 의문사에 ever만 추가되었을 뿐 모든 것이 의문사와 같기 때문입니다.

− 의문사절과 공통점

첫째, ever만 추가되었을 뿐 의문사와 형태나 의미가 같습니다.
둘째, 복합관계사는 명사절, 부사절 역할을 하지요. 의문사절 또한 명사절이 주 기능이지만 미미하게 부사절 역할도 합니다.
셋째, 의문사와 특징이 같습니다. 앞서 의문사는 무언가를 수식할 수 있고, 직접 주어 역할도 한다고 했지요.[60] 해당 문법도 마찬가지입니다.

① <u>의문사처럼 무언가를 수식하는 경우</u>

- <u>whichever food</u> you like. 네가 <u>어떤 음식</u>을 좋아하던지.

- <u>whatever color</u> you prefer. 네가 <u>무슨 색깔</u>을 선호하던지.

---

60) 2부 2장 꼭 알아야 할 실용문장들 중 2. 의문사의 성격에 따른 의문사절의 형태변화

② <u>의문사처럼 직접 주어 역할을 하는 경우</u>

- I will cheer / <u>whoever</u> will win in the game.
  나는 응원할거야　　　　누가 그 게임에서 이기던지.

- We should accept / <u>whatever</u> is challenging us.
  우리는 받아들여야만 해　　　무엇이 우리에게 도전하든지.

의문사가 명사를 수식할 때 의문 형용사(what, which), 형용사나 부사를 수식할 때 의문부사(how), 직접 주어 역할을 하는 경우 의문 대명사(what, who)라고 합니다. 그리고 해당 문법도 마찬가지입니다. 명사를 수식하는 경우 복합관계 형용사, 형용사나 부사를 수식하거나 스스로 부사 역할을 하는 경우 복합관계 부사, 직접 주어 역할을 하는 경우 복합관계대명사라고 합니다. <u>문법을 이와 같이 세세하게 조각내는 것은 결코 좋은 공부 방법이 아니지만, 의문사와의 유사성을 보여주기 위해 언급해 보았어요.</u>

이처럼 모든 것이 의문사와 같고 그것만으로 설명이 충분한데, 굳이 문법의 실제 용도와 맞지 않는 어려운 명칭과 설명방식을 고집할 필요가 있을까요?!

관계사라는 이름은 형용사를 떠올리게 하며, 더욱이 복합관계사라는 명칭은 이 문법의 정체마저 파악하기 힘들게 합니다. 여러 번 반복해도 의미가 와닿지 않는 문법은 제고될 필요가 있습니다.

5. 시간과 조건의 부사절에서는 will(미래)을 쓰지 않는다

※ 시간과 조건의 부사절이란?

부사절은 접속사가 붙은 문장이죠. 시간과 조건의 부사절이란 시간과 조건의 의미를 지닌 접속사가 붙은 문장입니다.

> 시간의 부사절 – **when, before, after, until, as soon as** 등이 붙은 문장
>
> 조건의 부사절 – **If** 절

▲ 시간과 조건의 부사절에서는 미래라도 will을 쓰지 않습니다. 단, 주절은 will을 씁니다.

- If they will come back tomorrow, we'll leave together.
        X
    만약 그들이 내일 돌아온다면,   우리는 함께 떠날 거야.

- As soon as they will finish this project, it will be carried out.
          X
    그들이 이 프로젝트를 끝내자마자,   그것은 시행될 것이다.
                    * carry out 수행하다, 실행하다

- When my parents will go to the animal shelter tomorrow,
          X
    나의 부모님이 내일 동물 보호소에 갈 때,
  I will ask them to adopt a cat.
  나는 그들에게 고양이를 입양해달라고 요청할 거야.

6. be to 용법

be 동사 뒤에서 주격보어 역할을 하는 to-v입니다. 대부분 명사 주격보어인데(~하기, 하는 것),[61] 형용사 주격보어일 경우 'be to 용법'이라 합니다.
to-v가 형용사일 때 주 역할은 명사 수식이어서 보어 역할은 다루지 않았어요. 많이 볼 수 있는 지문도 아니고 정확히 의미를 모른다 해도 재치 있게 넘어갈 수 있는 부분이기 때문입니다. 그렇지만 마지막 part인 만큼 정리하고 갑시다.

> be to 용법
> : to 부정사가 형용사로서 주격보어 역할을 할 때
> → 예정, 의도, 의무 가능, 운명의 의미

이 중 아래 2가지만 기억해도 됩니다.

① ~할 예정인 (예정)

- We are to leave tomorrow.
  우리는 내일 떠날 예정이야.

- We are to take part in the meeting.
  우리는 그 회의에 참석할 거야.　　　　　　　　* take part in ~에 참석하다

- We are to meet him.
  우리는 그를 만날 예정이야.

② ~하고자 하는 (의도)

- If you are to succeed, you need to listen to others.
  만약 네가 성공하려면,　　　너는 다른 사람들의 말을 경청할 필요가 있다.

- If you are to be a model, you must eat differently.
  만약 네가 모델이 되려면,　　　너는 다르게 먹어야 한다.

---

61) 여러분이 문장에서 접하는 대부분의 be 동사 뒤의 to-v는 명사 주격보어입니다.
　　• My hobby is to study English. 나의 취미는 영어를 공부하는 것이다.
　　• My job is to teach english 나의 직업은 영어를 가르치는 것이다.

주요 단어 / 숙어 정리

1. 주요 숙어 및 문장 표현들
2. 기초 – 고급 필수 단어 및 숙어 정리
3. 유사단어 및 숙어 정리

1. 주요 숙어 및 문장 표현들

> **spend + 시간(돈) + 동사원형 ing** = ~하는 데 시간(돈)을 쓰다

- She spends a lot of money shopping.
  그녀는 쇼핑하는 데 많은 돈을 쓴다.

- She spent more than 3 years looking for a job.
  그녀는 직업을 찾는 데 3년 이상을 보냈다.

  * look for ~을 찾다

> **have trouble**
> **have a problem**
> **have a difficulty** + 동사원형 ing = ~ 하는 데 어려움을 겪다
> **have a difficult time**
> **have a hard time**

- I have a difficult time learning English.
  나는 영어를 배우는 데 어려움을 겪는다.

- The boy has trouble making friends.
  그 소년은 친구를 사귀는 데 어려움을 겪는다.

- The old woman has a hard time remembering details.
  그 노부인은 세부사항을 기억하는 데 어려움이 있다.

> **Stop**
> **Prevent + A from ~ ing** = A가 ~ 하는 걸 막다
> **Keep**

- The disease stopped him from doing his work.
    그 병은 그가 그의 일을 하는 것을 막았다. (하지 못하게 했다)

- They couldn't keep ice cream from melting.
    그들은 아이스크림이 녹는 것을 막을 수 없었다.

- Blankets prevent the heat of the body from passing into the colder air. (수능)
    담요는 몸의 열이 더 차가운 공기로 이동하는 것을 막는다.

    * blanket 담요

암기할 것

① keep 기본 뜻 (keep-kept-kept)   유지하다
② keep 동사원형 ing   계속해서 ~하다
③ keep A from ~ing   ~하는 걸 막다

- The coach kept shouting at me.
    그 코치는 계속해서 나에게 소리쳤다.

used to	+	동사원형
be used to	+	동사원형
be used to	+	명사 (ing)

* use는 '사용하다'라는 뜻이지만, 위 숙어에서는 의미가 변합니다.

① used to + 동사원형 : ~하곤 했다(했었다) (과거의 습관 or 과거)

- He used to fight a lot.
  그는 많이 싸우곤 했다.

- I used to be lazy.
  나는 게을렀었다.

② be used to + 동사원형 : ~하는 데 사용되다

- This flour is used to make some bread.
  이 밀가루는 약간의 빵을 만드는 데 사용된다.

- This is used to produce electricity.
  이것은 전기를 생산하는 데 사용된다.

- This medicine is used to cure the sick.
  이 약은 아픈 사람들을 치료하는 데 사용된다.

* cure 치료하다
* the sick 아픈 사람들

③ be used to + 명사 (~ing) : ~에 익숙해지다 (= be accustomed to ~ing)

- I am not used to living with others.
  나는 다른 사람들과 함께 사는 데 익숙하지 않다.

- Foreigners are not used to using chopsticks.
  외국인들은 젓가락을 사용하는 데 익숙하지 않다.

* chopstick 젓가락

a number of	많은 (= many)	→	복수 취급
the number of	~의 수	→	단수 취급

- The number of foreigners in Korea is increasing.
  한국에 있는 외국인들의 숫자는 증가하고 있다.

- A number of people know the value of wild plants / in Korea. (모의변형)
  많은 사람들은 야생 식물들의 가치를 안다   한국에

- These days a number of children are not playing outside anymore.
  요즘 많은 아이들은 더이상 밖에서 놀지 않는다.

  * not anymore 더 이상 ~하지 않는

It seems (that) s + v	주어가 동사인 것 같다

* that은 생략할 수 있어요.

- It seems that people trust her.
  사람들은 그녀를 신뢰하는 것 같다.

- It seemed (that) he was missing his hometown.
  그는 그의 고향을 그리워하는 것 같았다.

  * miss 놓치다, 그리워하다

- It seems the effects of silence can not be found. (모의변형)
  침묵의 효과는 발견될 수 없는 것 같다.

> **No matter 의문사 + 주어 + 동사**
> : 주어가 아무리 ~일지라도 (= 주어가 ~한다 해도)
>
> matter의 기본 뜻 : 문제 (명사), 중요하다 (동사)
> 'No matter 의문사 + 주어 + 동사'일 때는 전혀 다른 의미로 변합니다.

- No matter who you are, I don't care.
  　　네가 누구든지,　　　　나는 신경 쓰지 않는다.

- No matter what you do, remember that you are special.
  　　네가 무엇을 하든지,　　　　네가 특별하다는 것을 기억해라.

- No matter how hard you study english, you can not keep up with me.
  　　네가 아무리 열심히 영어를 공부한다 해도,　　　　너는 나를 따라잡을 수 없다.
  　　　　　　　　　　　　　　　　　　　　　　　　　　* keep up with ~을 따라잡다

> **조동사 have pp : 과거 사실**
>
> **should have pp**　　~ 했었어야만 했다. (과거 사실에 대한 유감이나 후회)
> **may(might) have pp**　~ 였을지도 모른다. (과거 사실에 대한 추측)
> **must have pp**　　　~ 였음에 틀림없다.[62] (과거 사실에 대한 확신)

- I should have practiced more.
  　　나는 더 많이 연습했었어야 했는데.

- You should not have left the baby alone.
  　　너는 그 아기를 홀로 남겨두지 말았어야 했다.
  　　　　　　　　　　　　　　　　　　　　　* leave ~을 떠나다, 남겨두다

- They might have been alive.
  　　그들은 살아있었을지도 모른다.
  　　　　　　　　　　　　　　　　　　　* alive 살아있는

- They must have been alive.
  　　그들은 살아있었음에 틀림없다.

---

1) must는 두 가지 뜻이 있어요. ① ~해야만 한다. ② ~임에 틀림없다 : 주로 'must be'의 형태.
   〈must have pp〉는 must의 두 번째 뜻에서 파생되었습니다.

what s + v like : 주어가 무엇과 같은지 (= 주어가 어떤지)

여기서 like는 동사가 아니라 전치사 (~처럼, ~같은).
'무엇과 같은지' = '어떤지'라는 뜻과 일맥상통합니다.
따라서 what ~ like = how로 해석 가능합니다.

what s + v like = how s + v

- I don't know what he looks like.
  나는 그가 무엇처럼 보이는지(= 어떻게 생겼는지) 모른다.

- I don't know what he is like.
  나는 그가 무엇과 같은지(= 어떤지) 모른다.

Exercise. 다음 괄호 안 올바른 단어를 고르시오.

1. We don't know (how, what) it sounds like.

2. Can you imagine (how, what) life was like 200 years ago? (모의)

정답

what, what

해석 및 해설

뒤에 like와 결합하는 것은 what

1. We don't know / what it sounds like
   우리는 모른다   그것이 어떤 소리가 나는지.

2. Can you imagine / what life was like 200 years ago?
   너는 상상할 수 있니   삶이 200년 전에 어땠는지?

> **It is not until A that B** : A하고 나서야 비로소 B하다

- It was <u>not until</u> the nineteenth century <u>that</u> scientists created the chemical. (모의변형)
  19세기가 되고 나서야 비로소 과학자들은 그 화학물질을 창조했다.

> **It is no wonder (that) s + v**　　that 이하는 당연하다 (의아하지 않다)
> = **It is no wonder s + v** (줄임말)
> = **No wonder s + v** (줄임말)

- It is no wonder that teens like idols.
  10대들이 아이돌을 좋아하는 것은 의아하지 않다. (=당연하다)
  = It is no wonder teens like idols.
  　No wonder teens like idols.

- It is no wonder children like sweets.
  아이들이 단것을 좋아하는 것은 당연하다.

- No wonder the guy is called a devil.
  그놈이 악마라고 불리는 것은 당연하다.

[유사문장]

There is no doubt (question) that s + v = ~하는 데 의심(질문)의 여지가 없다 (= 당연하다)

- There is no doubt that he is a genius.
  그가 천재라는 데 의심의 여지가 없다.
  　　　　　　　　　　　　　　　　　　* doubt 의심(하다)

- There is no question that food has become easier to prepare. (모의변형)
  음식이 준비하기에 더 쉬워졌다는 데 의문의 여지가 없다. (당연하다)

2. 기초 ~ 고급 필수 단어 및 숙어 정리

look	보이다
look at	~을 보다
look like	~처럼 보이다
look for	~을 찾다 (= find)
look after	~을 돌보다 (= take care of)

- She looks beautiful.
  그녀는 아름답게 보인다.

- She looks at her baby.
  그녀는 그녀의 아기를 본다.

- She looks like a baby.
  그녀는 아기처럼 보인다.

- She looks for her baby.
  그녀는 그녀의 아기를 찾는다.

- She looks after her baby.
  그녀는 그녀의 아기를 돌본다.

die	죽다 (동)
dead	죽은 (형)
death	죽음 (명)
deadly	치명적인 (형)

* '형용사 + ly'는 부사지만 deadly는 예외적으로 뜻이 변하는 형용사

| **own** | ① 소유하다 (동)   * owner 소유자, 주인   ② 자기 자신의 (형) |

- My sisters own a jewelry shop.
  나의 언니들은 보석 가게를 소유하고 있다.

- This is my own shop.
  이것은 나 자신의 가게이다.

be good for ~ 에 좋다
be good at   ~ 에 능숙하다

- Fruits are good for our health.
  과일은 우리의 건강에 좋다.

- Women are good at language learning.
  여성들은 언어를 배우는 데 능숙하다.

| **so that s + v** | ① ~하기 위해서 (주된 뜻)   ② 그리고 (그래서) ~하다 |

- Jihae studies English hard / so that she can be a great translator.
  지혜는 영어를 열심히 공부 한다   그녀가 훌륭한 번역가가 될 수 있기 위해서.

  * translator 번역가

- Jihae didn't study English hard, so that she couldn't be a translator.
  지혜는 영어를 열심히 공부하지 않았다.   그 결과 그녀는 번역가가 될 수 없었다.

so ~ that …   너무 ~해서 …하다

- She is so wonderful that everybody respects her.
  그녀는 너무 훌륭해서 모든 사람이 그녀를 존경한다.

In order to + 동사원형   ~ 하기 위해서

- In order to succeed, he did his best.
  성공하기 위해서, 그는 최선을 다했다.

too ~ to …   너무 ~해서 …할 수 없다

- You are too young to go with us.
  너는 너무 어려서 우리와 함께 갈 수 없다.

- He was too frightened to move.
  그는 너무 무서워서 움직일 수 없었다.

most   ① 대부분의   ② 가장 (the most)

almost 거의 (부사)

main 주된
mainly 주로

past   ① 과거(명사)   ② ~를 지나서 (전치사)

> **last** ① 지난 ② 마지막(의) ③ 지속되다 (동사)

- Last night I met my friend.
  어젯밤(지난밤) 나는 친구를 만났다.

- Summer in Korea lasts more than 2 months.
  한국의 여름은 2달 이상 지속된다.

> **wait for**   ~을 기다리다
> **wait for A to B** A가 B 하기를 기다리다

- I waited for my friend.
  나는 나의 친구를 기다렸다.

- I waited for my friend to call me.
  나는 나의 친구가 나에게 전화하기를 기다렸다.

> **like** ① 좋아하다 (동사) ② ~처럼 (~같이) (전치사)
>   ↔ unlike : ~와 달리, ~같지 않게

- Like her sister, she is outgoing.
  그녀의 자매처럼, 그녀는 외향적이다.

- Unlike her sister, she is introvertive.
  그녀의 자매와 달리, 그녀는 내성적이다.

* introvertive 내성적인

be likely to + 동사원형　　~ 하기 쉽다 (= ~일 것 같다)
※ likely (그럴듯한) : ~ly지만 부사가 아니라 be 동사 뒤 주격보어 형용사
↔ unlikely 그럴듯하지 않은 (형)

would like to　　~ 하고 싶다

- I would like to eat pizza.
  나는 피자를 먹고 싶다.

be willing to　　기꺼이 ~ 하다

- I am willing to help him.
  나는 기꺼이 그를 도울 것이다.

be eager to　　~ 하기를 열망하다

be about to + 동사원형　　막 ~ 하려 하다

- The first Penguin is about to jump into the sea.
  첫 번째 펭귄이 막 바다에 뛰어들려 한다.

out of (= from)　　~ 로부터, ~ 밖으로

- He came out of his house.
  그는 그의 집으로부터 (집 밖으로) 나왔다.

- Four out of ten car owners / prefer this color. (모의응용)
  열 명의 차 소유주로부터 네 명이   이 색깔을 선호한다.

from A to B	A부터 B까지

have to + 동사원형	~ 해야만 한다
don't have to	~ 할 필요가 없다

- You don't have to do it.
  너는 그것을 할 필요가 없다.

certain ① 어떤 ② 확실한		* certainly 확실하게

no longer	더 이상 ~ 하지 않는

- Your story is no longer interesting to me.
  너의 이야기는 더 이상 나에게 흥미롭지 않다.

as long as (접속사)	~인 한

- As long as you stay with me, you will be safe.
  네가 나와 함께 머무는 한,   너는 안전할 거야.

(해설) as long as는 형용사 동등비교가 아니라 문장과 문장을 연결하는 접속사

not anymore	더 이상 ~ 가 아닌

- I don't love you anymore. 나는 더 이상 너를 사랑하지 않아.

each	각각(의)
each other	서로서로 (2명)
one another	서로서로 (3명 이상)

at least	적어도
at last	마침내 (= finally)
the least	가장 적은, 가장 적게

- She drinks at least three cups of coffee a day.
  그녀는 적어도 하루에 3잔의 커피를 마신다.

though 비록 ~ 일지라도(접속사) = although = even though = even if	
through	~ 을 통해서 (전)
throughout	~ 을 통틀어서 (전)

along ~	~을 따라서 (전)
along with ~	~와 함께 (전)
get along with ~	~와 잘 지내다 (동)
hang out with ~	~와 어울리다 (동)

mean	방법(명), 의미하다(동)

measure	수단, 조치 (명) / 측정하다 (동)
take a measure	조치를 취하다
= take a step	

prove
① ~을 입증하다 (3형식)
② ~로 판명되다 (= turn out) (2형식)

- He proved the evidence.
  그는 그 증거를 입증했다.

- The theory proved (turned out) false.
  그 이론은 거짓으로 판명되었다.

* theory 이론 false 거짓인

| **happen = occur = take place** | 발생하다 |

| **happens to**
 occur to | 우연히 ~하다
 우연히 떠오르다 |

- I happened to meet my old friend.
  나는 우연히 나의 옛 친구를 만났다.

- An idea occurred to me.
  한 아이디어가 우연히 나에게 떠올랐다.

| **take one's place**
 = take place of | ~ 를 대신하다 (~ 의 자리를 취하다) |

| **remove = get rid of** | ~을 제거하다 |

blame A for B   A를 B에 대해 (B라는 이유로) 비난하다

- People blamed her / for lying to them.
  사람들은 그녀를 비난했다   그들에게 거짓말을 해서.

- She was blamed / for lying to people.
  그녀는 비난받았다   사람들에게 거짓말해서.

keep(= get, be) in touch with   ~ 와 연락(접촉)하다

- He still keeps in touch with his ex-girlfriend.
  그는 여전히 그의 전 여자 친구와 연락한다.

  * ex-girlfriend 전 여자친구

take A for granted   ~ 을 당연하게 여기다

- Don't take fresh water for granted.
  신선한 물을 당연한 것으로 여기지 마라.

- We take our public transport for granted. (모의변형)
  우리는 우리의 대중교통을 당연한 것으로 여긴다.

come up with   ~ 을 생각해내다, 고안해내다

- The scientist tried to come up with more natural-sounding voices. (모의)
  그 과학자는 더 자연스러운 목소리를 고안해내기 위해 노력했다.

look forward to ~ ing	~ 하기를 기대하다 (고대하다)
when it comes to ~ ing	~ 에 관해서라면

• 'to + 명사(ing)'일 때 to는 전치사입니다.

• When it comes to swimming, you are the best.
  수영에 관해서라면, 네가 최고이다.

end up ~ing (명사)	결국 ~ 하다
be worth ~ing (명사)	~ 할 가치가 있다
be busy ~ing	~ 하느라 바쁘다
(up)on ~ing	~ 하자마자 (= as soon as)
how about=what about ~ing	~ 하는 게 어때?

name	이름 (부르다), 이름 짓다
name A after B	A를 B를 따서 이름 짓다 (부르다)
be named after ~	~를 따서 이름 지어지다 (불리다)

• He was named after his father.
  그는 그의 아버지의 이름을 따서 이름 지어졌다.

right	① 오른쪽, 권리 (명)
	② 정당한, 올바른 (형)
	③ 바로, 당장 (부) * right now, right away 당장, 바로

have (something) to do with	~ 와 관계가 있다
have nothing to do with	~ 와 관계가 없다

• Our skin's function has to do with the sense of touch. (모의응용)
  우리의 피부의 기능은 촉각과 관계가 있다.

have something in common	공통점이 있다
have nothing in common	공통점이 없다
have a lot in common	공통점이 많다

- You and I have a lot in common.
  너와 나는 공통점이 많다.

* common 흔한, 공통된

put oneself in someone's shoes.	다른 사람의 입장이 되어보다

- We need to put ourselves in others' shoes.
  우리는 다른 사람들의 입장이 되어볼 필요가 있다.

a great deal of	상당히 많은

- A great deal of gold was mined.
  상당히 많은 금이 채굴되었다.

* mine 광산, 채굴하다

run out of	~을 다 쓰다 (고갈하다)
run short of	~가 부족하다 * short 작은(짧은), 부족한

- We ran out of fresh water.
  우리는 신선한 물을 고갈했다.

- We become short of oxygen.
  우리는 산소가 부족하다.

> **can not help ~ ing = can not but 동사원형**   ~ 하지 않을 수 없다

- I could not help beating the boy.
  나는 그 소년을 때리지 않을 수 없었다.

> **to + one's 감정 명사**   ~ 하게도
> ▲ one's : 소유격

- to everyone's surprise. 모두가 놀랍게도

- to his surprise. 그에게는 놀랍게도 (그에게는 뜻밖으로)

- to her disappointment. 그녀가 실망스럽게도

※ take 숙어 정리

take의 기본 뜻은 '얻다(취하다)'지만, 그 외에도 다양한 의미가 있으니 숙어 표현으로 익혀두세요.

① take A to B : A를 B로 데려가다 (가져가다)

- I took him to a hospital.
  나는 그를 병원으로 데려갔다.

- She took her cat to the vet.
  그녀는 그녀의 고양이를 수의사에게 데려갔다.

* vet 수의사

② It takes 시간, 거리, 노력 등 to + 동사원형
: ~ 하는 데 시간, 거리, 노력이 들다 (걸리다)

- It takes 2 hours to get there.
  거기 가는 데 2시간이 걸린다(든다).

- It took a lot of money to make the movies.
  그 영화들을 만드는 데 많은 돈이 들었다.

- It takes a lot of effort to do the work.
  그 일을 하는 데 많은 노력이 든다.

③ 기타 take 관련 기초 숙어들

take a bath	목욕하다
take a picture	사진 찍다
take a medicine	약을 복용하다
take a class	수업을 듣다
take a rest	휴식을 취하다
take a risk	위험을 무릅쓰다

※ get 관련 표현들

① get to 장소 : ~ 에 이르다 도착하다

- How can I get to the bus station.
  내가 어떻게 버스 정류장에 갈 수 있을까요?

② get into : ~ 에 들어가다 / get out of : ~ 로부터 나가다

- He got into the car.
  그는 차에 탔다.

- He got out of the car.
  그는 차에서 나갔다.

③ get into trouble : 곤경에 처하다

④ get to + 동사원형 : ~ 하게 되다 (= become)

- How can I get to know you?
  내가 어떻게 너를 알 수 있을까?

※ such 관련 표현들

① such : 그런 (형용사)

- I don't like such a person.
  나는 그런 사람을 좋아하지 않는다.

- Such things are impossible to do.
  그런 것들은 하기에 불가능하다.

② such as : ~ 와 같은 (전치사)

- Some insects such as ants / use smells / to tell others. (모의)
  개미와 같은 몇몇 곤충들은   냄새를 사용한다   다른 개미들과 말하기 위해.

③ such A as B : B와 같은 (그런) A
   = the same A as B : B와 같은 A

- You don't have to live the same life as others.
  너는 다른 사람들과 같은 삶을 살 필요는 없다.

- I don't like the same music as my friends.
  나는 나의 친구들과 같은 음악을 좋아하지 않는다.

④ such a (형용사) + 명사 : 너무 ~ 한 (감탄문) = so + 형용사 (부사)
　　▲ such 뒤의 순서가 특이해요.

- It's such a beautiful day. (= It's so beautiful)
　너무 아름다운 날이야.

- James is such a handsome guy. (= James is so handsome)
　제임스는 너무 잘생긴 녀석이야.

⑤ such ~ that … : 너무 ~ 해서 … 하다 = so ~ that …
　so ~ that은 매우 익숙한 표현이죠. 간혹 such ~ that의 형태로 나오는 경우도 있습니다. 이때 such는 so와 뒤의 순서만 다릅니다.

　- such a (형용사) 명사 + that 절
　- so 형용사(부사) + that 절

- He is such a lovely boy that everybody likes him.
　그는 너무 사랑스러운 소년이어서 모두가 그를 좋아한다.
= He is so lovely that everybody likes him.
　그는 너무 사랑스러워서 모두가 그를 좋아한다.

- This is such a big city that there are heavy traffic jams.
　이곳은 너무 큰 도시여서 심한 교통정체가 있다.

- Aristotle was such a rich thinker that his historical influence is hard to define. (모의)
　아리스토텔레스는 너무 풍부한 사상가여서 그의 역사적 영향력은 정의하기에 어렵다.
　　　　　　　　　　　　　　　　　　　　　　　　　　　* define 정의하다

3. 유사·연관 단어 및 숙어 정리

affect ~ 에 영향을 끼치다 (동)
effect 영향, 효과, 결과 (명)

have an effect on ~에 영향을 끼치다
= **affect**
= **have an influence on**
= **have an impact on**

---

effort 노력(하다)
make an effort 노력하다

---

expert 전문가
expect 기대하다, 예상하다
export 수출(하다)
import 수입(하다)

---

wonder 의아해하다, 궁금해하다
wander 배회하다, 어슬렁거리다

---

in turn 교대로(차례로)   **in return** 보답으로

experience	경험(하다)
experiment	실험(하다)
express	표현하다
expression	표현
expand	확장하다
expansion	확장
extend	뻗다 늘이다
extension	연장
expend	쓰다 소비하다 (= spend)
expense	소비
extent	범위

gene	유전자
genetic	유전적인
genetically	유전적으로
general	일반적인
generally	일반적으로
generous	관대한
generously	관대하게
generosity	관대함

remind A of B	A에게서 B를 상기시키다
deprive A of B	A에게서 B를 빼앗다 (= rob A of B)
convince A of B	A에게 B를 확신시키다

use	이용(하다)
make use of (=use)	~을 이용하다
advantage	이점
take advantage of	~을 이용하다
prefer A to B	A를 B보다 더 선호하다
preference	선호, 좋아함

statue	조각(상)
status	위치, 지위 (= position)
state	① 상태 ② (미국의) 주 ③ 말하다 언급하다 (명사 : statement 말, 언급)

account	① 설명하다 ② 차지하다 (~for) ③ (은행) 계좌
count	세다, 중요하다
count on	의지하다 (= depend on)

attention	주의, 관심
pat attention to	~ 에 주의를 기울이다

intend	의도하다
intention	의도
tend to	~하는 경향이 있다

add	더하다
addition	더함
in addition	게다가
in addition to ~ing	~ 외에도 (전치사)

beside	~옆 (전치사)
besides	① 게다가 (= in addition) ② ~외에도 (= in addition to~)

stand	① 서다 ② 참다 (= endure)
stand for	~를 나타내다, 상징하다. (= represent)
stand out	눈에 띄다, 두드러지다.

relative	① 상대적인 (형) ② 친척 (명)
relatively	상대적으로 (부)
relation(ship)	관계
be related to ~	~ 와 관련되다

location	위치
locate	위치시키다
be located in	~에 위치하다 = be situated in

present	① 선물(명) ② 주다, 제시하다 (동) ③ 현재(의), 존재하는 (형)
presence	현존

absence	부재
be absent from	~에 결석하다 (부재하다)

depend on(=rely on)	~에 의지하다, ~에 달려있다.
dependent	의지하는 (↔ independent 독립적인)
dependence	의지 (↔ independence 독립)
depending on ~	~에 따라서

• Depending on its state, it can boil us. (모의)
　그것의 상태에 따라,　　그곳은 우리를 끓일 수도 있다.

compete	경쟁하다	
competition	경쟁	
competitive	경쟁적인	
competitively	경쟁적으로	
competitor	경쟁자	
complete	완벽한(형), 완성하다. (동)	
completely	완벽하게	
completion	완성	

differ (from)	~ 와 다르다 (동)	
different	다른 (형)	* be different from ~와 다르다
difference	다름, 차이 (명)	
indifferent	무관심한	
indifference	무관심 (명)	

※ 앞에 in이 붙으면 반대말인 경우가 많지만, 이 경우 다른 의미로 변함.

difficult	어려운
difficulty	어려움

comfort	위로(하다) 위안(을 주다)	* comfort women 위안부
comfortable	편안한	

convenient	편리한
conveniently	편리하게
convenience	편리

courage	용기	
encourage	용기를 주다, 격려하다. (동사)	
discourage	낙담시키다	
반대말을 만드는 접두사		

succeed	성공하다
success	성공
successful	성공적인
successfully	성공적으로

able	할 수 있는 (형)	* be able to ~할 수 있다
enable	가능하게 하다 (동)	
ability	능력	
capable	능력 있는	* be capable of ~할 능력이 있다
capability	능력, 가능성	

include	포함하다
inclusion	포함
inclusive	포함하는

exclude	배제하다
exclusion	배제
exclusive	배타적인

except for	~을 제외하고
exception	제외(배제)

conclude	결론 짓다
conclusion	결론
conclusive	결론(결정)적인
conclusively	결론적으로

access	접근(하다)
accessible	접근 가능한

exceed	초과하다
excess	초과
excessive	과도한

infect	전염(감염)시키다
infection	전염(감염)
infected	전염된
be infected	전염되다

advise	충고하다
advice	충고

devise	고안하다
device	고안, 장치

confident	자신감 있는
confidence	자신감
competent	유능한
competence	유능함

require	요구하다
acquire	얻다
inquire	묻다(= ask)

research	조사(하다)
search (for)	찾다, 찾음, 검색

find–found–found	찾다, 발견하다
found–founded–founded	설립하다
foundation	설립, 재단, 기초
founder	설립자

value	가치, 소중히 여기다
valuable	가치 있는
invaluable	엄청나게 가치 있는
	※ 여기서 in은 반대말을 이끄는 접두사가 아님
valueless	가치 없는

vary	다양하다 (동)
various	다양한 (형)
variety	다양(성) (명)
a variety of	다양한

consider	고려하다
consideration	고려
considerable	상당한 (형)
considerate	사려 깊은 (형)

define	정의하다
definition	정의
definite	명확한
definitely	명확하게

employ	고용하다	
employer	고용주 (사장)	
employee	사원	
employment	고용	
<u>un</u>**employment**	실업	

반대말을 만드는 접두사

cooperate	협력하다
cooperation	협력
corporation	(주식) 회사

attract	끌다, 매혹하다
attraction	매혹 유혹
↔	
distract	(주의를) 돌리다, 분산시키다
distraction	주의산만

construct	건설하다
construction	건설
↔	
destruct	파괴하다
destruction	파괴

reserve	예약하다
reservation	예약
make a reservation(= reserve)	예약하다

receive	얻다 (받다)
reception	얻음, 환영(회)
receipt	영수증

observe	관찰하다
observation	관찰
observance	(법 관행 등의) 준수

organize	조직하다
organization	조직
organ	(몸의) 장기
organic	유기농의
organism	유기체, 생물

absorb	흡수하다
be absorbed in	~ 에 몰두하다

instruct	명령하다, 교육하다, 지침을 주다
instruction	명령, 교육, 지침
instructor	강사, 교관

structure	구조
structural	구조적인

introduce	소개하다, 도입하다
introduction	소개, 도입
institute	설립하다, 연구소, 기관
institution	연구소, 기관
instrument	도구, 악기

resist	저항하다
resistance	저항
resistant	저항하는

register	등록, 등록하다
registration	등록
= enroll	등록하다
enrollment	등록

refer to	~ 를 언급하다
reference	언급, 참조
infer	추론하다
inference	추론

assist	보조하다, 돕다
assistant	조수(보조자)
assistance	보조

adopt	채택하다, 입양하다
adoption	채택, 입양
adapt (to)	~ 에 적응하다
adaptation	적응
adjust	조절하다, 적응하다
attach	붙이다, 부착시키다

economy	경제
economist	경제학자
economic	경제의
economics	경제학

ecology	생태(학)
ecologist	생태학자
ecosystem	생태계

subject	① 주제, 과목 ② 피실험자 ③ 백성, 신하, 종속적인
	* be subject to ~ 에 종속되다, ~ 에 취약하다

psychology	심리(학)
psychologist	심리학자
psychological	심리(학)의
psychologically	심리적으로
physical	신체적인 물리적인
physically	신체적으로

religion	종교
religious	종교적인
religiously	종교적으로
region	지역
reason	이유, 이성, 추론하다
reasonable	합리적인

object	목표(목적), 물건, 대상, 반대하다 (object to ~에 반대하다)
objective	객관적인, 목표
objection	반대

conscious	의식(적인)
<u>un</u>conscious 반대말을 만드는 접두사	무의식(적인)
<u>sub</u>conscious ~아래 (의식표면 아래 잠재의식)	잠재의식(적인)

superior to-v	~ 보다 더 우등한
inferior to-v	~ 보다 더 열등한

※ 여기서 to는 비교급 'than'과 같은 의미
   ex) prefer A to B : A를 B보다 더 선호하다.

evolve	진화하다
evolution	진화
evolutionary	진화의
revolve	돌다, 회전하다
revolution	혁명
revolutionary	혁명적인

permanent	영원한
permanently	영원히
permanence	영원

persist	지속하다, 인내하다
persistence	인내, 지속
persistent	인내하는, 지속하는

temporary	일시적인
temporarily	일시적으로

preserve	보존하다
preservation	보존
= conserve	보존하다
conservation	보존

tolerance	관용, 포용력
tolerant	관대한

ethics	윤리(학)
ethical	윤리의
ethically	윤리적으로
ethnic	인종의, 민족의
race	경기, 인종
racial	인종의
racially	인종적으로

moral	도덕의
morality	도덕(성)
↔ **immoral**	비도덕적인
immorality	비도덕
mortal	죽을 운명의
mortality	죽을 운명
↔ **immortal**	죽지 않는, 불사의
immortality	죽지 않음, 불사
mobile	움직이는
mobility	움직임

raise – raised – raised (목적어를 취하는 타동사)
① (팔 등을) 올리다 ② (아이를) 기르다 ③ (기금을) 모으다 : raise fund

rise – rose – risen (목적어를 취하지 않는 자동사)
(주어가) 일어나다, (해가) 뜨다 : The sun rises. 해가 뜬다.

lay – layed – layed (목적어를 취하는 타동사) ~낳다, 놓다
lie – lay – lain (목적어를 취하지 않는 자동사) 누워있다(놓여있다), ~한 상태로 있다
lie–lied–lied 거짓말(하다)

one, the other, another …

둘 중	**one** – 하나 **the other** – 나머지 하나
셋 중	**one** – 하나 **another** – (아무거나) 또 하나(의) **the other** – 나머지 하나
넷 이상, 수가 정해진 경우	**one** – 하나 **another** – 또 하나(의) **the others** – (정해진 수의) 나머지들
넷 이상, 수가 정해지지 않은 경우	**one** – 하나 **another** – 또 하나(의) **others** – (정해지지 않은 수의) 나머지들

※ the는 범위를 한정하는 의미가 있어서 정해진 수를 나타냅니다.

1 부록

1. 인칭대명사의 격변화

2. 영어 발음기호

1. 인칭대명사의 격변화★

부록1

사람을 지칭하는 인칭대명사[2]는 주어나 목적어 등 문장에서의 위치에 따라 형태가 변합니다.

주격 (은,는,이,가)	소유격 (~의)	목적격 (을,를)	소유대명사 (~의 것)
I 나는	my 나의	me 나를	mine 나의 것
You 너는	your 너의	you 너를	yours 너의 것
He 그는	his 그의	him 그를	his 그의 것
she 그녀는	her 그녀의	her 그녀를	hers 그녀의 것
we 우리는	our 우리의	us 우리를	ours 우리의 것
they 그들은	their 그들의	them 그들을	theirs 그들의 것
it 그것은	its 그것의	it 그것을	x

▲ 사물(it)은 소유할 수 없으므로 '소유대명사'가 없습니다.

- I love him. 나는 그를 사랑한다.
- He loves me. 그는 나를 사랑한다.
- They love us. 그들은 우리를 사랑한다.
- We love them. 우리는 그들을 사랑한다.
- Her hair is dark brown. 그녀의 머리는 짙은 갈색이다.
- His clothes are nice. 그의 옷은 멋지다.
- Our books are interesting. 우리의 책들은 흥미롭다.
- Their bags are cool. 그들의 가방은 멋지다.
- Korea has its unique culture. 한국은 그것의 독특한 문화를 가지고 있다.
- It is mine. 그것은 나의 것이다.
- The bags are ours. 그 가방은 우리의 것이다.

> **주의!**
> its : 그것의(소유격)
> it's : it is의 줄임말

---

[2] 주로 사람을 지칭하므로 인칭대명사라고 하지만 it도 포함됩니다.

2. 영어 발음기호

영어 철자와 발음은 정확하게 일치하지 않습니다. 따라서 정확한 소리를 알기 위해서는 '발음기호'를 알아야 합니다.

여러분 어렸을 적 '파닉스'를 공부했지요. 파닉스는 어린 아동들을 대상으로 알파벳과 소리를 연결하여 배우는 가장 기초적인 과정이에요. 그러나 파닉스만으로는 모든 발음을 알 수 없어서 본격적으로 많은 단어를 접하고 암기해야 하는 중학교에 들어서면 발음기호를 익혀야 합니다. 그러나 많은 학생들이 이 과정을 놓쳤거나 혹은 배웠다 해도 잊어버려서 단어의 정확한 소리를 알지 못하더군요. 발음기호는 한 번쯤은 익히고 지나가야 하는 기초과정이므로 이번 기회에 확실히 숙지하기 바랍니다.

▲ 발음기호는 알파벳 옆에 / / 혹은 [ ]로 나타내는데 본 책에서는 [ ]로 통일합니다.

1) 모음: '아 에 이 오 우'

발음기호	[ɑ]	[e]	[ɛ]	[æ]	[i]	[o]	[u]	[ə]	[ʌ]	[ɔ]
소리	아	에	에	에	이	오	우	어	어	오(어)

위 발음기호와 소리를 연결해서 암기하세요.

→ [아 에에에 이오우 어어오(어)]

철자 'a'나 'e'는 다양한 발음이 나지만, 발음기호 [ɑ]=[아], [e]=[에] 발음이 납니다. [e] [ɛ] [æ]는 오른쪽으로 갈수록 '에' 발음이 넓게 퍼집니다. 그러나 한국말로는 '에'로 통일해서 간단히 암기하세요.

발음기호[ɔ]는 대부분 [오] 발음이 나며, 간혹 [어] 발음도 납니다. 따라서 '오(어)'로 표기했어요.

철자 ' i '는 '이'와 '아이' 발음이 나지만, 발음기호 [i]=[이] 발음을 나타냅니다.

철자 'u'는 '우'와 '어' 발음이 나지만, 발음기호 [u]=[어] 발음을 나타냅니다.

2) 자음

대부분 철자와 소리가 일치하므로 파닉스와 거의 일치합니다.

(1) 자음 1

▼ '*'표시는 아래 설명을 참조하세요.

발음기호	[b]	[d]	*[f]	[g]	[h]	*[j]	[k]	[l]	[m]	[n]
소리	ㅂ	ㄷ	설명 참조	ㄱㅈ	ㅎ	설명 참조	ㅋ	ㄹ	ㅁ	ㄴ

① *[f]

입술을 살짝 깨문 'ㅍ' 발음 (입술을 깨물지 않은 'ㅍ' : [p]발음)

한국어에는 [f] 발음이 없어요. 따라서 [f]를 [p]로 종종 발음합니다.

예를 들어 "저 사람 포스 있네"라고 할 때 포스는 'force'이므로 입술을 살짝 깨물어 주어야 맞습니다.

② *[j]

알파벳 'j '는 'ㅈ' 발음이지만, 발음기호 [j]는 전혀 달라져서 모음 획이 하나 추가됩니다. 즉, 아 → 야, 어 → 여, 오 → 요, 우 → 유 등으로 발음됩니다.

```
yes [jæs]              에스(x) → 예스(O)
use [jus]              우스(x) → 유스(O)
young [jʌŋ]            엉(x) → 영(O)
universty [junivərsiti]  우니버스티(x) → 유니버서티(O)
```

(2) 자음 2

▼ '*'표시는 아래 설명을 참조하세요.

p	q	*r	s	t	*v	*w	*z
ㅍ	ㅋ	① ㄹ 발음 ② 얼ㅅ	ㅅ	ㅌ	설명 참조	워	설명 참조

① *[r]

　㉠ ㄹ 발음 : 보통 r이 철자 앞쪽에 위치할 때

　　　　　　radio [rediou], rose [rouz], rise[raiz] 등

　㉡ 얼ㅅ (혀 굴리는 소리) : 보통 r이 철자 뒤쪽에 위치할 때

　　　　　　docter [daktər], mother [maðər], father[faðər] 등

② *[v] 입술을 살짝 깨물고 성대를 울리는 'b' 발음 : 단순 'ㅂ'은 'b' 발음

③ *[w]

　war [wər], wine[wain], window [windou] 등

④ *[z] 이빨 사이로 새어 나오며 성대를 울리는 'ㅈ' 발음
　: 단순 'ㅈ'은 알파벳 'j' 발음

3) 특수 발음기호

알파벳에는 없는 발음기호만의 독특한 기호입니다.

알파벳 철자와 발음기호의 소리를 연결하여 익히면 도움이 됩니다.

[θ]	[ð]	*[ʒ]	[dʒ]	[ʃ]	[tʃ]	[ŋ]
(혀를 찬) ㅆ	(혀를 찬) ㄷ	ㅈ	쥐	쉬	취	잉(응)
알파벳 'th'		알파벳 'j'		알파벳 'sh'	알파벳 'ch'	알파벳 'ing'

(1) 알파벳 'th'

알파벳 'th'는 두 가지 발음이 납니다. 따라서 발음기호도 두 개에요.

① [θ]

번데기처럼 생겨서 일명 '번데기발음'이라고 합니다.

thing[θiŋ], something[sʌmθiŋ], wealth[welθ]

② [ð]

돼지 꼬랑지처럼 생겨서 '돼지 꼬랑지 발음'이라고 합니다.
부드러운 'th' 발음으로 생각하세요.

mother[maðər], father[faðər], smooth[smuð]

(2) 알파벳 'j'

알파벳 'j'는 쥐(ㅈ) 발음으로, 발음기호는 [ʤ]입니다.

jam[ʤæm], jump[ʤʌmp], jacket[ʤækit]

*[ʒ]
ㅈ 발음으로 [ʤ]와 상당히 유사한 발음이 납니다.
한국인들은 [ʤ]와 [ʒ] 발음을 구분하기 어려워 알파벳 'j' 발음으로 통일하여 배우기도 합니다. 저자도 익히기 쉽도록 이와 같이 표기했어요.

그러나 정확히 구별하면 [ʒ] 발음은 '[ʃ]쉬'처럼 약간 새어나오는 바람소리가 있는 'ㅈ'입니다. 여러 알파벳과 결합하여 소리를 내지만 발음기호로 자주 등장하지는 않습니다.
usual[juʒuəl], casual[kæʒuəl], beige[beiʒ]

(3) 알파벳 'sh'

알파벳 'sh'는 [ʃ]발음이 납니다.

fish[fiʃ], short[ʃɔːrt], shine[ʃain], fashion[feʃən]

(4) 알파벳 'ch'

알파벳 'ch'는 주로 [ʧ]발음이 납니다.

change [ʧeinʤ], church[ʧəːrʧ], charge[ʧaːrʤ]

> 참고
> 가끔 [k]-'ㅋ' 발음이 나기도 해요.
> chemical [kemicəl]

(5) 알파벳 'ing'

알파벳 'ing'는 [ŋ] 발음이 납니다.

sing[siŋ], swimming[swimiŋ], wink[wiŋk], sink [siŋk]

4) 기타 알아야 할 사항들

(1) [ː]

길게 발음

(2) 강세

영어에서 강세는 발음의 일부이므로 매우 중요합니다.

강세는 '아 에 이 오 우'의 모음 발음에 붙어서 주로 알파벳 'a e i o u'에 붙습니다.

강세는 오른쪽으로 뻗친 ′와 왼쪽으로 뻗친 ˋ, 두 가지가 있는데, 오른쪽으로 뻗친 ′가 진짜 강세이며, 왼쪽으로 뻗친 ˋ는 약간 강하게 읽는 정도로만 발음하세요.

(3) '~tion'이나 '~sion'으로 끝나는 명사의 경우

강세는 바로 앞의 모음에 위치합니다.

◆ 발음기호 한 장 최종 정리 ◆

1. 모음: '아 에 이 오 우'

발음기호	[a]	[e]	[ɛ]	[æ]	[i]	[o]	[u]	[ə]	[ʌ]	[ɔ]
소리	아	에	에	에	이	오	우	어	어	오(어)

* 발음기호와 소리를 연결해가며 암기하세요 ▶ [아 에에에 이오우 어어오(어)]

2. 자음: 철자와 발음이 대부분 일치합니다.

   1) 자음 1

발음기호	[b]	[d]	*[f]	[g]	[h]	*[j]	[k]	[l]	[m]	[n]
소리	ㅂ	ㄷ	입술 깨문 ㅍ	ㄱ ㅈ	ㅎ	모음 획이 하나 추가	ㅋ	ㄹ	ㅁ	ㄴ

   2) 자음 2

p	q	*r	s	t	*v	w	*z
ㅍ	ㅋ	① ㄹ 발음 ② 얼^ (혀굴리는 소리)	ㅅ	ㅌ	입술을 살짝 깨물고 성대를 울리는 ㅂ	워	이빨 사이로 세어 나오며 성대를 울리는 ㅈ

3. 특수 발음기호 : 알파벳과 연결하여 소리를 익히세요.

[θ]	[ð]	[ʒ]	[dʒ]	[ʃ]	[tʃ]	[ŋ]
(혀를 찬) ㅆ	(혀를 찬) ㄷ	ㅈ	쥐	쉬	취	잉(응)
알파벳 'th'		알파벳 ' j '	알파벳 'sh'	알파벳 'ch'	알파벳 'ing'	

2 부록

1. 형용사(부사)의 원급 / 비교급 / 최상급

2. 원급 / 비교급 / 최상급을 이용한 문장 활용

3. 비교급 관련 숙어

1. 형용사(부사)의 원급 / 비교급 / 최상급

1) 짧은 형용사(부사)의 경우

원급 : ~한 **기본형태**	비교급 : 더~한 원급 + **er**	최상급 : 가장 ~한 **the** 원급 + **est**
tall 큰	taller 더 큰	the tallest 가장 큰
short 작은	shorter 더 작은	the shortest 가장 작은
long 긴	longer 더 긴	the longest 가장 긴
fast 빠른	faster 더 빠른	the fastest 가장 빠른
slow 느린	slower 더 느린	the slowest 가장 느린
약간의 변형 사례들		
① ~e로 끝나는 경우 + er/est → e의 반복을 피하기 위해 e를 한 번만 쓴다.		
large 큰	larger 더 큰	the largest 가장 큰
nice 좋은	nicer 더 좋은	the nicest 가장 좋은
② 마지막 자음을 하나 더 써주는 경우		
big 큰	bigger 더 큰	the biggest 가장 큰
thin 마른(얇은)	thinner 더 마른	the thinnest 가장 마른
hot 뜨거운	hotter 더 뜨거운	the hottest 가장 뜨거운
③ ~y로 끝날 때 y → i + er인 경우		
happy 행복한	happier 더 행복한	the happiest 가장 행복한
pretty 예쁜	prettier 더 예쁜	the prettiest 가장 예쁜
healthy 건강한	healthier 더 건강한	the healthiest 가장 건강한
heavy 무거운	heavier 더 무거운	the heaviest 가장 무거운

2) 긴 형용사(부사)의 경우

원급 : 기본 형태	비교급 : **more** + 원급	최상급 : **the most** + 원급
beautiful 아름다운	more beautiful 더 아름다운	the most beautiful 가장 아름다운
expensive 비싼	more expensive 더 비싼	the most expensive 가장 비싼
important 중요한	more important 더 중요한	the most important 가장 중요한
popular 인기 있는	more popular 더 인기 있는	the most popular 가장 인기 있는
confident 자신감 있는	more confident 더 자신감 있는	the most confident 가장 자신감 있는
delicious 맛있는	more delicious 더 맛있는	the most delicious 가장 맛있는 등

참고 불규칙 변화

good(형용사) – better – the best
    좋은   더 좋은   가장 좋은

well(부사) – better – the best
   잘   더 잘   가장 잘

good과 well은 비교급과 최상급이 같습니다.
따라서 'better : 더 좋은, 더 잘', 'the best : 가장 좋은, 가장 잘'이라는
형용사와 부사의 두 가지 뜻이 됩니다.

bad – worse – the worst
나쁜   더 나쁜   가장 나쁜

2. 원급 / 비교급 / 최상급을 이용한 문장 활용

1) 원급 동등 비교 : … 만큼 ~ 한

- as 원급 as …

  • She is as smart as her sister.
  그녀는 그녀의 언니만큼 영리하다.

  • This is as expensive as that.
  이것은 저것만큼 비싸다.

2) 비교급 : … 보다 더 ~ 한

- 짧은 형용사 : er ~ than …
- 긴 형용사 : more ~ than …

  • She is smarter than her sister.
  그녀는 그녀의 언니보다 영리하다.

  • This is more expensive than that.
  이것은 저것보다 더 비싸다.

3) 최상급 : 가장 ~한

- 짧은 형용사 : the ~ est
- 긴 형용사 : the most~

  • She is the smartest in the class.
  그녀는 반에서 가장 똑똑하다.

  • This is the most expensive.
  이것은 가장 비싸다.

3. 비교급 관련 숙어

1) 비교급 and 비교급 : 점점 더 ~한

- more and more : 점점 더 ~한
- less and less : 점점 덜 ~한

- These days more and more people visit Korea.
  요즘 점점 더 많은 사람들이 한국을 방문한다.

- He was more and more frustrated.
  그는 점점 더 좌절했다.

  * frustrated 좌절한

- He became less and less lonely.
  그는 점점 덜 외로워졌다.

2) the 비교급 ~, the 비교급 … : ~하면 할수록 점점 더 …하다

- The harder you work, the more likely you will succeed.
  너는 더 열심히 일할수록, 더 성공할 가능성이 높아진다.

- The more you read, the more you will develop your reading skills. (모의변형)
  네가 더 많이 읽으면 읽을수록, 너는 더 많이 너의 독서 기술을 향상시킬 것이다.